工信学术出版基金
Industry and Information Technology
Academic Publishing Fund

工业信息安全应急管理
技术与实践

Emergency Management
Technology and Practice for
Industrial Information Security

主　编◎汪礼俊

副主编◎郭　娴　师艳平　李　欣

人民邮电出版社

北 京

图书在版编目（CIP）数据

工业信息安全应急管理技术与实践 / 汪礼俊主编
. — 北京：人民邮电出版社，2024.10
ISBN 978-7-115-62920-3

Ⅰ. ①工… Ⅱ. ①汪… Ⅲ. ①工业管理－信息安全－
危机管理－研究－中国 Ⅳ. ①F423.2

中国国家版本馆CIP数据核字(2023)第246394号

内 容 提 要

本书围绕工业信息安全应急实践基础、应急管理技术、实训平台三个方面，重点聚焦工业信息安全漏洞管理、工业控制系统等级保护测评、工业企业数据管理能力评估、工业数据分类分级管理与防护、工业领域风险的典型应对措施等应急实践基础，以及工业信息安全检测、威胁识别、编排/自动化与响应、应急处置、加固等应急管理技术，详细阐述了如何兼顾安全管理建设与技术手段建设，做好工业信息安全应急管理与防护，并选取了典型的实训平台，分析如何开展仿真实战实训。

本书可为网络安全、工业信息安全领域的从业人员、待就业人员及相关研究人员提供实用的工业信息安全应急管理实践蓝本，对于读者掌握关键应急技术、提升实战实操技能、应对常见风险事件等具有很高的参考价值。

◆ 主　　编　汪礼俊
　　副 主 编　郭　娴　师艳平　李　欣
　　责任编辑　杨　凌
　　责任印制　马振武

◆ 人民邮电出版社出版发行　　北京市丰台区成寿寺路 11 号
　　邮编 100164　电子邮件 315@ptpress.com.cn
　　网址 https://www.ptpress.com.cn
　　固安县铭成印刷有限公司印刷

◆ 开本：787×1092　1/16
　　印张：15　　　　　　　2024 年 10 月第 1 版
　　字数：314 千字　　　2024 年 10 月河北第 1 次印刷

定价：79.80 元

读者服务热线：**(010)81055410**　印装质量热线：**(010)81055316**
反盗版热线：**(010)81055315**
广告经营许可证：京东市监广登字 20170147 号

本书编委会

序

党的二十大把握国内外发展大势，在党和国家事业发展布局中突出国家安全，以及教育、科技、人才支撑等工作，作出了推进国家安全体系和能力现代化、强化现代化建设人才支撑的重大战略部署，指出人才是第一资源，强调深入实施人才强国战略，不断塑造发展新动能新优势，为国家安全能力建设与人才培养工作指明了前进方向，提供了根本遵循。网络安全是国家安全的重要组成部分。2016年4月，习近平总书记在网络安全和信息化工作座谈会上曾深刻指出，网络空间的竞争，归根结底是人才竞争。网络安全人才是网络安全建设的核心资源，人才的数量和质量直接关系网络安全建设水平的高低与安全保障能力的强弱。建设网络强国需要一支高素质的网络安全人才队伍。

当今世界正经历百年未有之大变局，单边主义、保护主义、霸权主义、强权政治威胁上升，新一轮科技革命和产业变革加速演进，多重不稳定性、不确定性因素在虚拟的网络空间泛化叠加、错综交织，网络空间成为大国战略竞争的重要领域。我们既面临难得的历史机遇，也面临严峻复杂的国际形势和接踵而至的巨大风险挑战。工业领域涵盖大量关乎国计民生的关键信息基础设施，已成为网络空间博弈的主战场。随着数字化转型的提速，越来越多的工业控制网络与互联网连接，工业信息安全漏洞风险愈发突出，工业领域勒索病毒攻击、数据擦除攻击、供应链攻击等新型攻击手段持续迭代，攻击行为呈现隐蔽性强、潜伏期长、检测难度大、传播面广、危害性大等特征，全球范围内针对制造、能源、交通、国防工业等领域的网络攻击活动肆虐。应急管理担负着保护人民群众生命财产安全和维护社会稳定的重要使命。工业信息安全应急管理是从源头上防范化解重大安全风险、及时应对处置安全事件的重要手段，能够真正将问题解决在萌芽之时、成灾之前。加强工业信息安全应急管理人才培养，推动应急管理从事后补救向规范化、科学化的事前预防转型，已成为新形势下维护国家网络安全的迫切需要。

要想谋发展，必先聚人才。党的十八大以来，在习近平总书记关于网络强国、制造强国的重要思想和关于网络安全人才工作重要指示精神的指引下，我国的网络安全人才培养取得了积极进展。然而，我国的网络安全人才，尤其是工业信息安全人才还存在缺口数量大、实战技能不强、与市场需求脱节、难以适应建立大安全大应急框架的战略要求等问题。面对复杂多变的国际环境与日益严峻的安全形势，工业领域的网络安全人才尤其是高技能人才成为关键变量。进入新发展阶段，需明确人才工作新使命，加快培育工业信息安全应急管理人才，依托大量本领过硬的应急管理人才，科学预警下好风险防范先手棋，有效处置练就风险应对真功夫，主动出击打好风险化解主动仗。

本书以总体国家安全观为指引，结合国家工业信息安全研究中心长期支撑国家、服务行业开展工业信息安全漏洞管理、数据安全管理与防护、等级保护测评、安全监测与应急处置等的业务经验，以及举办工业信息安全应急管理工程师培训的工作积累，立足工业信息安全应急管理技术与实践视角，全方位阐述工业信息安全应急实践基础，深层次讲解应急管理技术，多角度分析如何开展仿真实战实训，有助于培养符合建立大安全大应急框架要求的专业人才，夯实工业信息安全应急管理人才支撑，对于保障我国赢得网络空间国际竞争主动权意义重大。

中国工程院院士　朱坤

前　言

当今世界，国际环境日趋复杂，陆、海、空、天、网络空间五位一体，全球安全局势日益严峻，网络安全的重要性越来越凸显。

俄乌冲突中，网络战不断升级，石油化工、电力等重点行业的工业控制系统成为攻击的靶心，漏洞利用、勒索软件攻击、数据擦除等攻击手段层出不穷，这充分体现出网络空间已经成为国家博弈、地区冲突的先行战场。

网络空间的竞争，归根结底是人才竞争。网络空间战略地位高、辐射范围广、技术特性强、形势变化快，该领域对人才的需求极为紧迫。工业信息安全作为网络安全的重要组成部分，是实施制造强国和网络强国战略的重要保障。工业领域因运营成本高、数据价值大、社会影响面广、防护水平低，已经成为"脚本小子"、有组织黑客等的首选攻击目标。应急管理人员承担防范并化解重大安全风险、及时应对并处置各类灾害事故的重要职责，但当前我国工业信息安全应急管理人才的储备情况与需求相比仍然差距巨大。为提高工业信息安全应急管理数字技能教育培训水平，向国家、社会、企业输送更多优质的工业信息安全应急管理人才，国家工业信息安全发展研究中心于 2021 年 3 月开办了工业信息安全应急管理工程师培训班，持续提供聚焦关键技能、内容与时俱进、让学员"听得懂、学得会、用得上"的培训课程。为助力更多人才持续深化理论和实践学习，编者精选了培训班的教学内容，组织编写了工业信息安全应急管理教程。本教程作为系统讲解工业信息安全应急管理的综合性教程，兼顾科普性、理论性和技术性，采取由浅入深、层层递进、覆盖全面的编排方式，对工业信息安全的概念、定义与发展态势，工业信息安全应急管理的基本理论与架构等进行了系统介绍。

工业信息安全应急管理教程共包括两册。

- 第一册：《工业信息安全应急管理理论与架构》。
- 第二册：《工业信息安全应急管理技术与实践》。

本书是第二册——《工业信息安全应急管理技术与实践》，旨在为读者掌握工业信息安全关键应急技术、提升实战实操技能、应对常见风险事件等提供实践蓝本。本书共分为三篇：第一篇"应急实践基础"聚焦工业信息安全漏洞管理、工业控制系统等级保护测评、工业企业数据管理能力评估、工业数据分类分级管理与防护、工业领域风险的典型应对措施等，指导开展应急管理建设；第二篇"应急管理技术"围绕工业信息安全检测、威胁识别、编排/自动化与响应、应急处置、加固等应急管理技术，指导应急管理技术手段建设与应用；第三篇"实训平台"选取了3类典型的实训平台，分析如何开展仿真实战实训。

工业信息安全应急管理理念与实践技术具有很强的军民通用性。基于工业信息安全应急管理教程开展教育培训，既能有效提高待就业人员和就业人员的安全防御、应急响应等技能，培育适应工业领域数字化转型的工业信息安全应急管理高技能人才；还能为我国的"网络国防"提供战备力量，协助抵御外敌攻击。立足新时代需要，加快培育锻炼大量实战型、应用型、复合型工业信息安全应急管理人才意义重大，能够提供坚强的人才支撑，保护军事、工业控制系统安全，形成军事和民用工业基础设施网络安全的联防、联保、联管、联控，全面筑牢国家关键信息基础设施的安全防线。

我们坚信，通过工业信息安全应急管理教程的学习，广大读者既能成为合格的网络安全应急管理从业人员，也能成为时刻准备为国效力的"网络民兵"。

编者

2024 年 4 月

目 录

（一）SPI 总线安全防护产品测评.............................25
（二）TDM 总线安全防护产品测评解析.............................26
（三）DCMA 系统安全防护技术.............................26
（四）DCI 防护技术分析.............................27
第二节 分布式控制系统信息安全防护技术分析.............................28
（一）DCCM 概念.............................
（二）DCCM 的内涵意义.............................
（三）DCCM 的基本原则.............................

第一篇 应急实践基础

第一章 工业信息安全漏洞管理 2

    第一节 工业信息安全漏洞概述 2

        （一）基本概念 2

        （二）漏洞分类 2

    第二节 工业信息安全漏洞态势分析 5

        （一）漏洞数量增速迅猛 5

        （二）安全漏洞事件频发 6

    第三节 工业信息安全漏洞管理实践 6

        （一）漏洞管理政策标准体系 6

        （二）漏洞管理工作机制 9

        （三）漏洞平台与生态建设 10

第二章 工业控制系统等级保护测评 13

    第一节 网络安全等级保护制度 13

        （一）网络安全等级保护制度的发展历程 13

        （二）网络安全等级保护法律法规 14

        （三）网络安全等级保护标准体系 16

        （四）网络安全等级保护的主要内容 17

        （五）网络安全等级保护测评 20

    第二节 工业控制系统等级保护测评内容与要求 20

        （一）工业控制系统等级保护测评内容 20

        （二）工业控制系统安全扩展要求解析 22

第三章 工业企业数据管理能力评估 25

    第一节 数据管理能力成熟度模型 25

（一）SEI 的数据管理成熟度模型 25

（二）EDM 协会的数据管理能力评估模型 26

（三）DAMA 的数据管理知识体系 26

（四）DGI 的数据治理框架 27

第二节　数据管理能力成熟度模型评估要求 28

（一）DCMM 能力域 28

（二）DCMM 的评估等级 30

（三）DCMM 的价值和意义 31

第三节　数据管理能力成熟度模型评估流程、原则和方法 32

（一）评估流程 32

（二）评估原则 32

（三）评估方法 33

（四）成熟度定级 34

第四节　数据管理能力成熟度模型评估案例 37

第四章　工业数据分类分级管理与防护 38

第一节　工业数据概述 38

（一）工业数据的概念 38

（二）工业数据的特征 39

（三）工业数据发展面临的机遇与挑战 39

第二节　国内外工业数据安全政策标准 42

（一）国外工业数据安全政策环境 42

（二）我国工业数据安全政策环境 43

（三）我国工业数据分类分级政策标准 44

第三节　工业数据分类分级方法 45

（一）数据维度划分 45

（二）系统盘点与业务梳理 46

（三）数据梳理与归类 46

（四）数据分级的方法依据 47

（五）数据分级的考虑因素 48

（六）数据分级的评价方法 49

第四节　工业数据分类分级典型案例 49

（一）工业企业典型案例 49

（二）平台企业典型案例 53

第五节　工业数据分级防护措施 55

（一）安全防护思路 55

（二）通用安全防护 56

（三）分级安全防护 58

第六节 工业数据分类分级管理发展趋势 59

第五章 工业领域风险的典型应对措施 61

第一节 工业领域典型安全问题概述 61

（一）工控安全现状 61

（二）事件案例分析 62

第二节 工控安全防护的重点内容 63

（一）物理安全 64

（二）数据安全 64

（三）网络安全 64

（四）主机与应用安全 65

（五）控制安全 65

第三节 工控安全风险应对措施 65

（一）安全软件选择与管理 65

（二）配置和补丁管理 66

（三）边界安全防护 68

（四）物理和环境安全防护 69

（五）身份认证 70

（六）远程访问安全 71

（七）安全监测和应急预案演练 72

（八）资产安全 73

（九）数据安全 74

（十）供应链管理 75

（十一）落实责任 76

第二篇 应急管理技术

第六章 工业信息安全检测技术 78

第一节 工业信息安全入侵检测技术 78

（一）背景及概念 78

（二）工业控制系统攻击分析 78

（三）工业控制系统入侵检测难度 79

（四）工业控制系统入侵检测技术 79

第二节 工业信息安全漏洞扫描与挖掘技术 81

（一）工业信息安全漏洞扫描技术 81

（二）工业信息安全漏洞挖掘技术 81

第三节 工业信息安全审计技术 82

第七章 工业信息安全威胁识别技术 85

第一节 工业控制系统网络杀伤链模型 85

（一）杀伤链 85

（二）网络杀伤链 86

（三）工业控制系统网络杀伤链 87

第二节 ATT&CK for ICS 模型 92

（一）ATT&CK 92

（二）ATT&CK for ICS 95

第三节 ATT&CK 模型与网络杀伤链模型的关系 99

（一）ATT&CK 的抽象级别 99

（二）ATT&CK 与网络杀伤链的差异 100

第四节 ATT&CK 模型的典型使用场景 101

（一）提供网络威胁情报 102

（二）检测分析 102

（三）模拟攻击 102

（四）评估改进 103

第五节 模型应用与实践 103

（一）ATT&CK 的应用工具 103

（二）ATT&CK 的实践项目 105

第八章 工业信息安全编排/自动化与响应技术 106

第一节 SOAR 发展概况 106

（一）国外 SOAR 的发展背景 106

（二）国内 SOAR 的发展背景 107

第二节 SOAR 核心技术解析 107

（一）安全编排与自动化 108

（二）安全事件收集、关联分析、处置 110

（三）安全协同运营作战室 113

（四）报告管理 114

（五）威胁情报与溯源分析管理 115

（六）应用管理 117

第三节　基于 SOAR 的应急响应实例 117

（一）概述 117

（二）事件处置流程 118

（三）总结 123

第九章　工业信息安全应急处置技术 124

第一节　工业网络日志分析 124

（一）工业网络审计 124

（二）工业主机卫士 130

第二节　工业网络流量分析 137

（一）分析基础知识 138

（二）免费工具 138

（三）商业工具 145

第三节　木马查找与病毒分析 152

（一）主机入侵排查思路 152

（二）"永恒之蓝下载器"木马排查及处置实例 155

第四节　工控安全漏洞发现与修复 160

（一）漏洞发现 160

（二）查看并分析扫描报告 161

（三）漏洞修复 162

（四）补偿式防护手段 162

第十章　工业信息安全加固技术 163

第一节　工业信息安全风险分析 163

（一）操作系统安全风险分析 163

（二）基础软件安全风险分析 163

（三）工业控制系统安全风险分析 164

（四）工业控制网络安全风险分析 164

第二节　工业信息安全加固技术 164

（一）操作系统安全加固技术 164

（二）基础软件安全加固技术 166

（三）工业控制系统安全加固技术 168

（四）工业控制网络安全加固技术 170

第三节 工业主机系统应急响应与安全加固 171

（一）Windows 操作系统安全加固 172

（二）工业主机入侵排查 176

第三篇　实训平台

第十一章　工业信息安全实训靶场 184

第一节 工业信息安全实训靶场简介 184

（一）平台开发背景 184

（二）主要内容简介 184

（三）实践教学意义 184

第二节 工业信息安全实训靶场环境 185

（一）平台环境概述 185

（二）油气开采信息安全实训环境 186

（三）智能制造信息安全实训环境 186

（四）钢铁冶金信息安全实训环境 188

第三节 工业信息安全应急实战 189

（一）工业信息安全基础训练 189

（二）工业信息安全攻击防御 190

（三）工业信息安全应急处置 192

第十二章　工业信息安全应急演练仿真系统 193

第一节 工业信息安全应急演练仿真系统简介 193

（一）平台开发背景 193

（二）主要内容简介 193

（三）实践教学意义 194

第二节 工业信息安全应急演练仿真系统环境 194

（一）平台环境概述 194

（二）丙烯酸甲酯生产信息安全应急演练环境 196

（三）智慧城市信息安全应急演练环境 197

（四）食品制造信息安全应急演练环境 198

（五）水力发电信息安全应急演练环境 199

（六）火力发电信息安全应急演练环境 200

（七）电力输送信息安全应急演练环境 203

第三节　工业信息安全应急演练仿真 207

（一）工业信息安全实战演练 207

（二）工业信息安全漏洞挖掘分析 210

（三）工业控制产品安全测试 210

第十三章　工业信息安全虚拟化实训平台 211

第一节　工业信息安全虚拟化实训平台简介 211

（一）平台开发背景 211

（二）主要内容简介 212

（三）实践教学意义 212

第二节　工业信息安全虚拟化实训平台环境 213

（一）平台环境概述 213

（二）制药信息安全实训环境 213

（三）石油化工信息安全实训环境 215

（四）核电信息安全实训环境 215

（五）风电信息安全实训环境 217

第三节　工业信息安全综合实训 219

（一）工业场景架构学习 219

（二）工业设备评测 220

（三）工业新技术实验 220

（四）工业控制系统技能竞赛 220

（五）工业信息安全事件复现分析 221

第一篇　应急实践基础

第一章　工业信息安全漏洞管理

工业信息安全漏洞管理是工业信息安全事件预防与应急保障的重要内容。《信息安全技术　网络安全应急能力评估准则》（GB/T 43269—2023）将漏洞管理能力作为应急能力的关键项。本章将介绍工业信息安全漏洞的基本概念、常见的漏洞分类方法，并结合工业信息安全漏洞态势，重点介绍国内外漏洞管理实践方法。通过对本章内容的学习，读者能够掌握漏洞管理的基本方法、理解漏洞管理相关政策标准要求、了解国内外漏洞库等，为进一步开展漏洞研究奠定基础。

第一节　工业信息安全漏洞概述

（一）基本概念

当前，漏洞已经成为网络空间安全领域的国家战略资源。网络安全漏洞是开发恶意软件检测与防范工具、开展主动反制的基础，开展漏洞研究、加强漏洞管理有助于提升整体网络安全防护能力。

我国发布的国家标准《信息安全技术　网络安全漏洞标识与描述规范》（GB/T 28458—2020）将网络安全漏洞定义为"网络产品和服务在需求分析、设计、实现、配置、测试、运行、维护等过程中，无意或有意产生的、有可能被利用的缺陷或薄弱点"。工业信息安全漏洞作为网络安全漏洞的细分项，可被攻击者用于破坏工业生产安全和社会稳定。因此，加强工业信息安全漏洞管理是保护关键信息基础设施的重要内容。

（二）漏洞分类

漏洞分类是漏洞研究的基础，《信息安全技术　网络安全漏洞分类分级指南》（GB/T 30279—2020）基于漏洞产生或触发的技术原因将漏洞划分为代码问题、配置错误、环境问题与其他四大类；在分级方面，主要从被利用性、影响程度、环境因素3个方面，将漏洞划分为超危、高危、中危、低危4个级别。通用漏洞评分系统（Common Vulnerability Scoring System，CVSS）作为被广泛应用于漏洞管理领域的行业公开标准，对漏洞类别进行了更加细致的划分。CVSS主要包含基准类、时间类和环境类3类评估指标，其中时间类、环境类评估指标需结合实际情况进行调整，基准类评估指标包括可利用性、影响性和范围 3 个指标集。

工业信息安全漏洞也可从相似的维度进行划分，通常按照漏洞的技术成因（被利用的方式）、漏洞的利用方法（攻击向量）、漏洞造成的直接影响、漏洞影响的指标、漏洞影响的产品等进行分类。漏洞造成的直接影响取决于攻击者所获取的权限、受害者所属行业性质等多方面因素，这里不进行详细的描述，仅介绍按照其他 4 个维度进行划分的方法。

1. 基于技术成因的漏洞分类

《信息安全技术　网络安全漏洞分类分级指南》（GB/T 30279—2020）中关于网络安全漏洞的分类共包括四大类 26 个小类。在工业信息安全领域，同样可按照技术成因将漏洞分为四大类 26 个小类，下面重点介绍该领域中 5 类常见的漏洞产生原因。

（1）内存破坏

内存破坏漏洞主要是某种非预期的内存越界访问，可能导致命令执行、拒绝服务或信息泄露，如堆栈缓冲区溢出、内存越界访问、释放后重用等都可归为此类漏洞。

（2）逻辑错误

逻辑错误漏洞主要是程序在进行安全检查的过程中存在逻辑缺陷而导致设计的安全机制被绕过，从而实现访问控制等。

（3）输入验证

输入验证漏洞主要是由于程序未对用户输入进行充分的检查和过滤就将其用于后续操作。大多数的结构查询语言（Structure Query Language，SQL）注入、目录遍历或针对公共网关接口（Common Gateway Interface，CGI）类漏洞都可归为此类漏洞。

（4）配置错误

配置错误漏洞主要是由于系统或应用运维过程中使用了默认不安全的配置参数、策略等，大多涉及访问验证方面，如人机交互界面、工业交换机的登录界面弱口令未修改等都可归为此类漏洞。

（5）设计错误

设计错误漏洞的范围较为广泛，它在整个信息系统全生命周期中都可能存在，主要是由于在设计阶段对安全机制考虑不足而引入的安全漏洞。

2. 基于攻击向量的漏洞分类

基于攻击向量的漏洞分类是指按照攻击者发起网络攻击的攻击机器与目标靶机的物理位置进行分类，主要包括以下 4 类。

（1）本地接入

脆弱组件未与网络协议栈绑定，攻击者需利用读/写/执行功能进行攻击。例如，攻击者通过本地（如键盘、控制台）或远程［如 SSH（Secure Shell，安全外壳）］访问目标系统来利用漏洞；攻击者依赖与他人的交互来执行利用漏洞所需的操作（如使用社会工程学方法欺骗合法用户打开恶意文档）。

（2）远程利用

脆弱组件与网络协议栈绑定，对脆弱组件可能的攻击源涵盖整个互联网。此类漏洞通常被称为"可远程利用"，攻击者可通过一个或多个网络跳跃（例如，跨越一个或多个路由器）进行协议层面的攻击。

（3）相邻网络

脆弱组件与网络协议栈绑定，但攻击只受限于逻辑上相邻的拓扑进行协议层面的攻击。因此，攻击者必须位于相同的物理网络或逻辑网络中，或者其他有限的管理域中。

（4）实际接入

攻击者需物理接触或操纵脆弱组件，物理交互可能是短暂的，也可能是持久的。此类攻击的一个示例是冷启动攻击，攻击者通过物理访问目标系统获得对磁盘加密密钥的访问权。

3. 基于影响指标的漏洞分类

根据信息系统的机密性、完整性和可用性 3 个要素，可按照漏洞攻击的目标不同将漏洞分为信息获取、接管控制和服务中断 3 种类型。CVSS 采用基本属性（Base）、时间（Temporal）和环境（Environmental）3 个指标集描述软件漏洞的特征和严重性。其中，Base 代表长期存在的、本质的、基本的脆弱性；Temporal 代表随时间改变但不随用户环境改变的脆弱性；Environmental 代表与用户环境直接相关的脆弱性。基于影响指标的漏洞分类主要使用标识漏洞成功利用后对受影响组件所造成影响的 Base 指标集。

（1）机密性

该指标用于描述漏洞成功利用对组件管理的信息资源造成的机密性影响。机密性是指仅向授权用户给予限制信息的访问和披露权限，防止未授权用户的访问。受影响组件的损失最大时，该指标取值最大。

（2）完整性

该指标用于衡量成功利用漏洞对完整性的影响程度。完整性包括信息的可靠性和准确性。

（3）可用性

可用性是指信息资源的可访问性，该指标用于衡量成功利用漏洞对受影响组件可访问性的影响程度。其中，消耗网络带宽、处理器周期或磁盘空间的攻击都会损害受影响组件的可用性。可用性影响的是组件本身，而非组件使用的数据，例如网络服务（Web、数据库、电子邮件等）的可访问性受影响。

4. 基于影响产品的漏洞分类

工业信息安全漏洞影响的产品（或组件）可细分为 8 类：工业生产控制设备、工业网络通信设备、工业主机设备和软件、工业生产信息系统、工业网络安全设备、物联网智能设备、智能楼宇自动化系统、其他通用产品和组件。

（1）工业生产控制设备

包含分布式控制系统（Distributed Control System，DCS）、可编程逻辑控制器（Programmable Logic Controller，PLC）、可编程自动化控制器、远程终端单元等。

（2）工业网络通信设备

包含工业用交换机、路由器、网关、无线接入点等。

（3）工业主机设备和软件

包含监控与数据采集（Supervisory Control And Data Acquisition，SCADA）系统、操作员面板、工业主机、工业数据库等。

（4）工业生产信息系统

包含制造执行系统（Manufacturing Execution System，MES）、企业资源规划（Enterprise Resource Planning，ERP）系统、产品生命周期管理（Product Lifecycle Management，PLM）系统、工业 App 等。

（5）工业网络安全设备

包含工业防火墙、工业网闸、工业主机安全防护设备等。

（6）物联网智能设备

包含安防监控设备、智能穿戴设备、智能医疗设备等。

（7）智能楼宇自动化系统

包含数字控制器、给排水监控系统、消防监控系统、综合安保系统等。

（8）其他通用产品和组件

包含服务器、通信设备、驱动程序、应用软件等。

第二节 工业信息安全漏洞态势分析

工业信息安全漏洞呈现以下发展态势。

（一）漏洞数量增速迅猛

关键信息基础设施领域普遍依赖工业控制系统（Industrial Control System，ICS）来实现自动化作业，一旦工业控制系统安全漏洞被利用，可能直接影响国计民生。因此，工业信息安全漏洞相比传统网络安全漏洞具有更高的价值，吸引了大量安全研究人员及黑客组织的关注。同时，随着漏洞研究技术的发展，大量工业信息安全漏洞被发现、披露，近年来漏洞数量增速迅猛。

网络安全供应商 Skybox Security 公司发布的《2022 年漏洞和威胁趋势报告》显示，2021 年新增公开漏洞高达 20 175 个，且伴随"零日"漏洞数量的快速增加，新漏洞利用数量猛增 24%。工控安全厂商 Claroty 在 2021 年发布的《工业控制系统风险及漏洞报告》显示，2021 年全年共披露 1439 个工业控制系统安全漏洞，较 2020 年激增 53%，其中

34%的漏洞影响物联网、医疗物联网和信息技术（Information Technology，IT）资产。

（二）安全漏洞事件频发

工业领域正加速数字化转型，实现行业再造、体验重塑，以往良好实践的安全技术手段已不能满足新时期的工业信息安全需求。从公开披露的工控安全漏洞情况来看，低门槛、高风险隐患广泛存在于各类工业控制系统中，漏洞成功利用的风险极高。此外，部分企业安全意识薄弱，在系统设计、配置、运营、管理等方面也存在脆弱性，这进一步导致工业领域因漏洞被利用而造成的安全漏洞事件频频发生。例如，SolarWinds 网管软件遭黑客入侵、Apache Log4j 漏洞事件、Colonial Pipeline 遭勒索攻击等安全事件均与安全漏洞相关。

Claroty 的报告还指出，87%的工控安全漏洞属于低门槛漏洞，70%的漏洞不需要特殊权限即可被成功利用，64%的漏洞无须用户交互操作即可被利用发起攻击。在已停产的工业控制产品中，48%的漏洞影响基本控制设备，如果被成功利用，其中59%的漏洞会导致代码执行或拒绝服务以及设备崩溃。安全公司 NTT Application Security 发布的《应用安全现状》报告指出，高严重性漏洞的平均修复时间从2021年年初的194天暴涨到了2021年6月底的246天，总体修复率从50%降至38%。鉴于利用漏洞发起网络攻击的事件愈加频发，识别和修补最有可能被利用发起攻击的漏洞是非常重要的。

第三节　工业信息安全漏洞管理实践

为了有效防范工业信息安全漏洞带来的风险，国内外围绕漏洞管理政策标准体系、漏洞管理工作机制、漏洞平台与生态建设等方面，持续加强漏洞管理。

（一）漏洞管理政策标准体系

1. 政策法规

（1）国外文件

欧美国家不断加强漏洞管理顶层设计，通过制定相关政策法规文件，推动漏洞信息共享、漏洞披露的规范化，持续增强漏洞资源管控能力，重点体现在如下3个方面。

① 开展关键信息基础设施安全漏洞评估。国外将漏洞识别作为脆弱性和风险评估的重要内容，尤其是美国，一贯强调采用风险管理的理念和方法，要求对政府网络和关键信息基础设施中存在的脆弱性进行持续性评估和识别。例如，在政府行业，美国发布了《国土安全部漏洞法案》《国务院漏洞法案》等文件，设立漏洞奖励计划，鼓励公私合作，共同挖掘、收集和修补政府部门关键信息基础设施存在的安全漏洞；在国防工业领域，美国在年度《国防授权法案》中均明确要求对武器系统和国防工业关键信息基础设施进行安全评估，识别存在的安全漏洞，并采取措施对漏洞进行修复。此外，美国国会

的《综合拨款法案》还要求为机场、港口等关键信息基础设施的安全评估工作提供资金支持，用于漏洞识别和修复工作。

② 制定严格的漏洞公开披露政策。国外对"零日"漏洞的公开披露极为重视，制定了严格的漏洞公开披露政策。2008年1月，美国首次提出建立"漏洞公平裁决程序"，以构建"零日"漏洞管控机制。2014—2016年，美国陆续发布了多个"漏洞公平裁决程序"相关文件。2017年11月，全新修订的《漏洞公平裁决政策和程序》发布，它细化了漏洞公开披露流程，公开了裁决考量因素，明确了政府的主导作用。2018年1月，美国通过《网络漏洞公开报告法案》正式明确漏洞管控的法律基础，这使漏洞管控体系得到了进一步完善。

③ 公私合作促进漏洞信息共享。以美国为代表的欧美国家出台了大量网络安全信息共享相关政策法规，建立了较为完备的网络安全信息共享机制，极大地促进了漏洞信息共享。此外，美国通过发布一系列操作指令，鼓励内部人员对联邦政府信息系统和关键信息基础设施进行漏洞挖掘和报告，引导他们及时解决漏洞问题。《网络安全信息共享法案》《2015年保护网络空间法案》《国家网络安全保护增强法案》等法案的出台，为公私合作开展漏洞收集、报送、共享、通报及修复等工作奠定了坚实的法律基础，有效地促进了漏洞信息共享，突出了漏洞的重要战略地位，提升了国家整体网络安全防范能力。《网络安全漏洞修复法案》要求美国国土安全部向产业界、学术界及其他机构、部门等传播和共享其安全漏洞识别与修复方案。

（2）国内文件

为贯彻落实《中华人民共和国网络安全法》（以下简称《网络安全法》），加强网络安全漏洞管理，规范网络安全漏洞报告和威胁信息发布等行为，有效应对网络安全威胁和风险，保障网络运行安全，我国在网络威胁管理方面出台了系列文件。这些文件是开展工业信息安全漏洞管理工作的基本遵循。

2019年11月20日，国家互联网信息办公室发布《网络安全威胁信息发布管理办法》（征求意见稿），对系统漏洞、网络风险等可能暴露网络脆弱性的安全威胁信息，从发布内容、发布流程、发布方法等方面对研究机构、网络安全厂商、个人研究者以及信息发布平台运营单位提出了具体要求。

2021年9月1日，工业和信息化部、国家互联网信息办公室、公安部联合印发的《网络产品安全漏洞管理规定》（以下简称《规定》）正式实施，其中明确了联合监管职责，强调有关主管部门协同配合，实现网络产品安全漏洞信息实时共享，对重大网络产品安全漏洞风险开展联合评估和处置。《规定》细化了网络产品（含硬件、软件）提供者、网络运营者以及从事网络产品安全漏洞发现、报告、修补、发布等工作的组织或个人的责任主体义务；明确了漏洞发布时间、发布细节、安全行为、程序工具、安全措施同步、安全保障、对外提供和法律规定的其他安全漏洞发布要求以及个人及组织建立的漏洞收集平台向工业和信息化部网络安全威胁和漏洞信息共享平台报送信息的管理要求。为保障网络产品、服务、系统的漏洞得到及时修补，提高网络安全防护水平，《规定》要求网络产品提供者、网络运营者及第三方及时应对漏洞问题，推动了包括工业信息安全漏洞在内的网络产品安全漏洞管理工作的制度化、规范化、法治化。

2．标准规范

（1）国外标准

美国借助政府机构、社会组织等各方力量，持续完善、更新漏洞标准。基于相关政策标准的制定和美国国家计算机通用漏洞数据库（National Vulnerability Database，NVD）的建设，美国在漏洞管理方面已形成了完善的漏洞管理标准体系，并被全球多个国家和地区采用、借鉴。美国国家标准及技术协会（National Institute of Standards and Technology，NIST）、MITRE 公司，以及事件响应与安全组织论坛（For Inspiration and Recognition of Science and Technology，FIRST）、国际标准化组织（International Standards Organization，ISO）、互联网安全中心（Center for Internet Security，CIS）等，相继推出了通用漏洞披露（Common Vulnerabilities and Exposures，CVE）、CVSS 等 12 项标准，见表 1-1。这 12 项标准涵盖了漏洞命名、评分、检测、管理等多个方面，其中多项标准已被国际电信联盟采纳。尤其是全球各主流漏洞库中所收录的安全漏洞都采用 CVSS v2.1 或 CVSS v3 的漏洞评分标准，依照通用缺陷枚举（Common Weakness Enumeration，CWE）标准进行漏洞成因分类，并在各自漏洞库特有编号的基础上标注 CVE 编号。

表 1-1　美国漏洞相关标准

序号	标准名称	英文缩写	标准制定者	详细内容
1	通用漏洞披露	CVE	MITRE	漏洞通用命名标准
2	通用平台枚举	CPE	MITRE/NIST	对应用程序、操作系统、硬件设备等进行描述和标识的标准
3	通用缺陷枚举	CWE	MITRE	软件缺陷的枚举清单与分类规范
4	通用漏洞评分系统	CVSS	FIRST	评估漏洞严重程度的度量标准
5	通用缺陷评分系统	CWSS	MITRE	软件缺陷评价框架
6	通用配置枚举	CCE	MITRE/NIST	为安全相关系统配置提供通用标识
7	开放漏洞评估语言	OVAL	MITRE/CIS	对计算机系统的安全状态进行评估和报告的国际标准化语言
8	可扩展配置清单描述格式	XCCDF	NIST	编写安全检查清单、基准和相关类型文档的规范语言
9	开放式清单交互语言	OCIL	NIST	对由不同数据源收集的数据进行检查的语言
10	资产报告格式	ARF	NIST	资产信息传输格式
11	软件标识	SWID	ISO	软件标识和相关元数据的格式
12	安全自动化数据信任模型	TMSAD	NIST	公共信任模型中使用数字签名的规范

此外，美国还积极推动漏洞标准的广泛应用，如 NIST 推出安全内容自动化协

议（Security Content Automation Protocol，SCAP）验证工具，用于自动测试验证厂商开发的产品是否符合 SCAP 的要求。基于 SCAP，美国推出联邦桌面核心配置计划，为美国联邦政府所有运行 Windows 操作系统的计算机提供统一的安全配置方案，以增强联邦信息系统的安全能力，实现自动化安全管理，降低维护成本。

（2）国内标准

我国相继发布了《信息安全技术 网络安全漏洞标识与描述规范》（GB/T 28458—2020）、《信息安全技术 网络安全漏洞管理规范》（GB/T 30276—2020）、《信息安全技术 网络安全漏洞分类分级指南》（GB/T 30279—2020）等国家标准，为工业信息安全漏洞全生命周期管理、漏洞分类分级等提供了指导与依据。但目前我国在漏洞评分、漏洞报告等方面还缺少国家标准。

2022 年，由国家工业信息安全发展研究中心牵头制定的《工业信息安全漏洞分类分级指南》团体标准正式发布，为工业领域的软硬件产品提供者、工业信息安全漏洞收集平台在漏洞管理、技术研究等活动中的漏洞分类和分级评估提供了参考。国家或企业级工业信息安全漏洞收集平台、工业信息安全软硬件产品和工业领域软硬件产品提供者均可参考该标准进行日常漏洞管理。

（二）漏洞管理工作机制

1. 漏洞信息共享

在漏洞管理工作中，美国等国尤其重视关键信息基础设施领域的安全漏洞管理，通过建立信息共享工作机制，促进漏洞评估与及时修复。例如，美国工业控制系统网络应急响应小组（Industrial Control Systems-Cyber Emergency Response Team，ICS-CERT）专门负责工业控制系统安全漏洞管理工作，通过采取政企合作的模式，促进漏洞等威胁信息共享，并及时处置基于漏洞利用而引发的各类工业信息安全事件，以保护国内关键信息基础设施。

其中，在漏洞共享方面，ICS-CERT 要求关键信息基础设施领域的网络安全组织与行业内的网络产品和服务提供者、科研机构、应急响应机构等共享安全漏洞信息，共同研判网络威胁态势，制定应对措施。在漏洞处置方面，ICS-CERT 要求充分发挥网络产品和服务提供者熟知设备原理、通晓设备脆弱性的优势，在保护好商业秘密、维护好企业利益的前提下，鼓励网络产品和服务提供者共享漏洞处置相关信息、联合网络安全厂商共同研究漏洞处置方案等。

2. 漏洞赏金计划

为提升社会各界挖掘漏洞的积极性，全球诸多政府机构、军事部门采取众测模式保障漏洞挖掘的整体质量，如美国、欧盟、新加坡等均已启动漏洞赏金计划，通过利用黑客的漏洞挖掘技术，丰富网络安全漏洞资源储备。

（1）美国

美国早在 2016 年就启动了多项漏洞赏金计划，数千名"白帽子"参与计划，测试美国国防部、陆军、空军等部门和军队对网络攻击的抵抗力。经过近 7 年的发展，美国国防部已连续启动几十次漏洞赏金计划，在漏洞挖掘方面取得了显著成效。同时，美国不断完善漏洞赏金计划，拓展信息系统漏洞挖掘范围。

（2）欧盟

欧盟长期致力于开源软件安全漏洞管理，于 2017 年启动了针对免费视频播放器 VLC media player 的漏洞赏金计划；于 2018 年启动了开源软件审计项目 EU-FOSSA 漏洞赏金计划，共赞助了 14 个项目。2022 年 1 月，欧盟委员会开源计划办公室启动漏洞赏金计划，针对欧盟公共服务部门大量使用的 LibreOffice、Mastodon、Odoo、CryptoPad、LeOS 5 个开源项目提供漏洞挖掘奖励资金，该计划拟在漏洞赏金平台 Intigriti 上全年运行，奖励可高达 20 万欧元。

（3）新加坡

新加坡政府也高度重视漏洞赏金计划的作用。2018 年，新加坡国防部悬赏查找国防部的 8 个重要系统的安全漏洞，计划实施期间共发现 35 个安全漏洞。2021 年 9 月，新加坡政府科技局推出 VRP 漏洞赏金计划，该计划涵盖提供重要的数字政府服务的系统，包括 Singpass 和 Corppass（GovTech）、会员电子服务、工作证综合系统，赏金最高可达 15 万美元。该计划旨在进一步加强现有的政府漏洞赏金计划和漏洞披露计划的作用。

（三）漏洞平台与生态建设

漏洞平台建设是各国网络安全保障工作中一项极为关键的基础性和长期性工作，一般由政府部门或官方组织负责漏洞平台的建设与运营。漏洞生态建设则需要工业信息安全产业链中各方力量的共同参与。当前，工业信息安全漏洞平台与生态的建设已经成为各国政府的重点工作。

1. 漏洞平台建设

（1）ICS-CERT 漏洞披露平台

美国 ICS-CERT 负责运营工业控制系统漏洞披露平台，协助工业控制系统供应商、工业企业等识别工控安全漏洞，制定健全的漏洞缓解策略，降低漏洞安全风险，进而改善美国的工业信息安全态势。ICS-CERT 漏洞披露平台主要针对工业控制系统、智能设备、物联网等的漏洞，包含受影响设备、漏洞概述、解决方案、背景资料、其他事项 5 个方面的漏洞信息。

（2）NVD 漏洞管理数据平台

NVD 是美国 NIST 计算机安全部门和信息技术实验室开发的漏洞管理数据平台，于 2005 年推出，旨在为美国政府提供软件的漏洞和配置信息。NVD 中收录了大量工业信息安全漏洞，提供漏洞影响指标、技术评估方法、漏洞修复参考信息。NVD 的漏洞披露与 CVE 同步，提供了对 CVE 中披露漏洞的持续分析，并增加了漏洞技术细节、受漏洞影响产品等信息。NVD 直接与供应商、安全研究人员等合作，以提高漏洞信息质量，并使用 CVSS 对每个漏洞进行评估。持续的漏洞分析和评估能够帮助 NVD 用户了解每个漏洞的严重性，并帮助用户更好地开展漏洞处置工作。

（3）CICSVD 漏洞平台

我国的国家工业信息安全发展研究中心依托工控安全应急资源库的建设资源，联合国内漏洞研究优秀技术力量共同建立了我国工业领域首个国家级的信息安全漏洞平台，即国家工业信息安全漏洞库（China national Industrial Cyber Security Vulnerability Database，CICSVD）。

CICSVD 面向钢铁、有色金属、石化化工、装备工业、消费品工业、电子信息、国防军工、能源、交通、水利、市政、民用核设施等行业领域，重点关注工业硬件、工业软件等相关产品和组件的安全漏洞、补丁及解决方案的研究。通过整合安全企业、个人等多方资源，CICSVD 从多渠道广泛收集工业信息安全漏洞信息，对漏洞信息进行规范化、标准化的统一审核、验证、定级、收录、处置，同时结合验证结果和处置建议，面向政府和重要信息系统部门，以及通信行业、工业、安全行业等有关单位提供通报、处置等相关服务，逐步构建标准漏洞库、补丁库等漏洞知识库体系，切实提升在工业信息安全漏洞方面的整体研究水平和风险防范能力。

工业和信息化部委托国家工业信息安全发展研究中心建设并运营 CICSVD。经过持续更新与迭代，CICSVD 的技术能力持续优化，工业信息安全漏洞的共建共享范围稳步扩大，漏洞发现、上报、分析和处置的工作机制逐步深化，已收录西门子、施耐德电气、和利时、三菱、GE 等全球 200 余家知名厂商的产品漏洞，成为我国工业领域漏洞收录最多、覆盖范围最广、最权威的国家级漏洞库之一。CICSVD 注重技术积累，通过绘制行业企业漏洞画像、增强工业信息安全漏洞评估核心能力等，持续为工业信息安全漏洞预警、响应、风险排查等提供核心技术支撑。

（4）ICS-CNVD 工控漏洞子库

由国家计算机网络应急技术处理协调中心运营的国家信息安全漏洞共享平台（China National Vulnerability Database，CNVD）通过号召和引导工控安全厂商、白帽子、工业企业等多方共同参与工控安全漏洞管理生态建设，上线了专门面向工业控制系统的工控漏洞子库——ICS-CNVD。截至 2022 年 5 月，ICS-CNVD 累计收录了 3100 余个漏洞，其中高危漏洞占比超 46%。ICS-CNVD 对于国内工业信息安全漏洞和安全事件的发现、分析、预警，以及提升漏洞整体研究水平等提供了重要的数据支持。

2．漏洞生态建设

工业信息安全漏洞生态建设是全面提升漏洞管理能力的重要手段。只有集合产品提供者、网络运营者及个人组织机构等全产业链上下游力量共同加强漏洞全生命周期管理，才能更好地提升工业信息安全漏洞统一管理能力。

目前，国内外纷纷通过举办与工业信息安全漏洞管理相关的培训、论坛、沙龙等活动，加强漏洞管理政策标准文件宣贯，推进工业信息安全漏洞技术研究与生态建设。例如，根据国内公开的漏洞管理相关培训及活动情况来看，CICSVD 运营方已经为全国各地的网络安全机构、工业企业等搭建了交流合作平台，通过讲解相关政策标准文件、分享漏洞管理最新研究成果、共同探讨如何构建高效的漏洞库运行管理工作机制等，助力业界提升工业信息安全漏洞管理能力。

除了继续推进上述活动外，还需要围绕以下方面进一步加强漏洞生态建设。

具备政策研究能力的科研机构，需要推进安全漏洞管理标准体系建设，强化漏洞评分、报告、命名、分类分级等国家标准的研究，细化行业标准制定。

具备漏洞库运营能力的机构，则要充分发挥对漏洞平台的调动作用，以完善平台运营和管理机制为依托，以平台建设为突破口，规范工业信息安全漏洞管理工作，充分发挥网络产品提供者、网络运营者、网络安全企业、专业机构、研究人员等组织或个人的作用，共同推动漏洞及时发现、报告和有效处置，培育网络安全漏洞管理的良好生态；结合漏洞管理政策标准，明确管理要求，指导漏洞上报方、漏洞研判方、漏洞处置方根据漏洞评级，及时、有序开展漏洞跟踪、研究、修复工作，推动部署最佳防护策略。

工业领域网络产品使用者（通常为工业企业）需要落实政策法规要求，做好工业信息安全漏洞修补与处置工作。同时，可以联合产品提供者以及从事漏洞发现、收集、发布等工作的组织或个人等各类主体持续构筑漏洞生态，如通过开展漏洞验证众测活动促进漏洞发现与修补等。

第二章 工业控制系统等级保护测评

风险管理是突发事件应急管理的关键部分，是实现风险精准治理、防范重大风险事件发生的前提。网络安全等级保护制度作为指导我国信息安全保障体系建设的基础管理制度，能够有效识别风险项，为安全整改、风险防控等奠定基础。因此，开展工业控制系统等级保护测评不仅是落实法律法规要求的必要工作，也是加强工业控制系统安全防护能力的有力措施。本章将首先介绍网络安全等级保护制度基本内容，阐释网络安全等级保护的基本内涵；然后介绍工业控制系统等级保护测评内容及要求。通过对本章内容的学习，读者能够掌握工业控制系统等级保护测评的基本工作流程和安全防护要求，提升工控安全技能。

第一节 网络安全等级保护制度

网络安全等级保护制度是我国信息安全工作的基本制度、基本方针、基本方法。网络安全等级保护是指对网络（含信息系统、数据等）实施分等级保护、分等级监管。《网络安全法》的正式实施，标志着网络安全等级保护制度的法律地位进一步明确。本节将从网络安全等级保护制度的发展历程、法律法规、标准体系、主要内容、测评过程等方面进行介绍。

（一）网络安全等级保护制度的发展历程

网络安全等级保护制度经过 20 多年的发展，目前已经逐步完善，并在各个行业中得到落地，对我国的网络安全保护起到了重要的支撑作用。网络安全等级保护制度发展至今，总体经历了两个阶段：信息安全等级保护（"等级保护 1.0"）和网络安全等级保护（"等级保护 2.0"）。

1. 信息安全等级保护

1994 年，国务院发布《中华人民共和国计算机信息系统安全保护条例》（以下简称《计算机信息系统安全保护条例》），其中规定计算机信息系统实施安全等级保护，这标志着我国等级保护制度的形成。随后，为推动安全等级保护制度落地，国务院相关部门相继发布了一系列文件。2003 年 9 月，中共中央办公厅、国务院办公厅颁布的《国家信息化领导小组关于加强信息安全保障工作的意见》明确指出实行信息安全等级保护制度。2007 年 7 月，公安部、国家保密局、国家密码管理局、国务院信息化工作办公室联合颁布《关于开展全国重要信息系统安全等级保护定级工作的通知》，推动定级工作的开展。2007 年 7 月 20 日，全国重要信息系统安全等级保护定级工作电视电话会议召开，标志着信息安全等级保护制度正式开始实施。2010 年 4 月，公安部发布《关于推动信息安全等级保护测评体系建设和开展等级测评工作的通知》，进一步提出信息安全等级保护工作的阶段性目标。2010 年 12 月，公安部、国务院国有资产监督管理委员会联合出台《关于进一步推进中央企业信息安全等级保护工作的通知》，推动中央企业贯彻执行等级保护工作。

2. 网络安全等级保护

随着新一代信息技术的不断发展，网络安全等级保护制度的内涵和外延进一步拓展。2016 年 10 月，第五届全国信息安全等级保护技术大会召开，国家对网络安全等级保护制度提出了更多要求。2016 年 11 月 7 日，《网络安全法》正式通过，明确提出国家实行网络安全等级保护制度，这标志着网络安全等级保护进入"等级保护 2.0"时代。网络安全等级保护相关配套法规、标准相继出台，极大地提高了网络安全等级保护制度的法律地位，推动了网络安全等级保护制度的发展。

（二）网络安全等级保护法律法规

随着我国网络安全立法工作的不断完善，网络安全等级保护制度已经被写入多项法律法规中，为网络安全等级保护制度的顺利实施奠定了坚实的基础。总体上，我国已经形成了覆盖中央到地方的各级法律法规体系，包括《网络安全法》、《中华人民共和国数据安全法》（以下简称《数据安全法》）等法律，《中华人民共和国计算机信息系统安全保护条例》《关键信息基础设施安全保护条例》等行政法规，《信息安全等级保护管理办法》《电力行业网络与信息安全管理办法》等部门规章，以及各地方政府出台的地方性法规。完善的法律法规体系，有力保障了网络安全等级保护制度的落地实施，对加强我国的网络安全保护具有重要意义。

1.《网络安全法》

《网络安全法》作为我国第一部网络安全的专门性、综合性立法，是网络安全法制体系的重要基础，奠定了依法实施网络安全等级保护制度的基础。

《网络安全法》第二十一条明确指出国家实行网络安全等级保护制度。网络运营者应当按照网络安全等级保护制度的要求，履行安全保护义务，保障网络免受干扰、破坏或者未经授权的访问，防止网络数据泄露或者被窃取、篡改。本条内容对网络运营者履行网络安全等级保护责任和义务进行了明确的规定，并对重要的安全保护内容进行了阐述，具有重要的指导性意义。

第三十一条指出国家对公共通信和信息服务、能源、交通、水利、金融、公共服务、电子政务等重要行业和领域，以及其他一旦遭到破坏、丧失功能或者数据泄露，可能严重危害国家安全、国计民生、公共利益的关键信息基础设施，在网络安全等级保护制度的基础上，实行重点保护。关键信息基础设施的具体范围和安全保护办法由国务院制定。国家鼓励关键信息基础设施以外的网络运营者自愿参与关键信息基础设施保护体系。本条内容从法律上规定了关键信息基础设施运营者的安全责任，要求在等级保护制度的基础上，进一步重点加强网络安全保护。

2.《数据安全法》

《数据安全法》明确要求对数据安全的保护应基于网络安全等级保护制度。第二十七条规定，利用互联网等信息网络开展数据处理活动，应当在网络安全等级保护制度的基础上，履行相关数据安全保护义务。上述内容表明，等级保护制度已经成为数据安全保护的重要基础。

3.《关键信息基础设施安全保护条例》

《关键信息基础设施安全保护条例》作为《网络安全法》的配套法规，对公共通信和信息服务、能源、交通、水利、金融、公共服务、电子政务、国防科技工业等重要行业和领域的关键信息基础设施的安全保护进行了明确规定，细化了关键信息基础设施运营者的责任、义务。在网络安全等级保护方面，该法规要求运营者在网络安全等级保护制度的基础上，采取技术保护措施和其他必要措施，应对网络安全事件，防范网络攻击和违法犯罪活动，保障关键信息基础设施安全稳定运行，维护数据的完整性、保密性和可用性。

4.《计算机信息系统安全保护条例》

1994年2月18日，国务院令第147号发布并实施《计算机信息系统安全保护条例》。该条例是为了保护计算机信息系统的安全，促进计算机的应用和发展，保障社会主义现代化建设的顺利进行而制定的法规。该条例从安全保护制度、安全监督、法律责任等方面对计算机信息系统安全保护提出了明确的要求。

该条例中明确要求计算机信息系统实行安全等级保护。安全等级的划分标准和安全等级保护的具体办法，由公安部会同有关部门制定。该条例的出台对于推动我国网络安全等级保护制度具有重大意义，使我国的网络安全等级保护工作开始驶入"快车道"。在此基础上，相关配套政策措施及标准开始陆续制定和发布，有力地推动了我国的网络安全等级保护工作。

5.《信息安全等级保护管理办法》

2007年6月22日，公安部、国家保密局、国家密码管理局、国务院信息化工作办公室四部门联合发布《信息安全等级保护管理办法》。它作为《计算机信息系统安全保护条例》的配套管理办法，旨在加快推进信息安全等级保护，规范信息安全等级保护管理，提高信息安全保障能力和水平，维护国家安全、社会稳定和公共利益，保障和促进信息化建设。

《信息安全等级保护管理办法》从等级划分与保护、等级保护的实施与管理、涉密信息系统的分级保护管理、信息安全等级保护的密码管理、法律责任等方面对我国网络安全等级保护工作的实施进行了详细规定，明确了公安机关、国家保密工作部门、国家密码管理部门、国务院信息化工作办公室等的责任，提出了具体的实施办法，为网络安全等级保护制度的执行和推广提供了依据。参照《信息安全等级保护管理办法》，全国各省市也相继出台了地方的网络安全等级保护相关配套措施，推动了网络安全等级保护制度在全国范围内的大规模推广实施。

（三）网络安全等级保护标准体系

网络安全等级保护工作的开展，离不开各类标准的支持。围绕网络安全等级保护定级、备案、建设整改、等级测评等工作，有关部门制定了一系列的标准，主要包括等级划分标准、系统定级标准、建设实施标准、等级测评标准、重要行业标准等。

1. 等级划分标准

《计算机信息系统 安全保护等级划分准则》（GB 17859—1999）规定了安全等级的划分标准，是等级保护领域的一项强制性标准。该标准将安全等级分为 5 级，分别是用户自主保护级、系统审计保护级、安全标记保护级、结构化保护级和访问验证保护级。

2. 系统定级标准

系统定级是开展等级保护的首要工作，《信息安全技术 网络安全等级保护定级指南》（GB/T 22240—2020）对定级工作进行了详细描述，规定了定级的方法和流程，包括定级原理和流程、确定定级对象、确定安全保护等级等内容。

3. 建设实施标准

为使系统建成后满足等级保护的要求，有关部门对系统的设计、建设实施等过程都制定了相应的标准。

《信息安全技术 网络安全等级保护安全设计技术要求》（GB/T 25070—2019）规定了不同等级系统在安全设计方面的要求，给出了安全通用要求及云计算、移动互联网、物联网、工业控制系统安全扩展要求的等级保护安全设计框架，并从设计目标、设计策略、技术要求 3 个方面对不同等级系统的安全设计给出相应的标准要求。

《信息安全技术 网络安全等级保护基本要求》（GB/T 22239—2019，以下简称《网络安全等级保护基本要求》）规定了不同等级系统所要遵循的安全保护要求（即不同等级系统的安全基线），主要分为安全通用要求和安全扩展要求，从安全物理环境、安全通信网络、安全区域边界、安全计算环境、安全管理中心、安全管理制度、安全管理机构、安全管理人员、安全建设管理、安全运维管理等方面提出不同的要求，如图 2-1 所示。

《信息安全技术 网络安全等级保护实施指南》（GB/T 25058—2019）规定了等级保护对象实施网络安全等级保护工作的过程，主要包括定级与备案、总体安全规划、安全设计与实施、安全运行与维护、定级对象终止等工作的流程和要求。

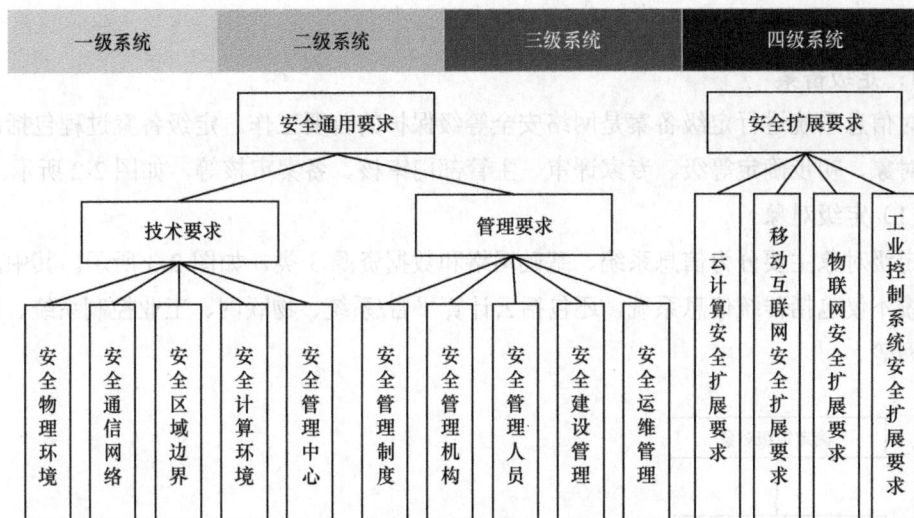

图 2-1　《网络安全等级保护基本要求》概览

4．等级测评标准

网络安全等级保护测评是等级保护工作的重要组成部分，国家对测评内容、测评过程均制定了相应的标准。

在测评内容方面，《信息安全技术　网络安全等级保护测评要求》（GB/T 28448—2019）规定了针对不同等级信息系统的测评指标要求，包括安全通用要求和云计算、移动互联网、物联网、工业控制系统等安全扩展要求。

在测评过程方面，《信息安全技术　网络安全等级保护测评过程指南》（GB/T 28449—2018）规范了等级测评工作过程，规定了测评活动及工作任务，主要包括测评准备活动、方案编制活动、现场测评活动、报告编制活动等。

5．重要行业标准

电力、金融等重要行业主管部门根据行业特点，在相关通用国家标准的基础上，分别制定了行业的标准。因此，在这些重要行业中，开展网络安全等级保护工作不仅要遵循通用国家标准，也要遵循行业标准。

在电力行业中，《电力信息系统安全等级保护实施指南》（GB/T 37138—2018）结合电力信息系统的特点，提出了电力行业等级保护实施指南，包括定级备案、测评与评估、安全整改、退运等内容。

在金融行业中，《金融行业网络安全等级保护测评指南》（JR/T 0072—2020）和《金融行业网络安全等级保护实施指引》（JR/T 0071—2020）两项标准则规定了金融行业等级保护测评工作的流程和方法。

（四）网络安全等级保护的主要内容

网络安全等级保护主要包括定级备案、建设整改、等级保护测评、监督检查 4 个方面的内容。

1. 定级备案

对信息系统进行定级备案是网络安全等级保护的首要工作。定级备案过程包括确定定级对象、初步确定等级、专家评审、主管部门审核、备案审核等，如图 2-2 所示。

（1）定级对象

定级对象主要分为信息系统、基础网络和数据资源 3 类，如图 2-3 所示。其中，信息系统不仅包括传统信息系统，还包括云计算平台/系统、物联网、工业控制系统、移动互联网等。

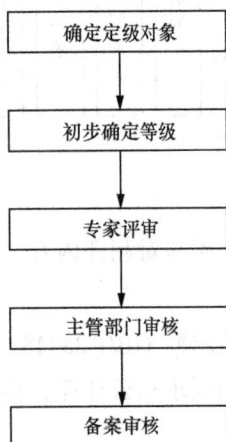

图 2-2　定级备案过程

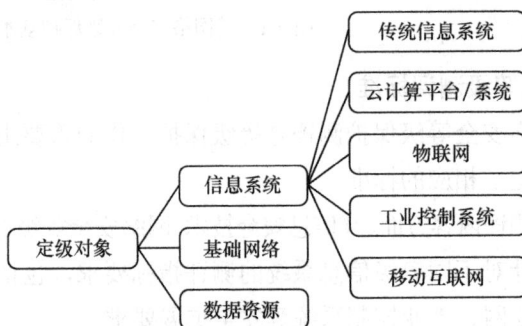

图 2-3　定级对象分类

（2）定级要素

定级对象的定级要素包括受侵害的客体和对客体的侵害程度，其中受侵害的客体包括公民、法人和其他组织的合法权益，社会秩序、公共利益，国家安全。定级对象受到破坏后对客体的侵害程度包括一般损害、严重损害、特别严重损害 3 种。根据《信息安全技术　网络安全等级保护定级指南》（GB/T 22240—2020），定级要素与安全保护等级的关系见表 2-1。

表 2-1　定级要素与安全保护等级的关系

受侵害的客体	对客体的侵害程度		
	一般损害	严重损害	特别严重损害
公民、法人和其他组织的合法权益	第一级	第二级	第二级
社会秩序、公共利益	第二级	第三级	第四级
国家安全	第三级	第四级	第五级

（3）定级方法

定级对象的安全主要包括业务信息安全和系统服务安全，相应的安全保护等级由业务信息安全和系统服务安全两个方面确定。根据定级要素与安全保护等级的关系，分别确定业务信息安全保护等级和系统服务安全保护等级后，将其中等级较高者确定为定级对象的安全保护等级，如图2-4所示。

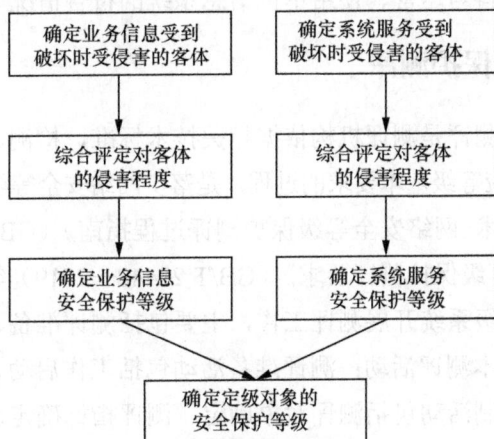

```
┌──────────────┐          ┌──────────────┐
│ 确定业务信息受到 │          │ 确定系统服务受到 │
│ 破坏时受侵害的客体│          │ 破坏时受侵害的客体│
└──────────────┘          └──────────────┘
        │                         │
        ▼                         ▼
┌──────────────┐          ┌──────────────┐
│ 综合评定对客体  │          │ 综合评定对客体  │
│ 的侵害程度    │          │ 的侵害程度    │
└──────────────┘          └──────────────┘
        │                         │
        ▼                         ▼
┌──────────────┐          ┌──────────────┐
│ 确定业务信息   │          │ 确定系统服务   │
│ 安全保护等级   │          │ 安全保护等级   │
└──────────────┘          └──────────────┘
        │                         │
        └───────────┬─────────────┘
                    ▼
            ┌──────────────┐
            │ 确定定级对象的 │
            │ 安全保护等级  │
            └──────────────┘
```

图2-4　定级方法

（4）系统备案

运营单位在确定安全保护等级后，须到所在地市级及以上公安机关备案。新建或者已运行的第二级及以上信息系统，应在等级确定后30日内完成备案工作。公安机关对信息系统备案情况进行审核，对符合要求的颁发等级保护备案证明。定级不准的，应当重新定级、重新备案。

2．建设整改

运营单位在信息系统建设过程中，应遵循同步规划、同步建设、同步使用的原则，按照相关标准开展网络安全等级保护工作，包括安全防护方案的设计与实施、安全产品的采购与部署、安全管理制度的建立和实施等。对于已建成的信息系统，经测评或者运营单位自查，未达到安全等级保护要求的，运营单位应当进行整改，根据差距分析结果，增加安全防护手段，制定并落实相关安全制度等。

3．等级保护测评

运营、使用单位或者主管部门应当选择具有等级测评资质的测评机构，定期对信息系统网络安全状况开展等级测评工作。第三级及以上信息系统至少每年进行一次等级测评，第四级及以上信息系统至少每半年进行一次等级测评，第五级信息系统应当依据特殊安全需求进行等级测评。测评机构完成测评后，出具测评报告，明确测评等级结果和得分。

4．监督检查

公安机关依据《信息安全等级保护管理办法》等相关规定，监督检查运营、使用单位开展等级保护工作，定期对信息系统进行安全检查。对第三级信息系统每年至少检查一次，对第四级信息系统每半年至少检查一次，第五级信息系统由国家指定的专门部门进行检查。监督检查的主要事项包括确定安全需求是否发生变化、定级是否准确，掌握安全自查情况，安全管理制度、措施落实情况，等级测评情况，信息安全产品使用情况，安全整改情况，备案材料与运营、使用单位信息系统的符合情况等。

（五）网络安全等级保护测评

网络安全等级保护测评是测评机构依据相关技术标准，检测、评估定级对象安全等级保护状况是否符合相应等级基本要求的过程，是落实网络安全等级保护制度的重要环节。

依据《信息安全技术 网络安全等级保护测评过程指南》（GB/T 28449—2018）、《信息安全技术 网络安全等级保护测评要求》（GB/T 28448—2019）等标准要求，测评机构根据委托人的委托对定级系统开展测评工作，主要包括测评准备、测评方案编制、现场测评、报告编制4项基本测评活动：测评准备活动包括工作启动、信息收集、工具和表单准备等；测评方案编制活动包括测评对象确定、测评指标确定、测评内容确定、工具和测评方法确定、测评指导书开发、测评方案编制等；现场测评活动包括现场测评准备、现场测评和结果记录、结果确认和资料归还等；报告编制活动包括单项测评结果评判、单元测评结果判定、整体测评、系统安全保障评估、安全问题风险分析、等级测评结论形成、测评报告编制等。

第二节　工业控制系统等级保护测评内容与要求

（一）工业控制系统等级保护测评内容

工业控制系统作为重要的系统类型，根据其安全防护特点，相关标准提出了更多的安全保护要求。工业控制系统构成的复杂性、组网的多样性，以及等级保护对象划分的灵活性，给实施网络安全等级保护带来了挑战，需要结合实际场景进行等级保护测评指标的选择。

总体而言，工业控制系统等级保护测评指标由安全通用要求和安全扩展要求两个部分决定。不同功能层级的工业控制系统，在安全扩展要求指标的选择方面也不同。在技术要求方面，根据《信息安全技术 网络安全等级保护基本要求》（GB/T 22239—2019），工业控制系统各功能层级与等级保护技术要求的映射关系见表2-2。

表2-2　工业控制系统各功能层级与等级保护技术要求的映射关系

功能层级	等级保护技术要求
企业资源层	安全通用要求（安全物理环境）
	安全通用要求（安全通信网络）

续表

功能层级	技术要求
企业资源层	安全通用要求（安全区域边界）
	安全通用要求（安全计算环境）
	安全通用要求（安全管理中心）
生产管理层	安全通用要求（安全物理环境）
	安全通用要求（安全通信网络）+安全扩展要求（安全通信网络）
	安全通用要求（安全区域边界）+安全扩展要求（安全区域边界）
	安全通用要求（安全计算环境）
	安全通用要求（安全管理中心）
过程监控层	安全通用要求（安全物理环境）
	安全通用要求（安全通信网络）+安全扩展要求（安全通信网络）
	安全通用要求（安全区域边界）+安全扩展要求（安全区域边界）
	安全通用要求（安全计算环境）
	安全通用要求（安全管理中心）
现场控制层	安全通用要求（安全物理环境）+安全扩展要求（安全物理环境）
	安全通用要求（安全通信网络）+安全扩展要求（安全通信网络）
	安全通用要求（安全区域边界）+安全扩展要求（安全区域边界）
	安全通用要求（安全计算环境）+安全扩展要求（安全计算环境）
现场设备层	安全通用要求（安全通信网络）+安全扩展要求（安全物理环境）
	安全通用要求（安全通信网络）+安全扩展要求（安全通信网络）
	安全通用要求（安全区域边界）+安全扩展要求（安全区域边界）
	安全通用要求（安全计算环境）+安全扩展要求（安全计算环境）

在工业控制系统中，处于不同功能层级的设备和系统，所对应的指标要求不同，存在一定差异。工业控制系统对可用性要求较高，对设备进行安全防护，采取特定的安全措施，可能会影响其连续运行。因此，工业控制系统测评应综合考虑安全措施对系统可用性的影响，原则上，安全措施不应对高可用系统功能产生不利影响。如果经评估，安全措施对可用性影响较大而无法满足等级保护相关要求，应进行安全声明，并分析可能产生的影响和后果，以及相关补偿措施。

在工业控制系统安全扩展要求方面，《信息安全技术　网络安全等级保护基本要求》（GB/T 22239—2019）主要从安全物理环境、安全通信网络、安全区域边界、安全计算环境、安全管理中心等方面对工业控制系统提出了要求，主要包括工业控制系统中室外控制设备、网络架构、通信传输、访问控制以及建设管理等方面的要求，第一级、第二级、第三级、第四级工业控制系统的安全扩展要求指标数量分别为 9 条、15 条、21条和 22 条，见表 2-3。

表 2-3　工业控制系统等级保护测评安全扩展要求指标数量

序号	安全层级	控制点	安全扩展要求指标数量/个			
			第一级	第二级	第三级	第四级
1	安全物理环境	室外控制设备	2	2	2	2
2	安全通信网络	网络架构	2	3	3	3
3		通信传输	0	1	1	1
4	安全区域边界	访问控制	1	2	2	2
5		拨号使用控制	0	1	2	3
6		无线使用控制	2	2	4	4
7	安全计算环境	控制设备安全	2	2	5	5
8	安全管理中心	产品采购和使用	0	1	1	1
9		外包软件开发	0	1	1	1
合计			9	15	21	22

（二）工业控制系统安全扩展要求解析

根据《信息安全技术　网络安全等级保护基本要求》（GB/T 22239—2019），工业控制系统安全扩展要求的具体内容见表 2-4。下面对具体内容进行详细解析。

表 2-4　工业控制系统安全扩展要求

工业控制系统安全扩展要求		
控制点	防护要求	适用等级
安全物理环境		
室外控制设备	室外控制设备应放置于采用铁板或其他防火材料制作的箱体或装置中并固定；箱体或装置具有透风、散热、防盗、防雨和防火性能	第一级及以上系统
	室外控制设备应远离强电磁干扰、强热源等环境，如无法避免，则应及时做好应急处置及检修，保证设备正常运行	第一级及以上系统
安全通信网络		
网络架构	工业控制系统与企业其他系统之间应划分为两个区域，区域间应采用符合国家或行业规定的专用产品实现单向安全隔离	第一级及以上系统
	工业控制系统内部应根据业务特点划分为不同的安全域，安全域之间应采用技术隔离手段	第一级及以上系统
	涉及实时控制和数据传输的工业控制系统，应使用独立的网络设备组网，在物理层面上实现与其他数据网及外部公共信息网的安全隔离	第二级及以上系统
通信传输	在工业控制系统内通过广域网进行控制指令或相关数据交换，应采用加密认证技术手段实现身份认证、访问控制和数据加密传输	第二级及以上系统
安全区域边界		
访问控制	应在工业控制系统与企业其他系统之间部署访问控制设备，配置访问控制策略，禁止穿越区域边界的电子邮件、Web、Telnet、Rlogin、文件传送协议（File Transfer Protocol，FTP）等通用网络服务	第一级及以上系统
访问控制	应在工业控制系统内部安全域和安全域之间的边界防护机制失效时，及时进行报警	第二级及以上系统

续表

安全区域边界			
拨号使用控制	对于确需使用拨号访问服务的工业控制系统,应限制其具有拨号访问权限的用户数量,并采取用户身份鉴别和访问控制等措施	第二级及以上系统
	拨号服务器和客户端均应使用经安全加固的操作系统,并采取数字证书认证、传输加密和访问控制等措施	第三级及以上系统
	涉及实时控制和数据传输的工业控制系统禁止使用拨号访问服务	第四级及以上系统
无线使用控制	应为所有参与无线通信的用户(人员、软件进程或设备)提供唯一性标识和鉴别	第一级及以上系统
	应对所有参与无线通信的用户(人员、软件进程或设备)进行授权并对使用进行限制	第一级及以上系统
	应对无线通信采取传输加密的安全措施,以实现传输报文的机密性保护	第三级及以上系统
	采用无线通信技术进行控制的工业控制系统,应能识别其物理环境中发射信号的、未经授权的无线设备,报告未经授权试图接入或干扰工业控制系统的行为	第三级及以上系统
安全计算环境		
控制设备安全	控制设备自身应实现相应级别安全通用要求提出的身份鉴别、访问控制和安全审计等安全要求,如受条件限制,控制设备无法实现上述要求,则应由其上位控制或管理设备实现同等功能或通过管理手段控制	第一级及以上系统
	应在经过充分测试、评估后,在不影响系统安全稳定运行的情况下对控制设备进行补丁更新、固件更新等工作	第一级及以上系统
	应关闭或拆除控制设备的软盘驱动、光盘驱动、通用串行总线(Universal Serial Bus,USB)接口、串行口或多余网口等,确需保留的,应通过相关的技术措施实施严格的监控管理	第三级及以上系统
	应使用专用设备和专用软件对控制设备进行更新	第三级及以上系统
	应保证控制设备在上线前经过安全性检测,避免控制设备固件中存在恶意代码程序	第三级及以上系统
安全建设管理		
产品采购和使用	工业控制系统的重要设备应通过专业机构的安全性检测后方可采购、使用	第二级及以上系统
外包软件开发	应在外包开发合同中规定针对开发单位、供应商的约束条款,包括设备及系统在生命周期内有关保密、禁止关键技术扩散和设备行业专用等方面的内容	第二级及以上系统

1. 安全物理环境

工业控制系统的许多现场控制设备放置于户外环境中,如远程终端单元(Remote Terminal Unit,RTU)、监控设备、传感器等。由于这些控制设备直接控制设备的运转,并接入整个工业控制系统,远程传送相关数据信息,因此需要保证其物理环境的安全。《信息安全技术 网络安全等级保护基本要求》(GB/T 22239—2019)对此提出了两条安全扩展要求:一是控制设备应放置于采用特定材料制作的箱体或装置中,箱体或装置具备防火、防盗、防雨等性能;二是远离强电磁干扰、强热源等环境,防止控制设备受到干扰。

2．安全通信网络

在通信网络方面，工业控制系统可能使用工业以太网、现场总线、串口通信等，为保障工业控制系统的通信网络安全，做好网络安全隔离至关重要。具体要求如下。一是在工业控制系统与企业其他系统之间应实现单向安全隔离，仅允许数据从工业控制系统向企业其他系统单向传输数据。二是在工业控制系统内部，应根据工业控制系统不同的功能，做好横向隔离分区措施。三是涉及实时控制和数据传输的工业控制系统，应进行物理隔离、单独组网，防止网络安全问题对实时控制系统的运行产生影响，以保证系统的高可用性。

在通信传输方面，《信息安全技术 网络安全等级保护基本要求》（GB/T 22239—2019）对数据交换传输过程中的保密性、访问控制提出了要求，应实现身份认证、访问控制和数据加密传输等安全防护。

3．安全区域边界

工业控制系统的安全边界往往较大，接入点较多，对区域边界进行防护是保证工业控制系统安全的关键，《信息安全技术 网络安全等级保护基本要求》（GB/T 22239—2019）从访问控制、拨号使用控制、无线使用控制 3 个方面对安全区域边界提出了新的要求：在访问控制方面，应配置好访问控制策略，禁用不必要的服务，并在边界访问控制出现异常时，提供报警措施；在拨号使用控制方面，应对使用人员做好管理和控制，对拨号服务器及客户端做好加固，及时进行更新和漏洞修补，涉及实时控制和数据传输的系统禁止使用拨号访问服务；在无线使用控制方面，对工业现场中大量接入的设备应做好管理授权、识别等安全工作，防止未授权设备违规接入网络，进行无线传输时应对数据进行加密，防止数据被截获。

4．安全计算环境

在安全计算环境方面，《信息安全技术 网络安全等级保护基本要求》（GB/T 22239—2019）主要对控制设备自身的安全进行了特别要求。工业控制系统中，控制设备自身的安全防护直接影响整个系统的安全运行，因而需要加强其安全防护。《信息安全技术 网络安全等级保护基本要求》（GB/T 22239—2019）从控制设备的身份鉴别、访问控制、安全审计、固件更新、端口保护、恶意代码检测等方面提出了 5 条安全扩展要求，包括控制设备自身的身份鉴别、访问控制和安全审计、接口的安全管理、安全测试和更新、恶意代码检测等。

5．安全建设管理

在工业控制系统建设过程中，应做好安全管理工作，包括对设备进行安全检测以及对外包过程中的保密内容、关键技术等进行管理。对产品采购和使用、外包软件开发提出了两条安全扩展要求：在产品采购和使用方面，考虑到工业控制系统中的许多重要设备均来自国外，因此在采购过程中，需要做好设备的安全检测工作；在外包软件开发方面，应在合同中对保密、关键技术知识产权等制定约束条款，防止信息泄露、关键技术扩散等。

第三章　工业企业数据管理能力评估

工业数据安全是工业信息安全的关键组成部分。提升工业企业数据管理能力，能够有效预防工业数据安全事件的发生。2020 年 8 月 21 日，国务院国有资产监督管理委员会印发《关于加快推进国有企业数字化转型工作的通知》，其中明确指出数据治理是企业数字化转型的必经之路。2018 年，《数据管理能力成熟度评估模型》（GB/T 36073—2018）正式发布，旨在帮助企业利用先进的数据管理理念和方法，建立和评价自身的数据管理能力，持续完善数据管理组织、程序和制度，充分发挥数据在促进企业向信息化、数字化、智能化方向发展的价值，为工业企业开展数据管理工作提供了权威参考。本章重点介绍数据管理能力成熟度模型及评估要求、评估流程，并通过案例分析展示模型的应用实效。

第一节　数据管理能力成熟度模型

能力成熟度模型（Capability Maturity Model，CMM）最早是由卡内基-梅隆大学软件工程研究所（Software Engineering Institute，SEI）于 20 世纪 80 年代提出的，旨在改善软件开发过程、提高软件开发质量。该模型还可被用于评估业务流程等，包括关键过程域（Key Process Area）、特定目标（Specific Goals）、特定实践（Specific Practices）、通用目标（Generic Goals）、通用实践（Generic Practices）、公共特性（Common Features）、能力级别（Capability Levels）等。CMM 采用阶段式表示法，将软件开发过程的能力成熟度划分为 5 个等级，包括初始级、已管理级（最初为可重复级）、已定义级、定量管理级（最初为已管理级）和优化级。5 个等级支持逐步升级，每个等级的过程能力将作为到达下一更高等级的基础，一般不允许越级。成熟度不断升级的过程也是业务流程能力逐步积累的过程。总体来看，CMM 是一套软件过程的管理、改进、评估的模式和方法，致力于管理水平的逐步提高和过程的持续改进。

近年来，随着数据管理的重要性日益提升，国内外研究机构和组织基于 CMM 研究开发了多个数据管理能力成熟度评估模型。

（一）SEI 的数据管理成熟度模型

SEI 基于能力成熟度模型集成（Capability Maturity Model Integration，CMMI）的相

关实践成果，结合众多知名厂商在数据管理领域的经验，于 2014 年 8 月正式推出了数据管理成熟度（Data Management Maturity，DMM）模型。DMM 模型包括数据管理战略、数据治理、数据质量、数据操作、数据平台与架构、支撑流程 6 个过程域，25 个过程子域，5 个成熟度等级，用于评估和提升组织的数据管理水平。

DMM 模型充分借鉴了 CMMI 的工作成果，可以按需进行数据裁剪，适用于各类组织，其可操作性较强。前期采用该模型的微软、房利美、美国联邦统计局等组织均受益匪浅。

（二）EDM 协会的数据管理能力评估模型

企业数据管理（Enterprise Data Management，EDM）协会基于众多数据管理实践案例，于 2015 年 2 月发布了主要面向金融行业的数据管理能力评估模型（Data management Capability Assessment Model，DCAM）。该模型包括数据管理策略、数据管理业务案例、数据管理程序、数据治理、数据架构、技术架构、数据质量、数据操作 8 个过程域，36 个过程子域，5 个成熟度等级，介绍了数据管理成熟度评估方法及标准。

DCAM 主要面向金融行业，切合金融行业的业务需求，并在评估过程中给出业界平均水平的参考值，可帮助企业清楚了解自身数据管理水平在整个行业中所处的位置。

（三）DAMA 的数据管理知识体系

数据资产管理协会（Data Asset Management Association，DAMA）是由全球数据管理和业务专业志愿人士组成的非营利协会，自 1980 年成立以来，一直致力于数据管理的研究、实践及相关知识体系的建设，在数据管理领域积累了极为深厚的知识沉淀和丰富经验，并先后出版了《DAMA 数据管理字典》和《DAMA 数据管理知识体系指南》。DAMA 数据管理知识体系的理论框架由 11 个数据管理职能领域（如图 3-1 所示）和 7 个数据管理基本环境要素（如图 3-2 所示）共同构成。其中，每个数据管理职能领域都在 7 个数据管理基本环境要素的约束下开展工作，并按照一定的逻辑结构进行分析，以保证数据治理的目标实现以及对实际商业过程的贡献。DAMA 的数据管理知识体系能够用于指导组织的数据管理职能和数据战略的评估工作，帮助提升组织的数据管理水平。

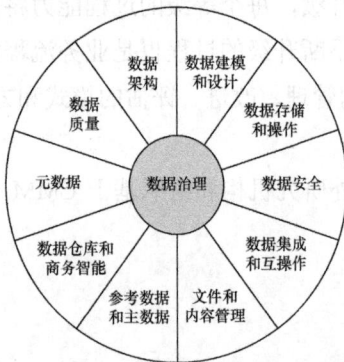

图 3-1　DAMA 的数据管理职能领域　　图 3-2　DAMA 的数据管理基本环境要素

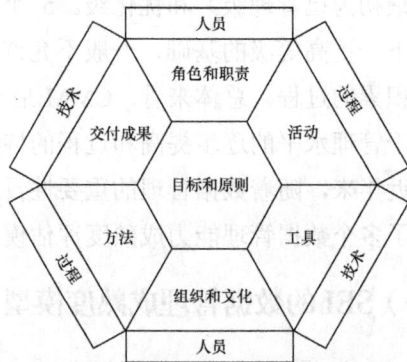

（四）DGI 的数据治理框架

数据治理研究所（Data Governance Institute，DGI）是世界知名的研究数据治理的专业机构。DGI 早在 2004 年就推出了 DGI 数据治理框架，为企业数据管理的战略决策和行动实施提供最佳实践和指南。DGI 的数据治理框架在数据治理组织、数据治理目标、数据治理流程等方面都给出了详细说明，可帮助企业实现数据价值最大化、数据管理成本和复杂性最小化，以及数据的安全合规使用。

DGI 的数据治理框架是非常具有实践指导意义的数据治理模型，主要是因为它的设计以组织数据治理的目标或需求为出发点，描述谁可以采取什么行动来处理什么信息，以及何时、在什么情况下使用什么方法。

DGI 数据治理框架的设计采用 5W1H（Why、What、Who、When、Where、How）法则，总共包括十大组件，其中 Why 说明数据治理的原因，What 说明数据治理的对象，Who 说明数据治理的干系人，When 说明数据治理的计划安排，Where 说明数据治理的定位，How 说明数据治理的流程活动。

1．数据治理的原因

DGI 数据治理框架的第 1～2 个组件代表数据治理愿景使命、数据治理目标，使用这两个组件可以定义企业为什么需要数据治理。DGI 认为做什么、怎么做、为什么做更加重要，它为企业的数据治理指明了方向，是其他数据治理活动的总体策略。

2．数据治理的对象

DGI 数据治理框架的第 3～6 个组件分别代表数据规则与定义、数据的决策权、数据问责制、数据管控，这 4 个组件定义了数据治理的对象。

数据规则与定义侧重业务规则的定义，如相关的策略、数据标准、合规性要求等。

数据的决策权侧重数据的确权，明确数据归口和产权，为数据标准的定义、数据管理制度、数据管理流程的制度奠定基础。

数据问责制侧重数据治理职责和分工的定义，明确谁应该在什么时候做什么。

数据管控侧重采取什么样的措施来保障数据的质量和安全，以及数据的安全合规使用。

3．数据治理的干系人

DGI 数据治理框架的第 7～9 个组件用于定义数据治理的利益干系人，主要包括数据利益相关者、数据治理办公室和数据专员。DGI 数据治理框架对数据治理的主导人员和参与人员的职责分工定义给出了相关参考。

4．数据治理的计划安排

DGI 数据治理框架的第 10 个组件可以用来定义数据治理的实施路径、行动计划。

5．数据治理的定位

本组件位于 DGI 数据治理框架之外但同样十分重要，强调明确当前企业数据治理的成熟度等级，找到企业与先进标杆的差距，这是定义数据治理内容和策略的基础。

6. 数据治理的流程活动

DGI 数据治理框架的第 10 个组件还可用于描述数据治理的重要活动和方法。

第二节　数据管理能力成熟度模型评估要求

经过近 4 年的标准研制和试验验证，2018 年 3 月 15 日，《数据管理能力成熟度评估模型》（GB/T 36073—2018）（Data management Capacity Maturity assessment Model，DCMM）标准正式发布。DCMM 是一个评估组织的数据管理能力和应用水平的框架，组织通过此模型可以知晓数据当前的发展状况和未来的发展方向。DCMM 作为我国首个数据管理领域的国家标准，是我国数据管理领域最佳实践的总结和提升。DCMM 除了借鉴国外 DMM 模型的理论框架、方法外，还考虑到了国内的数据治理现状，进一步扩充了数据应用、数据安全和数据标准等能力域。自 DCMM 发布以来，通信、互联网、金融等领域的部分企业或部门已经依据 DCMM 标准开展数据管理能力成熟度评估工作。运用 DCMM 可以促进组织全面了解自身大数据管理的优势和劣势，以便更好地利用数据资源，规范数据体系建设，还可以帮助组织内部从业者厘清数据管理工作、提升数据管理技能。

（一）DCMM 能力域

1. 整体架构

DCMM 结合数据的特点，按照组织、制度、流程、技术对数据管理能力进行了分析（如图 3-3 所示），总结出了数据管理的 8 个能力域：数据战略、数据生命周期、数据应用、数据安全、数据质量、数据标准、数据架构、数据治理。这 8 个能力域共包含 28 个二级能力项，见表 3-1。

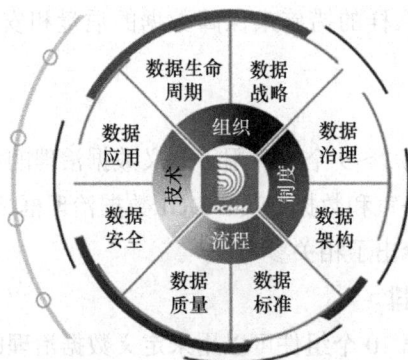

图 3-3　数据管理能力域

表 3-1　DCMM 的能力域和二级能力项

序号	能力域	二级能力项
1	数据战略	数据战略规划、数据战略实施、数据战略评估
2	数据生命周期	数据需求、数据设计和开发、数据运维、数据退役
3	数据应用	数据分析、数据开放共享、数据服务
4	数据安全	数据安全策略、数据安全管理、数据安全审计
5	数据质量	数据质量需求、数据质量检查、数据质量分析、数据质量提升
6	数据标准	业务数据、参考数据和主数据、数据元、指标数据
7	数据架构	数据模型、数据分布、数据集成与共享、元数据管理
8	数据治理	数据治理组织、数据制度建设、数据治理沟通

2．能力域概述

数据战略：用于定义数据工作的愿景、目标和基本的工作原则，数据战略需要以业务战略为导向进行分解，明确数据工作的重点方向、任务和优先级。

数据生命周期：为实现数据战略确定的数据工作的愿景和目标，实现数据资产价值，需要在数据全生命周期中实施相应的管理，确保从宏观规划、概念设计到物理实现，从获取、设计和开发到运维、退役的全过程中，数据能够满足应用和数据管理的需求。

数据应用：是指通过对组织数据进行统一的管理、加工和应用，对内支持业务运行、流程优化、营销推广、风险管理等活动，对外支持数据开放共享、数据服务等活动，从而提升数据在组织运行管理过程中的支撑辅助作用，同时实现数据价值变现。数据应用是数据价值体现的重要内容。

数据安全：以数据安全策略和标准为依据，对组织内部的各类数据进行分类分级，明确各类数据的安全等级，包括定义相关数据的访问权限，对敏感数据在流通、应用过程中采取加密、脱敏等处理，定期开展数据安全管理相关的分析，了解可能存在的安全风险。

数据质量：是指在特定条件下使用数据时，数据的特性满足明确的和隐含的要求的程度。通过数据质量管理，对于数据在计划、获取、存储、共享、维护、应用、消亡等生命周期的各个阶段中可能引发的各类数据质量问题，进行识别、度量、监控、预警等一系列管理，并通过提高组织的管理水平使得数据质量进一步提高。

数据标准：是进行数据标准化的主要依据，构建一套完整的数据标准体系是开展数据标准管理工作的良好基础，有利于打通数据底层的互通性，提升数据的可用性，保障数据的内外部使用和交换的一致性与准确性。

数据架构：用于定义数据需求、指导对数据资产的整合和控制、使数据投资与业务战略相匹配的一整套体系架构和规范。

数据治理：是对企业数据资产管理行使权力和控制的活动（规划、监控和执行）集合，能够指导企业建立数据治理组织架构、明确数据管理岗位职责、建立数据管理制度，以及持续改进和管控数据规划执行、建设数据环境等数据管理活动。

（二）DCMM 的评估等级

DCMM 将数据管理能力成熟度划分为 5 个等级，自低向高依次为初始级（1 级）、受管理级（2 级）、稳健级（3 级）、量化管理级（4 级）和优化级（5 级），不同的等级代表企业数据管理和应用的成熟度水平不同。根据 DCMM 标准，各成熟度等级的描述如下。

1. 初始级

数据需求的管理主要在项目级体现，没有统一的管理流程，主要是被动式管理，具体特征如下。

① 组织在制定战略决策时，未获得充分的数据支持。

② 没有正式的数据规划、数据架构设计、数据管理组织和流程等。

③ 业务系统各自管理自己的数据，各业务系统之间的数据存在不一致现象，组织未意识到数据管理或数据质量的重要性。

④ 数据管理仅根据项目实施的周期进行，无法核算数据维护、管理的成本。

2. 受管理级

组织已意识到数据是资产，根据管理策略的要求制定了管理流程，指定相关人员进行初步管理，具体特征如下。

① 组织意识到数据的重要性，并制定了部分数据管理规范，设置了相关岗位。

② 组织意识到数据质量和数据孤岛是重要的管理问题，但目前没有解决这些问题的办法。

③ 组织进行了初步的数据集成工作，尝试整合各业务系统的数据，设计了相关数据模型和管理岗位。

④ 组织针对部分重要数据开始制定相关的管理文档，如针对重要数据的安全风险设计了相关的管理措施。

3. 稳健级

数据已成为实现组织绩效目标的重要资产，在组织层面制定了系列标准化管理流程，促进数据管理的规范化，具体特征如下。

① 组织意识到数据的价值，在组织内部建立了数据管理的规章和制度。

② 数据的管理和应用能结合组织的业务战略、经营管理需求以及外部监管需求。

③ 组织成立了相关数据管理组织，明确了管理流程，能推动组织内各部门按流程开展工作。

④ 组织在日常的决策、业务开展过程中能获得数据支持，工作效率明显提升。

⑤ 组织参与行业数据管理相关培训，具备数据管理人员。

4. 量化管理级

数据被认为是获取竞争优势的重要资源，数据管理的效率能够量化分析和监控，具体特征如下。

① 组织认识到数据是组织的战略资产，了解数据在流程优化、绩效提升等方面的重

要作用，在制定组织业务战略时可以获得相关数据的支持。

② 在组织层面建立了可量化的评估指标体系，可准确度量数据管理流程的效率并及时优化。

③ 组织参与国家、行业等相关标准的制定工作。

④ 组织内部定期开展数据管理、应用相关的培训工作。

⑤ 组织在数据管理、应用的过程中充分借鉴了行业最佳案例以及国家标准、行业标准等外部资源，促进自身的数据管理、应用能力的提升。

5. 优化级

数据被认为是组织生存和发展的基础，相关管理流程能实时优化，能在行业内进行最佳实践分享，具体特征如下。

① 组织将数据作为核心竞争力，可利用数据创造更多的价值，提升组织的效率。

② 组织能主导国家标准、行业标准等的制定工作。

③ 组织能将自身数据管理能力建设的经验作为行业最佳案例进行推广。

（三）DCMM 的价值和意义

DCMM 评估不仅能助力政府推进数据产业发展，还能帮助企业获得收益。

在政府层面，DCMM 评估主要有以下 3 个作用。

① 准确评估各地的大数据发展现状。通过对地方各单位的数据管理、应用情况进行评估，可以掌握各单位大数据管理和应用的现状，发现各单位具备的优势和存在的问题，为更好地利用当地的数据资源和进行有针对性的指导提供支持。

② 培养大数据发展人才。大数据产业的发展是技术驱动式的，对人员的技能和素质有很高的要求，通过 DCMM 评估，可以对地方各单位的数据从业人员进行培训，提升他们的数据管理和应用技能。

③ 规范和指导大数据行业发展。大数据行业是较新的行业，数据管理和应用的知识体系仍处于发展阶段。通过 DCMM 评估，可以规范和指导大数据行业的发展，增强从业人员的数据资产意识，推广数据管理最佳实践，从而促进整个行业的发展。

在企业层面，DCMM 评估主要有以下 3 个作用。

① 发现存在的问题，指明发展方向。通过 DCMM 评估，可以发现企业数据管理过程中存在的问题，并能结合其他企业的最佳实践经验，给出有针对性的建议。同时，可以发现企业数据管理过程中的优点，并加以强化和宣传。

② 提升人员技能，建立数据能力提升体系。通过 DCMM 评估和相关培训，可以增强企业内部技术人员、业务人员以及管理人员的数据资产意识，提升相关从业者的技能，厘清数据管理、应用建设的思路和框架，规范和指导相关工作的开展。

③ 持续提升数据能力。开展 DCMM 评估之后，可以在一定时间内获得免费的 DCMM 会员服务，如获得行业专家指导、最佳实践和行业报告分享、行业研讨会参会资格等，

推动公司数据能力水平的提升。

第三节　数据管理能力成熟度模型评估流程、原则和方法

为了扎实推进国家大数据发展战略，推动数据管理能力成熟度评估工作，以评促改、以点带面帮助企业增强数据管理能力，相关单位可委托评估单位依据《数据管理能力成熟度评估模型》（GB/T 36073—2018）等标准规范进行数据管理能力成熟度评估，确定企业的数据管理能力成熟度等级，厘清数据管理的差距和不足，为企业进一步强化数据管理能力奠定基础。

（一）评估流程

初次评估流程分为受理申请、受理确认与合同评审、评估策划、资料收集与解读、正式评估、评估报告编制、证书发放与管理、归档管理 8 个环节。需要被评估方配合的环节主要包括评估策划、资料收集与解读、正式评估、评估报告编制。

1．评估策划

项目组与被评估方沟通评估需求，制定评估方案及评估计划，指派评估组，为评估工作做好全面安排。具体活动包括任命评估组成员、收集基本资料、确定评估目的和评估范围、策划评估过程、确认评估计划。

2．资料收集与解读

项目组通过网上搜索、收集调查表、线上调研等方式，进行资料收集。项目组可根据被评估方的规模和评估组成员数量将评估组成员分成不同的小组，采取每个小组负责不同的能力域资料解读等方式进行合理分工。评估组成员应根据标准条款对被评估方提交的资料进行判断，确保资料的正确性和充分性。

3．正式评估

项目组结合评估方案、评估计划，以及评估作业指导书中的评估目的、对象、指标和内容，开展评估活动，确定和记录评估发现，形成评估结论。

4．评估报告编制

对评估结果进行分析，编制形成评估报告，给出评估等级的推荐意见。评估机构将评估报告和相关评估材料信息提交给 DCMM 评估工作部，经专家评议后备案。评估报告由评估组组长签署评估意见，经评估机构评审确认并盖章后，正式发放给被评估方。

（二）评估原则

为了客观、准确地反映评估对象的数据管理能力，在整个评估过程中需要遵守以下原则。

1．独立性原则

独立性原则要求评估机构和评估人员应依据 DCMM 的要求对被评估方的数据管理

能力独立地给出评估结论，保证不受外界干扰和被评估方的影响，保持公正。同时，评估机构必须是独立的评估服务机构，评估人员必须与被评估方的利益涉及者没有任何利益关系。

2．客观性原则

客观性原则要求评估结果应以充分的事实为依据。具体而言，被评估方应提供真实、准确的资料，切实体现自身的管理现状；同时，评估人员在评估过程中以公正、客观的态度收集有关数据与资料，严格按照 DCMM 标准的要求进行评估。

3．公开性原则

公开性原则要求评估过程的所有关键文档都按照要求在线归档，以供查询和审阅。评估过程需要接受独立第三方的监管，确保评估过程的公正、合理。

4．专业性原则

专业性原则要求评估机构具有 DCMM 评估的实施资质，并且有不少于 3 人的中高级评估师，在评估过程中能够准确解释评估指标的意义，切身指导被评估方数据管理工作的开展。若发现被评估方数据管理过程中存在问题，需要结合实际撰写客观、准确的评估报告。

（三）评估方法

实施评估的方法包括但不限于：审查文件和记录、观察数据管理过程和活动、人员访谈。

1．审查文件和记录

评估组应要求被评估方准备相关的客观证据审查环境（会议室、网络、网盘、投影仪等）并提供完整的客观证据，以便开展客观证据的审查，同时重点关注数据管理相关管理文件和数据管理工作中产生的过程文档。由于在资料收集与解读的过程中已经对客观证据进行了详细的审查，正式评估时应着重检查和验证在资料收集与解读过程中发现的问题。例如，组织基于资料收集与解读的结果找到新的证据，应在客观证据中将其标识为新证据或向评估组展示新的证据，评估组应对新证据进行确认，若该证据是合适且有效的，评估组应更新相关的评估记录。

2．观察数据管理过程和活动

评估组应对被评估方数据管理的过程和活动进行观察，重点了解数据管理系统/平台/工具的相关功能和使用记录。评估组应根据前期了解的被评估方基本情况以及在资料收集阶段所了解的信息，向被评估方提出期望观察的数据管理系统/平台/工具，要求被评估方安排人员进行演示。

3．人员访谈

人员访谈的目的是验证组织实施数据管理过程，验证其实施过程与客观证据是否保持一致。通常人员访谈也按照 DCMM 的 8 个能力域来分别开展，即每场访谈聚焦某个能力域的内容。评估组成员依据评估计划履行人员访谈职责。访谈对象应是熟悉相应能力域的人员，例如数据质量的访谈对象应该是数据质量分析师，而数据架构的访谈对象应该是数据架构师。各能力域常见的访谈对象示例见表 3-2，实际评估时需根据被评估方的情况确定合适的访谈对象。

表 3-2　评估访谈对象示例

能力域	访谈对象
数据战略	组织负责人、数据管理负责人、数据管理执行官等
数据治理	数据管理负责人、数据管理执行官等
数据架构	数据架构师、数据仓库架构师、数据模型管理员等
数据应用	应用架构师、商务智能（Business Intelligence，BI）架构师、报表开发人员等
数据安全	数据安全管理员、IT 审计师等
数据质量	数据质量分析师等
数据标准	数据管理专员、数据提供者、数据分析师等
数据生命周期	技术工程师、应用架构师等

在正式访谈中，评估组可以依据访谈问题单进行提问，也可以基于访谈对象的回答进行更多衍生性的提问。评估组应要求访谈对象根据自身的工作情况如实回答问题，并将访谈对象的回答记录在评估检查表中。在记录过程中，要遵守客观、完整的原则，如实记录访谈对象的回答，尽量记录其原话或者原话的精简版。评估组成员在访谈过程中应注意自身的口头语言和肢体语言，不应该向访谈对象做出任何有引导性的提示。

评估组成员应对标准的全部条款进行评估，记录好综合文件，以及审查文件和记录，观察数据管理过程和活动、人员访谈等过程中收集的各类证据，填写评估检查表中的检查记录栏，并将发现的问题填入存在问题栏。

（四）成熟度定级

确认评估发现后，评估组对被评估方的数据管理能力成熟度进行定级。综合能力等级为各能力域的平均得分，各能力域等级为各能力项的平均得分，各能力项等级为各能力下各评估等级之和。成熟度定级标准见表 3-3。

表 3-3　成熟度定级标准

等级	判别标准	说明
初始级	$N \leqslant 1$	等级分数小于等于 1
受管理级	$1 < N \leqslant 2$	等级分数大于 1 且小于等于 2
稳健级	$2 < N \leqslant 3$	等级分数大于 2 且小于等于 3
量化管理级	$3 < N \leqslant 4$	等级分数大于 3 且小于等于 4
优化级	$N > 4$	等级分数大于 4

1. 能力项定级

能力项定级需依据能力项能力等级判别标准（见表3-4）。依据评估证据的正确性和充分性，可以将能力等级要求的满足程度划分为 4 个类别——满足要求、大部分满足、部分满足（一般不符合）和严重不符合，对应评估检查表中的符合度分值依次为 100%、70%、50%、0。

表 3-4 能力项能力等级判别标准

类别	等级	符合度分值	描述
满足要求	完全满足	100%	• 存在准确良好的直接证据。 • 有其他间接证据和观察、访谈的验证支持。 • 有效实施了标准的要求
大部分满足	改进项	70%	• 存在准确良好的直接证据。 • 有其他间接证据和观察、访谈的验证支持。 • 实施情况存在个别轻微不足
部分满足 （一般不符合）	一般满足	50%	• 缺少直接证据或证据不够充分。 • 仅仅实施了标准要求的某些部分。 • 管理文件和实施结果存在明显的不足
严重不符合	不满足	0	• 对标准的要求缺少必要的管理文件。 • 没有直接和间接的证据（包括不能提供的观察和访谈验证）表明实施了标准的要求。 • 对标准的要求没有可替代的实践

对于每个能力项，从低等级向高等级逐条对照客观证据，基于能力等级判别标准进行赋分并计算相应等级所有条款的平均分值，能力项下各能力等级的权重相同，即能力项的得分为所有等级的分数之和。根据成熟度定级标准，可对应得出能力项等级。

例如，数据战略实施能力项的 5 个等级中，第一个能力等级的平均得分为 0.85，第二个能力等级的平均得分为 0.73，第三个能力等级的平均得分为 0.67，第四个能力等级的平均得分为 0.25，第五个能力等级的平均得分为 0.35，数据战略实施能力项的最终得分为 5 个能力等级平均得分之和，即 2.85，根据成熟度定级标准，数据战略实施等级为稳健级，见表3-5。

表 3-5 能力项等级判定示例

能力等级	能力标准	文档证据	检查记录	存在问题	符合度分值	等级分值 （符合度/100）	能力项得分
1	（1）…	…	…	…	100%	0.85	2.85
	（2）…	…	…	…	70%		
2	（1）…	…	…	…	100%	0.73	
	（2）…	…	…	…	70%		
	（3）…	…	…	…	50%		

能力等级	能力标准	文档证据	检查记录	存在问题	符合度分值	等级分值（符合度/100）	能力项得分
3	（1）…	…	…	…	50%	0.67	
	（2）…	…	…	…	50%		
	（3）…	…	…	…	100%		
4	（1）…	…	…	…	50%	0.25	
	（2）…	…	…	…	0%		
5	（1）…	…	…	…	70%	0.35	
	（2）…	…	…	…	0		

2．能力域定级

能力域定级应综合考虑所有能力项的情况，同一能力域下各能力项的权重相同，计算能力项得分平均值作为能力域得分。根据成熟度定级标准，可得出对应的能力域等级。

例如，数据战略能力域下 3 个能力项的得分分别为：数据战略规划 2.88、数据战略实施 3.22、数据战略评估 1.88。计算 3 个能力项得分的平均值，最后得分为 2.66。根据成熟度定级标准，数据战略实施等级为稳健级，见表 3-6。

表 3-6　能力域等级判定示例

能力域	能力项	能力项得分	能力域得分
数据战略	数据战略规划	2.88	2.66
	数据战略实施	3.22	
	数据战略评估	1.88	

3．综合能力定级

综合能力定级应综合考虑所有能力域的情况，各能力域权重相同，计算能力域得分平均值作为综合能力得分。根据成熟度定级标准，可得出对应的综合能力等级。

例如，对 8 个能力域得分进行平均值计算，得出综合能力得分为 2.65，根据成熟度定级标准，数据管理能力成熟度评估等级为稳健级，见表 3-7。

表 3-7　综合能力等级判定示例

能力域	能力域得分	综合能力得分	综合能力等级
数据战略	2.66	2.65	稳健级
数据治理	3.13		
数据架构	2.53		
数据应用	3.12		
数据安全	0.88		
数据质量	3.11		
数据标准	1.22		
数据生命周期	4.56		

第四节　数据管理能力成熟度模型评估案例

某工业企业为离散制造型企业，该企业形成了集产品设计、研发、生产、销售、运维于一体的全服务体系。该企业存储数据的主要系统有办公自动化（Office Automation，OA）系统、台账系统、知识库系统、MES、ERP系统等，数据总量约为3TB。

评估组根据DCMM标准的定义，对DCMM的8个数据能力域展开详细的评估，并根据该企业数据能力相关的制度建设、过程监督和管理、组织人员的建设、工具的应用等多个方面进行评分，根据评分的结果绘制数据管理能力成熟度等级分布雷达图，如图3-4所示。该企业在数据架构能力域、数据生命周期能力域以及元数据能力域获得了较高的分数，这表明该企业制定了明确的数据战略，并结合数据应用、数据架构、数据标准等内容实现了数据资产全生命周期的管理，明确了数据管理组织和职责，对数据实现了统一的管理，提升了数据质量，奠定了数据应用和分析的基础。同时，在评估过程中发现了一些问题，如在数据质量考核、数据安全标准、数据标准落地等方面需要进一步加强，并且需要在大数据中心平台建设过程中予以重点关注和改进。

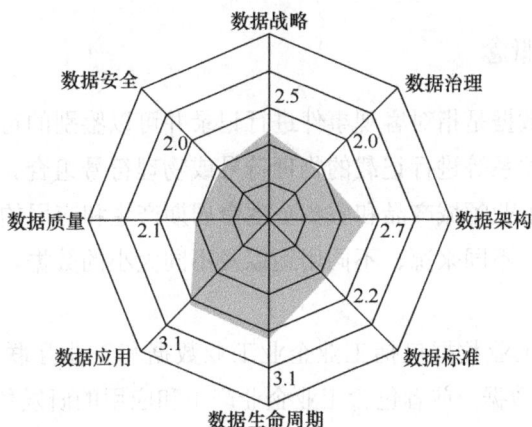

图3-4　某工业企业数据管理能力成熟度等级分布雷达图

通过数据管理能力成熟度模型的评估，该企业精准地发现了自身存在的问题、与相关公司在数据管理和应用方面存在的差异以及自身存在的优势，明确了下一步改进的方向，为数据资产价值的变现和提升奠定了基础。

第四章　工业数据分类分级管理与防护

工业数据已经成为制造业发展的关键生产要素，其重要价值日益凸显，面临的安全风险也与日俱增。工业数据分类分级管理是安全防护的基础，分级防护是保障工业数据安全的关键措施。因此，开展工业数据分类分级管理与防护有助于进一步完善应急预防工作。本章主要介绍工业数据的概念与特征、国内外工业数据安全政策环境、工业数据分类分级方法及案例、工业数据分级防护措施等。

第一节　工业数据概述

（一）工业数据的概念

从本质上来说，数据是指对客观事件进行记录并可以鉴别的符号，是对客观事物的性质、状态以及相互关系等进行记载的物理符号或物理符号组合。具体到工业领域，工业数据可概括界定为工业领域产品和服务全生命周期产生和应用的数据，包括不同性质、不同状态、不同形式、不同来源、不同用途以及不同大小的数据。具体来说，工业数据主要涵盖如下方面。

从数据主体看，工业数据包括工业企业工业数据和工业互联网平台企业（以下简称"平台企业"）工业数据：前者包含工业企业产生和应用的研发数据、生产数据、运维数据、管理数据以及外部共享数据等；后者则包含平台企业产生和应用的平台运营数据、企业管理数据等。

从数据性质看，工业数据包括定量数据与定性数据：前者反映工业领域各种要素与活动的数量特征，如产能、运营、资产等方面的指标数据、统计数据；后者反映工业领域各种要素与活动的性质，如战略规划、主营业务、核心产品等方面的描述数据、解释数据。

从数据状态看，工业数据包括静态数据与动态数据：前者包括企业资产信息、控制流程设计、网络拓扑、访问权限控制及管理等相对稳定或变动较小的数据；后者包括生产设备控制系统、传感器等产生的大量高频度、实时性的模拟化、数字化、网络化数据。

从数据用途看，工业数据包括生产数据、经营数据、环境数据：生产数据包括原材料、研发、生产工艺、成品、售后服务等数据；经营数据包括财务、资产、人事、供应商等数据；环境数据包括设备诊断系统、库房、车间温湿度、能耗、废水废气排放等数据。

从数据关系看，工业数据包括内部数据和跨界数据：前者包括企业内部生产、运营过程中生成的数据，如原材料成本、产量、销量等；后者包括企业运营范围之外生成、但在企业内保留和应用的数据，如客户和供应商数据、行业数据、产业链上下游的关联和协同数据等。

（二）工业数据的特征

工业数据呈现以下多方面的特征。

（1）形式多样

工业数据既包括设备运行状况、操作行为、环境参数等生产过程数据，又包括销售订单、设计方案、库存供货、售后服务等运营服务数据，这些数据以字符、文字、报表、记录、图形、图像、音频、视频等多种形式存在。

（2）连续实时

工业生产的连续性使工业数据的产生和应用具有明显的连续性。同时，工业生产制造和运维管理过程中，生产线、设备仪器、工业产品等均高速运转，从数据采集、处理、分析到数据使用都呈现实时性特征。

（3）动态关联

在工业产品全生命周期横向过程中，数据链条呈现典型的封闭性和关联性；同时，在智能制造过程中，从计划到执行的纵向数据采集和处理，需要持续进行动态调整和优化，以支撑感知、分析、反馈、控制等场景。

（4）特性隐匿

工业是强机理的技术领域，很多监测运行数据仅仅是精心设计下系统运行的部分表征，其本身所蕴含的问题定义、数据筛选、特征加工、模型调优等常常是隐性的，需要在数据分析管理中关注数据背后的机理逻辑。

（三）工业数据发展面临的机遇与挑战

随着工业数据成为经济社会发展的重要基础性资源和生产要素，工业数据驱动的创新正成为新发展阶段构建新发展格局和实现高质量发展的重要战略议题，工业数据进入合理开发、高效应用的历史性机遇期。同时，工业数据跨境流动会带来数据安全隐患和国家安全风险，网络攻击导致工业数据失窃与泄露事件多发，工业数据面临的安全风险与日俱增，如何切实保护工业数据安全已成为关乎国家和企业安全与发展利益的重大挑战。

1. 工业数据生产要素的高效应用是大势所趋

工业数据的应用主要体现在以下 3 个方面。

（1）数字经济加速发展，带动工业数据应用到工业领域各环节

数字经济是全球未来的发展方向，中国的数字经济发展将进入快车道。在这种趋势

的引领和带动下，工业数据已应用到工业领域的各个环节中，成为从工业经济走向数字经济的关键生产要素。在生产环节，工业数据用于助推稀缺工业资源的合理配置、协同共享，从而降低生产成本；在分配环节，工业数据用于记录劳动投入和评估组织、团队、个体的贡献度，以更好地体现按劳分配原则，进而充分调动劳动主体的积极性；在交换环节，工业数据用于分析和预测市场形势，提升供需契合度，降低工业生产资料和工业产品交易成本，缩短流通时间，提升工业生产循环效率；在消费环节，工业数据用于生产方深入掌握用户偏好，推动工业产品更好地满足用户需求、不断优化升级。

（2）生产方式加速转变，工业数据成为推动产业升级的重要抓手

当前，新一轮科技革命突飞猛进，带动新一轮产业变革，传统产业得到革命性重塑，产业更新换代不断加快。在这种背景下，各传统产业难以激发出推动经济发展的新动能，资本要素的投资回报率也呈总体下降趋势。因此，我国开始加快转变经济发展方式，由规模速度型粗放增长转向质量效率型集约增长。工业数据资源的海量汇聚、深度分析、合理运用能够加速经济、社会、科技等领域的系统性变革，工业数据已经成为助力生产过程提质增效、推动传统产业优化升级、促进创新链代际跃升的重要抓手。

（3）新发展格局加速形成，工业数据成为提升循环效率的动力源

构建以国内大循环为主体、国内国际双循环相互促进的新发展格局，是我国经济现代化的路径选择。在推进出口导向转变为内需拉动、加快形成新发展格局的过程中，工业数据因其具有减少信息不对称、促进稀缺资源合理配置、助力有限资源高效利用的"润滑"作用，从而贯通工业生产和再生产过程的各个环节，已成为打通经济循环堵点、形成"需求牵引供给+供给创造需求"的更高水平动态平衡、促进形成国内国际双循环、全面提升国民经济循环效率的基本动力源。

2. 智能制造发展加速推动工业数据开发利用

工业数据的深度开发利用主要源于以下 3 个方面的推动力。

（1）工业大数据加快发展，高质量工业数据成为核心需求

工业大数据的应用和发展是实施国家大数据战略的重要内容，而工业数据则是决定工业大数据作用发挥和价值实现的核心基础资源。工业大数据的汇聚水平依赖工业数据的采集和存储能力，工业大数据的分析质量依赖工业数据记录的完整性、可靠性、实时性，工业大数据的应用效果依赖工业数据共享流动、深度加工、融合应用的效率。工业大数据资源共享、产品研发、解决方案设计、应用服务等的实现，与工业数据的采集、汇聚、分析、应用过程息息相关。在加快发展工业大数据的过程中，实时采集、有效汇聚、深度分析的高质量工业数据，已成为发挥工业大数据价值创造能力、确保国家大数据战略实施的核心需求。

（2）工业互联网创新应用，推动工业数据资源运用更深入

我国的工业互联网正处于加速发展阶段，网络、平台、安全三大核心体系呈现全方位突破之势，行业企业应用成效逐步显现。工业互联网以工业数据为关键资源，对内提

升、对外赋能，也对工业数据资源的深入运用起到了巨大的推动作用。一方面，工业互联网在感知、分析、控制、决策和管理等方面的突破和创新，驱动工业数据资源原始积累、应用创新和智能挖掘的深化发展。另一方面，工业互联网平台支持的应用开发和系统生态，使工业应用场景与工业数据挖掘相结合成为可能，从而从实践角度推动了工业数据分析结果的拓展应用。未来，工业互联网生态体系生命力的持续展现，其支撑工业经济高质量发展核心作用的持续发挥，都将推动工业数据资源在更广范围、更深层次的开发应用。

（3）制造业加速智能化转型，带动工业数据深度开发利用

随着新一代信息技术与制造业的深度融合发展，传统工业已走上转型之路。由"制造"迈向"智造"的发展需求，推动工业数据作为新的生产要素资源全面参与工业生产、运营、服务等环节，带动工业数据资源进一步集中汇聚、挖掘分析和深度利用。一方面，智能化生产推动工业数据的处理和传输速度加快，通过对工业制造过程数据和产品数据的分析挖掘与系统模拟，实现生产流程和产品性能设计的优化。另一方面，智能化运营带动工业数据的收集和分析效率提升，通过对生产线及重点环节能耗数据的精准把握来预测节能空间，通过对 SCADA 系统、DCS 等控制数据的高效分析运用，实现对设备运行的智能监测预警、问题诊断、适时维护。

3．工业数据跨境流动带来数据安全隐患

工业数据跨境流动带来的安全隐患主要包括以下两点。

（1）美国意图建立全球数据霸权，引发工业数据安全隐患

自 2018 年以来，美国先后颁布了《合法使用境外数据明确法》《外国公司问责法案》，将执法的长臂从美国的跨国公司伸向了全球的跨国公司，其中规定一旦出现某些特定情形，美国执法机构可以要求在美国运营的公司提交相关数据，由此可见美国控制全球企业数据、建立全球数据霸权的意图明显。工业数据属于高价值、高敏感度数据，一旦按照霸权条款悉数提交，工业企业的隐私安全、切身利益将难以得到保障。数据霸权主义的大行其道，让拥有和掌握工业数据资源的制造企业、平台企业在走出国门、全球化发展的过程中，平添了许多数据安全之忧。

（2）工业企业全球化带动工业数据跨境流动，放大国家安全风险

工业数据的获取和利用不仅关乎所涉企业的经营发展，更关乎国家安全与利益。随着我国加快发展数据经济，几乎所有的跨境贸易都需借助数据的跨境流动来满足基本的商业需求。工业领域也不例外，工业数据跨境流动在助推经济发展的同时，流转和留存到境外的大量有关工业生产、运营、消费的数据更易被外国政府获取，这些数据大量汇聚，可能被用于研判和预测我国的经济状况、企业活动特征、产业薄弱环节等。这在一定程度上会削弱我国在大数据、智能制造、数字经济等领域的竞争优势，甚至使我国在大国博弈和国际竞争中陷于被动状态，放大国家安全风险，损害国家主权利益。

4．工业数据失窃与泄露风险与日俱增

当前工业数据安全风险主要体现在以下 3 个方面。

（1）针对工业领域的网络攻击事件频发，工业数据安全风险激增

美国威瑞森公司在2017—2021年连续发布的年度《数据泄露报告》中表明，近些年全球范围内针对制造业的网络攻击导致的数据泄露事件呈现明显增势，2020年，制造业因网络攻击导致的数据泄露事件达381起，为2019年的4.4倍，而且超92%的攻击者的目的在于获取经济利益。我国的国家工业信息安全发展研究中心监测发现，2020年，近120个国家和地区对我国的工业领域发起过网络探测与攻击，总次数超过200万次，对我国工业领域系统和数据安全造成极大的威胁。

（2）勒索攻击目标指向高经济价值数据，工业数据失窃威胁加剧

近年来，工业企业成为勒索攻击的重点目标，机械、电子、化工、食品、汽车等多个行业的工业企业均在受勒索之列，造成系统瘫痪、生产停滞、运营中断、工厂关闭等后果，企业的正常运营受阻，经济损失严重。勒索攻击者在实施攻击过程中，往往会窃取、泄露或非法利用目标企业的数据，通过多种加密算法，将加密目标用户的系统和数据作为重要手段，威胁和恐吓受害者，让其支付赎金，对工业企业的数据安全造成巨大的威胁。随着工业企业价值密度日益增大、网络依赖性持续增强，其必将成为勒索者的"理想目标"，导致工业数据安全威胁进一步加剧。

（3）工业互联网平台汇聚、存储海量工业数据，有效防护难度加大

工业互联网将打破不同系统之间的壁垒，使数据逐渐向云端转移，在不同的设备和系统之间流动，从而实现人、机、物的全面互联。在此过程中，各种数据将会在云平台和边缘节点、现场设备、车间、企业之间交换，产生大量的上传和下行数据流。工业数据在向工业互联网平台大量汇聚和集中存储的过程中，在工业互联网平台内、外部数据流动交互的过程中，在开展工业数据深度分析挖掘的过程中，都无形扩展了攻击者窃取、篡改、损毁数据的路径和范围，使得工业数据安全防护更加困难。

第二节 国内外工业数据安全政策标准

面对日益增长的工业数据安全风险，国内外持续优化工业数据安全政策环境，出台系列政策标准，明确数据安全保护重点，为业界加强数据安全防护提供依据与指导。

（一）国外工业数据安全政策环境

1. 持续加强数据安全战略管理

美国发布的《联邦数据战略和2020年行动计划》以数据资源开发为核心，强调识别重要数据、评估数据及基础设施的成熟度等。英国发布的《国家数据战略》将确保数据基础设施安全与弹性、支持数据跨境流动等列为优先事项。欧盟发布的《欧洲数据战略》将构建欧盟工业（制造业）共同数据空间作为战略支柱的重要内容，要求确定工业数据使用权和共享条件、制定数据保护规则等。

2. 加强数据安全防护法治保障

美国注重车联网数据安全，如《自动驾驶法案》明确要求自动驾驶汽车制造商加强对车主和乘客隐私数据的保护，包括遵循数据最小化管理原则、采用去识别化技术手段等。欧盟高度重视关键信息基础设施数据安全保障，如《网络与信息系统安全指令》明确提出网络与数据安全是保障关键信息基础设施安全的重要内容，要求建立信息报送与信息共享机制等。

3. 提升新兴业态数据保护水平

美国在数据分类分级标准研制方面起步较早，于2015年发布了SP 1500-2《大数据分类法》，随后发布了SP 800-122《个人识别信息保密保护指南》，提供个人数据分类分级标准与各级别的安全策略等。近年来，欧美重点关注物联网和人工智能（Artifical Intelligence，AI）技术应用领域的工业数据安全问题，如美国发布了《工业互联网数据保护最佳实践白皮书》，欧盟发布了《智能制造背景下物联网安全良好实践》。

（二）我国工业数据安全政策环境

1. 数据安全上升至国家安全层面

《国家网络空间安全战略》强调"采取一切必要措施保护关键信息基础设施及其重要数据不受攻击破坏"，明确提出"实施国家大数据战略，建立大数据安全管理制度"。国务院印发《促进大数据发展行动纲要》，明确提出发展工业大数据，推动其在工业产品全生命周期、产业链全流程各环节的应用，要求"强化安全保障，提高管理水平，促进健康发展"。

2. 重要领域数据成保护重点

《中华人民共和国国家安全法》将数据安全纳入国家安全的范畴，要求实现关键信息基础设施和重要领域信息系统及数据的安全可控。《网络安全法》提出网络运营者应当"采取数据分类、重要数据备份和加密等措施"，针对关键信息基础设施领域，强调"在网络安全等级保护制度的基础上，实行重点保护"。相关重要配套法规陆续发布，如《关键信息基础设施安全保护条例》，其中明确要求关键信息基础设施运营者"维护数据的完整性、保密性和可用性"。

3. 《数据安全法》为工业数据安全树立新里程碑

《数据安全法》作为我国数据安全领域的基础性法律，坚持安全与发展并重，强调数据管理与安全防护，明确提出国家建立数据分类分级保护制度，要求加强对重要数据的保护，规定"各地区、各部门应当按照数据分类分级保护制度，确定本地区、本部门以及相关行业、领域的重要数据具体目录，对列入目录的数据进行重点保护"，为工业数据分类分级提供了法律依据和法律保障。

4. 工业数据安全试点与标准化工作持续推进

2021年12月，工业和信息化部组织开展工业领域数据安全管理试点工作，督促企业落实数据安全主体责任，加强数据分类分级管理、安全防护、安全监测等工作，促进提升重点工业数据安全保护水平。同时，在"安全发展、标准先行"的原则下，有关部门积极推进标准研制，目前正在研制《信息安全技术 数据安全分类分级实施指南》，已发布《信息安全技术 数据安全能力成熟度模型》（GB/T 37988—2019）、《数据管理能力成熟度评估模型》（GB/T 36073—2018）、《数据管理能力成熟度评估方法》（GB/T 42129—2022）等关键标准。围绕工业互联网、车联网等重点领域也发布了系列标准，如《工业互联网数据安全保护要求》（YD/T 3865—2021），其中提出了工业互联网数据重要性分级与安全保护等级划分方法，针对不同等级的数据提出全生命周期保护要求。

（三）我国工业数据分类分级政策标准

《工业数据分类分级指南（试行）》（以下简称《指南》）是我国首个专门针对工业数据安全管理的行政规范性文件，下面主要围绕《指南》进行分析。

1．文件的定位

《指南》的编制综合考虑了工业数据赋能、数据管理工作以及国家政策落实等多方面的需求，旨在指导企业提高数据分类分级管理能力，进而促进数据充分使用、全局流动和有序共享。在《指南》的编制过程中，编制单位开展了广泛深入的问题分析、需求调研、方法讨论，并在多个地区、行业、企业开展了试验验证，不断总结经验、持续优化，最终完成了试行版本的编制。

（1）编制思路

《指南》旨在指导企业全面梳理自身的工业数据，提升数据分级管理能力，促进数据充分使用、全局流动和有序共享。具体编制思路如下。一是明确企业为数据分类分级主体。工业企业、平台企业等作为工业数据的所有者和使用者，承担开展数据分类分级工作、加强数据管理的主体责任。二是《指南》与 DCMM 互为补充、相互衔接。《指南》与 DCMM 贯标工作有机结合，引导企业通过数据防护技术应用、管理流程优化、组织体系变革等方式，实现工业数据管理能力跃升。三是《指南》以可操作、可实施为原则持续完善。为确保《指南》内容的有效性和适应性，《指南》将以实践效果为导向，在试点工作中不断改进优化，拟适时予以修订。

（2）文件起草

工业数据分类分级是一项较为复杂的系统性工作。在《指南》的编制过程中，工业和信息化部组织国家工业信息安全发展研究中心等单位深入研究工业数据的内涵与特征，广泛调研数据管理的突出问题和迫切需求，多次与地方工业和信息化主管部门、行业主管部门、领域专家及企业代表研讨，以可操作、可实施为目标，以实践效果为牵引，提出基于数据业务属性的分类分级管理方法。

（3）试验验证

《指南》初稿完成后，试验工作组在江苏、广东等 4 个地区及钢铁、烟草等多个行业领域开展了工业数据分类分级试验验证，赴鞍钢、紫光云等企业对近 600 类工业数据进行定级分析。通过深入企业现场逐条检验《指南》的主要内容，编制单位不断总结经验、迭代优化，在分类分级方法设计方面注重兼顾科学性和可操作性，在颗粒度把握方面尽量平衡全局通用性、行业灵活性和横向可扩展性，最终形成了试行版本。

2．文件的主要内容

《指南》包括总则、数据分类、数据分级、分级管理4章，共16条内容，为工业企业全面梳理自身工业数据、提升数据分类分级管理能力提供了参考和依据。

（1）《指南》的架构

《指南》的主要内容包括：第一章"总则"，阐述编制目的及依据，提出工业数据的基本概念，明确适用范围和原则；第二章"数据分类"，提出工业企业和平台企业应结合行业要求、业务规模、数据复杂程度等实际情况，围绕数据域进行类别梳理，形成分类清单；第三章"数据分级"，按照每类工业数据遭篡改、破坏、泄露或非法利用后可能带来的潜在影响，将工业数据划分为一级、二级、三级3个级别；第四章"分级管理"，针对有关主管部门和企业建立数据管理制度、实施差异化管理进行描述，为DCMM贯标等提供参考依据。

（2）数据分类

数据分类是数据分类分级管理的基础，是实现集中化、专业化、标准化数据管理的关键。《指南》强调数据梳理要"全"，企业应按照纵向贯穿管理层至控制层、横向覆盖全流程环节的原则，全面实施数据分类，形成企业的工业数据分类清单。

（3）数据分级

数据分级是数据分类分级管理的重要环节，是数据重要性的直观展示，为识别重要数据、开展数据分级管理奠定基础。《指南》强调数据分级分析要"准"，鉴于不同行业、不同规模的企业因数据受损所致后果的评价标准、承受能力均存在差异，各行业、企业应结合自身实际，从有利于数据管理的角度，研究制定科学合理的量化定级指标。

（4）分级管理

分级管理是数据分类分级管理的核心，针对不同级别的数据配套对应的安全防护措施，是全面发挥数据价值、有效控制数据安全成本投入的最佳路径。《指南》强调制度要"实"，明确提出"各地工业和信息化主管部门负责指导和推动辖区内工业数据分类分级工作"，"工业企业、平台企业等企业承担工业数据管理的主体责任，要建立健全相关管理制度"。《指南》同时强调管理要"细"，企业应切实做好对工业数据的差异化防护，不断完善数据管理措施，充分挖掘数据作为生产要素的潜在价值。

第三节　工业数据分类分级方法

（一）数据维度划分

企业应按照自身生产运营状况及属性特点划分数据域。工业企业的工业数据分类维度包括但不限于研发数据域、生产数据域、运维数据域、管理数据域、外部数据域；平台企业的工业数据分类维度包括但不限于平台运营数据域和企业管理数据域（见表4-1）。

表 4-1　数据域划分示例

企业类型	数据域划分
工业企业	研发数据域
	生产数据域
	运维数据域
	管理数据域
	外部数据域
平台企业	平台运营数据域
	企业管理数据域

（二）系统盘点与业务梳理

系统盘点与业务梳理是指企业根据数据域的划分结果，从系统资产及业务活动工序两个方面全面梳理工业数据的可能来源。

在系统盘点方面，企业应对照资产台账梳理相关系统清单，确定各个系统和设备的责任部门或负责人。在业务梳理方面，企业应基于数据域划分结果，根据企业的业务线条，详细描述企业涉及的所有业务活动和工序，并确认具体业务的管理主体及对应的管理范围。

（三）数据梳理与归类

在完成系统盘点与业务梳理后，可从系统台账或业务细项中依次提取系统或业务中包含的各项数据，并详细记录数据名称、数据类型、数据属性、存储位置、数据量等信息，通过归并整合、细分二级子类等方式，形成企业的工业数据清单。工业企业及平台企业数据的分类参考目录分别见表4-2和表4-3。

表 4-2　工业企业的数据分类参考目录

数据域	分类参考（一级子类）	数据来源
研发数据域	研发设计数据	计算机辅助设计（Computer-Aided Design，CAD）系统、计算机辅助工程（Computer-Aided Engineering，CAE）系统、工业软件开发系统、工业系统测试工具等
	开发测试数据	
	其他	
生产数据域	控制信息	MES、PLC、SCADA 系统、DCS、工况状态数据库等
	工况状态	
	工艺参数	
	系统日志	
	其他	

数据域	分类参考（一级子类）	数据来源
运维数据域	物流数据	产品物流系统、产品售后状态跟踪系统、售后服务管理系统等
	售后维护数据	
	其他	
管理数据域	系统设备资产信息	PLM 系统、供应链管理（Supply Chain Management，SCM）系统、质量管理体系（Quality Management System，QMS）、ERP 系统、客户关系管理（Customer Relationship Management，CRM）系统、仓库管理系统（Warehouse Management System，WMS）等
	客户与产品信息	
	产品供应链数据	
	业务统计数据	
	其他	
外部数据域	与其他主体共享的数据	接入其他企业的供应链系统、协同研发系统
	其他	

表 4-3 平台企业的数据分类参考目录

数据域	分类参考（一级子类）	数据来源
平台运营数据域	物联采集数据	平台从客户工业控制系统中获取的生产数据，以及通过外围传感器采集的监控数据
	客户应用系统数据	客户租用平台计算、存储等资源独立运行的各类系统产生的数据
	知识库/模型库数据	平台即服务（Platform as a Service，PaaS）层提供的知识库与机理模型库
	分析数据	平台通过大数据分析产生的结果、报告等数据
	平台配置数据	平台用户、设备、应用服务、PaaS 能力等方面的配置数据
企业管理数据域	业务合作数据	平台企业业务管理系统中的各项数据，主要包括与客户签订的战略协议、产品购销合同等数据
	人事/财务数据	平台企业人事管理系统中的各项数据，包括基本员工信息、薪资信息、资产台账、财务报表、审计信息等
	其他	其他

（四）数据分级的方法依据

工业数据的分级主要考虑保密性、完整性、可用性 3 个安全属性维度。根据数据遭泄露破坏保密性、遭篡改破坏完整性、访问受限破坏可用性带来的影响是否危及国家安全，分析影响对象、影响范围和影响程度，将工业数据从高到低分为三级数据、二级数据和一级数据。

（1）潜在影响符合下列条件之一的数据为**三级数据**。

- 易引发特别重大生产安全事故或突发环境事件，或造成直接经济损失特别巨大。
- 对国民经济、行业发展、公众利益、社会秩序乃至国家安全造成严重影响。

（2）潜在影响符合下列条件之一的数据为**二级数据**。

* 易引发较大或重大生产安全事故或突发环境事件，给企业造成较大负面影响，或造成直接经济损失较大。
* 引发的级联效应明显，影响范围涉及多个行业、区域或者行业内的多个企业，或影响持续时间长，或可导致大量供应商、客户资源被非法获取或大量个人信息泄露。
* 恢复工业数据或消除负面影响所需付出的代价较大。

（3）潜在影响符合下列条件之一的数据为**一级数据**。

* 对工业控制系统及设备、工业互联网平台等的正常生产运行产生的影响较小。
* 给企业造成的负面影响较小，或直接经济损失较小。
* 受影响的用户和企业数量较少、生产生活范围较小，负面影响持续时间较短。
* 恢复工业数据或消除负面影响所需付出的代价较小。

（五）数据分级的考虑因素

1．工业数据受损对生产安全的影响

工业数据受损对生产安全的影响主要包括工业数据受损可能引发生产安全事故的严重性以及造成的经济损失大小。在可能引发生产安全事故的严重性方面，主要考虑工业数据是否和生产控制相关，一旦数据受损，是否影响工业生产现场设备和控制设备正常运行，导致生产安全事故发生，包括人员伤亡、环境破坏、社会影响等方面。在造成的经济损失大小方面，主要考虑工业数据受损引发生产安全事故造成的直接经济损失，涉及人身伤亡相关费用、固定资产损失费用、流动资产损失费用等。

2．工业数据受损所侵害的对象及严重程度

受侵害对象是指工业数据受损所侵害的最高级别的对象，主要包括工业控制系统及设备、工业互联网平台等；国民经济、公众利益、社会秩序、生态环境等；政权稳固、民族团结、国防安全等。

受侵害对象造成损害的严重程度是指工业数据受损对受侵害对象造成的最大影响，可分为特别严重损害、严重损害和一般损害。

级联效应是指判断工业数据受损对供应链相关方造成影响的程度，包括受影响的用户和企业数量、涉及生产生活范围、负面影响持续时间等。

3．工业数据受损后恢复或消除负面影响的代价

工业数据受损后，判定恢复工业数据或消除负面影响所需付出的代价大小的条件主要包括如下内容。

* 导致生产过程丧失完整性或可用性的程度。
* 设备功能受到损害，需采取更换或维修措施的成本。
* 导致停工造成的经济损失。
* 对上游或下游生产过程产生的影响。

- 由于泄露知识产权而丧失的竞争优势。

（六）数据分级的评价方法

按照《指南》的相关要求，针对每类工业数据，遵循定级工作流程，考虑工业数据遭篡改、破坏、泄露或非法利用的潜在影响，对每项要素进行评价，确定每类工业数据的级别。需要注意的是，除数据间存在物理隔离等强去耦合措施外，应按照每类数据整体受损的情况考虑最严重的潜在影响。

第四节 工业数据分类分级典型案例

本节选取工业企业和平台企业的典型案例，详述工业数据分类分级工作的实施过程，主要包括在确定人员、场地、资料及保障条件等配合事项的基础上，依次开展首次会议、数据分类、数据分级、反馈调整、末次会议等工作，最终分别完成工业企业和平台企业的工业数据分类分级工作。

（一）工业企业典型案例

1．案例企业背景及日程安排

某离散型制造企业为我国大型国有制造企业，公司资产总额近 200 亿元人民币，下设 4 个分工厂，该企业共有内设机构 16 个，员工总计 5000 多人。

针对该企业开展的工业数据分类分级工作为期两天，工作日程安排如下。

第一天上午：召开工作启动会议，分类分级工作人员确定工作范围，并通过人员访谈及资料查询完成数据域划分，对管理数据域完成数据分类。

第一天下午：工作人员完成生产数据域、研发数据域、运维数据域以及外部数据域的数据分类工作，并通过发放调查问卷、人员访谈等方式初步确定管理数据域、研发数据域、运维数据域、外部数据域数据分类的定级结果。

第二天上午：工作人员初步完成工作范围内的数据分类分级工作，形成数据清单初稿，并与企业相关配合人员进一步沟通交流后对清单进行调整。

第二天下午：工作人员完成数据分类分级清单整理，并召开末次会议，总结企业的工业数据分类分级情况。

2．工作配合事项

（1）人员安排

召集相关系统负责人，或相关业务、工序的管理和运维人员配合访谈，相关人员按照访谈需要，予以机动配合。

（2）场地环境

- 提供专用办公场地。

- 提供打印机。
- 提供互联网接入。

（3）资料准备

- 提供企业集团架构、分工厂情况、产线业务等资料。
- 提供企业的网络拓扑图、信息化建设总体架构图（特别是数据中心建设情况）等文档。
- 提供企业的重要资产设备台账。
- 提供企业主营业务活动流程、主要产品工序的详细描述资料。
- 提供企业的数据管理基本情况介绍，包括已有数据资产分类目录、管理制度、上云情况、存储方式、防护措施等资料。
- 提供企业的营业执照、安全生产标准化建设等数据分级所需参考的其他资料。

（4）实施保障

- 工业数据分类分级工作需企业负责人协调相关资源完成。
- 工业数据分类分级工作需进行人员访谈，企业需按计划协调相关人员配合接受访谈，包括但不限于企业负责人、相关业务主管、财务或行政部门主管、相关系统管理或运维人员、安全生产负责人、生产管理人员、生产操作人员等。
- 工业数据分类分级工作期间需做好各项应急措施。

3．工作流程

（1）首次会议

召开工业数据分类分级首次会议，帮助工作人员了解企业背景及生产运营基本情况，为后续工作奠定基础。

（2）数据分类

第一步：数据维度划分。

工作人员在查阅企业集团架构、产线业务、数据管理基本情况等资料，并与企业信息化、生产管理部门配合人员沟通交流之后，按照《指南》的数据分类维度，将该工业企业的数据域划分为研发数据域、生产数据域、运维数据域、管理数据域和外部数据域5个部分，见表4-4。

表4-4 不同数据域可能包含的工业数据类型示例

数据域	可能包含的工业数据类型
研发数据域	研发设计数据、开发测试数据等
生产数据域	控制信息、工况状态、工艺参数、系统日志等
运维数据域	物流数据、产品售后服务数据等
管理数据域	系统设备资产信息、客户与产品信息、产品供应链数据、业务统计数据等
外部数据域	与其他主体共享的数据等

第二步：系统盘点与业务梳理。

工作人员根据企业实际情况，从系统盘点入手梳理工业数据来源。通过整理企业的重要资产设备清单，结合第一步划分的 5 个数据域，从清单中依次筛选出属于各个数据域的系统设备，见表 4-5。而后，工作人员继续查阅企业主营业务活动流程、主要产品工序的详细描述资料，确认系统台账基本覆盖全部工业数据来源，并无遗漏。

表 4-5 企业部分系统台账示例

数据域	系统名称	责任部门
研发数据域	产品研发 ERP 系统 1	产品研发部门 1
	配方信息管理系统	配料研发部门
	……	……
生产数据域	能源管理系统	能源调度部门
	生产指挥系统 1	A 生产车间
	……	……
运维数据域	物流管理系统	供应链管理部门
	……	……
管理数据域	销售 ERP 系统 A	销售部门
	人力资源管理系统	人力资源部门
	……	……
外部数据域	综合项目管理系统	项目管理部门
	……	……

第三步：数据梳理。

基于第二步形成的系统台账，工作人员通过系统登录查阅、人员访谈等形式，确定各个系统中涉及的各类工业数据，并记录各条数据信息，形成数据条目，见表 4-6。

表 4-6 企业部分数据条目示例

数据域	系统名称	数据条目	数据属性
研发数据域	产品研发 ERP 系统 1	A 产品配方数据	100MB，未上云，有备份……
		B 部件研发图纸	1GB，未上云，有备份……
	配方信息管理系统	A 产品原料配比参数	10MB，未上云，有备份……
	……	……	……

第四步：数据归类。

工作人员综合所有数据条目的类型，结合数据来源、用途及责任部门，通过归并整合、细分子类等方式，形成企业的工业数据清单，见表 4-7。

（3）数据分级

在完成数据分类的基础上，工作人员按照数据域的顺序，依次约谈各类数据涉及的管理部门相关人员并发放调查问卷，确定各类数据的级别并标明原因，形成企业的工业数据定级结果，见表 4-8。

表 4-7　企业部分工业数据清单示例

数据域	系统名称	数据分类	数据条目
研发数据域	产品研发 ERP 系统 1	产品研发数据	A 产品配方数据
			B 部件研发图纸
			……
	产品研发 ERP 系统 2		C 产品研发进度
			……
	配方信息管理系统	核心配方数据	A 产品原料配比参数
			……
	……		

表 4-8　企业部分工业数据定级结果示例

数据域	数据分类	定级结果	定级原因
研发数据域	产品研发数据	一级	数据受损造成直接经济损失较少
	核心配方数据	二级	由于泄露企业核心知识产权，难以恢复竞争优势，或对企业声誉等造成严重影响
	……	……	……

（4）反馈调整

工作人员在初步完成企业工业数据的分类分级工作后，继续与相关配合人员就分类分级初步结果做进一步的交流讨论，无异议后形成最终的工业数据分类分级清单。

（5）末次会议

工作人员对企业的工业数据分类分级工作成果进行展示说明，帮助企业管理层了解自身的工业数据整体状况，为企业下一步开展数据管理和防护工作提供相关建议。

4．案例结果

本案例中，在工业数据分类结果上，共形成 25 个数据大类和 60 个一级子类；在工业数据定级结果上，该企业的一级数据占比约为 75%，二级数据占比约为 25%，未发现三级数据（见表 4-9）。

表 4-9　工业企业工业数据分类分级管理目录

序号	数据域	业务/系统名称	数据类别	级别	定级依据	存储位置	数据量	防护情况	上云/共享的潜在价值	访问人员
1	生产数据域	MES	产品研发数据—加工设备参数	二级	如某机台的数据受损将导致 1000 片主板报废，连带影响下游产品 2000 台（5000 元/台），每条生产线产能损失超 1000 万元	某数据中心	100GB 左右	采用热备份、访问控制等策略	不建议上云或共享	××
……	……	……	……	……	……	……	……	……	……	……

（二）平台企业典型案例

1. 案例企业背景及日程安排

该企业是一家混合所有制的国家高新技术企业和"双软"企业。企业基于深厚的制造业背景和 IT 技术积累，在工业互联网、智能制造等业务领域深耕力拓，打造了全国领先的工业互联网产品与解决方案。该企业现有员工 500 余人，博士、硕士研究生占比较高，并设立了多个研发中心。该企业重视技术创新和知识产权体系建设，已积累发明专利、软件著作权、软件产品证书数十项。该企业的工业互联网平台已为 1000 余家企业提供服务，涵盖工程机械、新能源、军工、风电、光缆、核心零部件制造等数十个行业领域。

针对该平台企业开展的数据分类分级工作为期两天，工作日程安排如下。

第一天上午：召开工作启动会议，分类分级工作人员确定工作范围，在企业前期数据管理的基础上完成数据域划分，并对企业管理数据域和平台运营数据域进行初步数据分类。

第一天下午：工作人员完善数据分类工作，并通过发放调查问卷、人员访谈等方式初步确定企业管理数据域的数据分类的定级结果。

第二天上午：工作人员初步完成工作范围内的数据分类分级工作，形成数据清单初稿，并与企业相关配合人员进一步沟通交流后对清单进行调整。

第二天下午：工作人员完成数据分类分级清单整理，并召开末次会议，总结企业的数据分类分级情况。

2. 工作配合事项

（1）人员安排

* 在试验验证工作组与企业沟通确定分类分级试验验证的具体范围（如某子公司、数据中心等）后，召集试验验证范围内的相关系统负责人，或相关业务与工序的管理和运维人员配合调研。

* 分类分级试验验证范围内的相关人员按照调研需要，予以机动配合。

（2）场地环境

* 提供专用办公场地。

* 提供打印机。

* 提供互联网接入。

（3）资料准备

* 提供企业组织架构、业务模块等资料。

* 提供企业运营工业互联网平台业务的详细介绍资料，包括接入行业领域（地域）、用户规模、采集处理数据体量、是否实现生产控制等。

* 提供企业的网络拓扑图、信息化建设总体架构图（特别是数据中心建设情况）等文档。

* 提供企业的重要资产设备台账。

* 提供企业的数据管理基本情况介绍，包括已有数据资产分类目录、管理制度、上

云情况、存储方式、防护措施等资料。

- 视情况提供企业的营业执照、国家级双跨平台资质等数据分级所需参考的其他资料。

（4）实施保障

- 数据分类分级工作需企业负责人协调相关资源按调研计划完成。

- 数据分类分级工作需进行人员访谈，企业需按计划协调试验验证抽取范围内的相关人员配合接受访谈，包括但不限于企业负责人、信息化主管、相关业务主管（特别是工业大数据分析业务负责人、数据中台管理人员）、相关系统管理或运维人员、财务或行政部门主管等。

- 数据分类分级工作期间需做好各项应急措施。

3．工作流程

（1）首次会议

平台企业召开工业数据分类分级首次会议，梳理企业背景及生产运营基本情况，为后续工作奠定基础。

（2）数据分类

鉴于该平台企业前期对数据管理已有一定的基础，已经初步梳理出基于企业平台业务和内部管理的数据条目，工作人员依据工业数据分类分级流程，按照《指南》中平台企业的分类维度，经与企业配合人员充分沟通，直接在企业数据管理的基础上综合运用归并整合、细分子类等方式，形成工业数据分类清单，见表4-10。

表4-10　企业部分工业数据分类清单示例

数据域	数据分类（一级）	数据分类（二级）	数据条目
平台运营数据域	物联采集数据	位置数据	A类设备位置数据
			B类设备位置数据
			……
		图像视频信息	A地区摄像头数据
			B地区摄像头数据
			……
		……	……
	知识库/模型库	工艺数据	A产品工艺参数
	……	……	……

（3）数据分级

在完成数据分类的基础上，工作人员按照数据域的顺序，依次约谈各类数据涉及的管理部门相关人员并发放调查问卷，确定各类数据的级别并标明原因，形成企业的部分工业数据定级结果，见表4-11。

表 4-11 企业部分工业数据定级结果

数据域	数据分类（一级）	数据分类（二级）	定级结果	分级原因
平台运营数据域	物联采集数据	位置数据	二级	可造成较大的直接与间接经济损失、资产丢失
		图像视频信息	一级	数据受损造成的直接经济损失较小
		……	……	……
	知识库/模型库	工艺数据	一级	数据受损造成的直接经济损失较小
……	……	……	……	……

（4）反馈调整

工作人员在初步完成企业的工业数据分类分级工作后，继续与相关配合人员就分类分级初步结果做进一步的交流讨论，无异议后形成最终的工业数据分类分级清单。

（5）末次会议

工作人员对企业的数据分类分级工作成果进行展示说明，帮助企业管理层了解自身的工业数据整体状况，为企业下一步开展数据管理和防护工作提供相关建议。

4. 案例结果

本案例中，在工业数据分类结果上，共形成 11 个数据一级子类和 60 余个二级子类；在工业数据定级结果上，该企业的一级数据占比约为 65%，二级数据占比约为 35%，未发现三级数据（见表 4-12）。

表 4-12 平台企业工业数据分类分级管理目录

序号	数据域	业务/系统名称	数据类别	级别	定级依据	存储位置	数据量	防护情况	上云/共享的潜在价值	访问人员
1	平台运营数据域	工业应用使能平台	模型库-机理模型	一级	数据受损对工业 App 开发过程影响较小，对平台造成的直接经济损失较小	某工业云数据中心	10GB 左右	采取数据备份，支持自动切换，应用程序接口（Application Program Interface，API）采用规范化的开发标准，对第三方开发的 App 进行审核	建议通过数据共享优化机理模型	××
……	……	……	……	……	……	……	……	……	……	……

第五节 工业数据分级防护措施

（一）安全防护思路

工业数据是关乎企业生存、行业发展乃至国家安全的重要基础资源，一旦遭到篡改、破坏、泄露或非法获取、利用，可能对国家安全、公共利益或个人、组织的合法权益造成严重损害，因此加强工业数据管理、保障工业数据安全是合理有序开发利用工业数据、为企业创造更大价值的前提和基础。工业企业、平台企业应强化安全防护手段，按照《数据安全法》《指南》《工业控制系统信息安全防护指南》等法律法规、政策文件的要求，结合自身的工业数据分级情况，做好安全防护工作。

企业网络、平台、设备、系统、应用等作为工业数据流转、存储、应用、处理的主要载体，针对其采取安全防护措施可以在一定程度上保障工业数据的安全。但这些传统的安全防护措施无法全面、有效地满足工业数据细粒度、层次化的安全需求，因此企业需要在做好传统网络安全防护的基础上，从工业数据的采集、传输、存储、分析、应用等全生命周期入手，在采取通用安全防护措施的基础上，采取适宜的措施实施差异化的安全防护，制定安全防护基线，保障各级数据安全。

（二）通用安全防护

工业数据通用安全防护包括安全管理和技术防护两个方面：安全管理方面包括制度、机构、人员、设备、供应链安全管理，以及安全监测、风险管理、应急处置等工作；技术防护方面主要从系统组成安全的角度加强数据安全防护，包括边界防护、入侵检测、身份鉴别、访问控制和安全审计等措施。

1. 安全管理

（1）安全管理制度

建立整体方针策略，制定贯穿工业数据全生命周期的数据安全管理规范，明确策略、制度等的制定流程和要求，构建数据安全管理制度体系，推动执行落地。

（2）安全管理机构

设立数据安全管理专职部门，或者在合规或 IT 部门成立专业的工业数据安全团队，保证能长期持续执行数据安全管理任务；设立专业岗位，明确部门的岗位职责、责任人和专职人员，明确授权审批事宜。

（3）安全管理人员

主要考虑对员工和合作伙伴的安全意识教育、培训、宣传等，增强数据安全意识；关键人员岗位、角色、权限的设计遵循"最少够用"原则，设定数据访问权限。

（4）系统设备安全管理

通过日常检修维护，确保系统设备的可控、在控，使其在任何过程中都能处于安全运行的状态。系统设备安全管理主要关注系统设备接入前的安全审核、对接入系统设备的安全设置定期维护管理等方面。

（5）供应链安全管理

主要对供应链涉及的数据进行安全监测与管理，保障供应链数据跨环节、跨主体、跨地域流动的安全，对供应链合作方、外部采购的软硬件设施或服务资源等实行安全审核，评估其在工业数据交换共享过程中有无数据泄露、篡改等风险。

（6）安全监测

开展数据安全风险实时监测，直观呈现工业数据安全态势、风险威胁、流动路径和重要数据分布情况等，以及对数据全生命周期各阶段进行安全监测，及时发现重要数据违规传输、驻留、数据滥用、异常访问、数据泄露或篡改等风险。

（7）风险管理

基于工业数据全生命周期各阶段进行风险识别，按照数据安全成熟度评估相应的差距；对于工业数据全生命周期各阶段的数据安全细化场景，基于数据资产分类分级的不同安全属性，识别数据安全的具体风险点；定期进行漏洞扫描，在保障生产经营、平台运行等安全的前提下对安全漏洞及时进行修补。

（8）应急处置

建立工业数据安全应急处置小组，制定工业数据安全事件应急预案，并定期开展应急演练、事件评估、应急响应及分析研判等工作，强化工业数据安全全流程管理，及时处置、消除重大数据泄露、滥用等安全隐患。

2. 技术防护

（1）边界防护

不同的网络边界之间应部署边界安全防护设备，实现安全访问控制，阻断非法网络访问。生产网内部根据各功能区的数据访问需求以及安全防护要求进行分区分域，在不同的安全域边界部署工业防护墙、工业网闸、定制的边界安全防护单向网关等，防止越权访问和各功能区之间的病毒感染。

（2）入侵检测

主要针对关键网络节点检测、接入设备攻击行为检测、网络攻击行为检测、异常流量检测、数据有效性校验等方面采取有效措施，全面防范各类入侵威胁。

（3）身份鉴别

合理设置账户权限，以"最小授权原则"分配账户权限，保障身份认证合规性，避免管控越权带来的数据违规访问等风险。对工业主机的登录、应用服务资源、工业互联网平台等的访问过程建立身份认证管理机制；对于关键设备、系统和平台，根据数据的重要程度，采用单因子认证或多因子认证方式，避免数据篡改、窃取风险，提高对工业控制设备、系统和平台的攻击难度。

（4）访问控制

对工业数据访问权限进行细粒度划分，根据数据安全级别和用户需求为数据和用户设定不同的权限等级，严格控制访问权限，加强用户权限管理。

（5）安全审计

对每个用户的用户行为和安全事件进行审计，在数据安全事件发生之后可通过审计机制追踪溯源。监控所有账号权限的变化情况，有效抵御外部提权攻击、内部人员私自调整账号权限等行为。

（三）分级安全防护

《指南》鼓励企业在做好数据管理的前提下适当共享一、二级数据，充分释放工业数据的潜在价值。同时，针对三级数据采取的防护措施，应能抵御来自国家级敌对组织的大规模恶意攻击；针对二级数据采取的防护措施，应能抵御大规模、较强恶意攻击；针对一级数据采取的防护措施，应能抵御一般恶意攻击。

从各级工业数据的流通、共享需要及应能抵御的恶意攻击程度来看，三级数据的保密性和完整性要求较高，而流动性和可用性要求较低，其安全防护要求最高；而一级数据的流动性和可用性要求较高，保密性和完整性要求较低；二级数据的流动性、可用性、保密性和完整性要求则均处于两者之间。因此，工业数据分级安全防护需在数据分级的基础上，围绕数据采集、传输、存储、处理、交换共享与公开披露、归档与销毁等数据全生命周期，重点针对不同安全级别的工业数据安全防护需求，分级提出差异化安全防护措施。

1. 一级数据安全防护

一级数据需重点保证其流动性及可用性，其安全防护要求原则上应满足工业数据治理的基本要求，并使其相关安全防护能够抵御一般恶意攻击。

企业应重点采用传输加密、流向监测、权限分配、审计评估、接口管理等技术防护手段保障一级数据的流通共享与安全防护。**传输加密**：根据企业内部和外部的数据传输需求，部署传输通道主体身份鉴别和认证、数据加密相关的技术工具，保证传输通道、传输节点和传输数据的安全，防止传输过程中的数据泄露。**流向监测**：通过对网络基础链路、关键网络节点部署深度包检测（Deep Packet Inspection，DPI）技术设备，分析网络链路中数据传输的内容及流向，及时发现数据传输状态及异常流动行为，保障企业数据的合规共享流动。**权限分配**：明确重要系统和数据库的身份鉴别、访问控制和权限管理的安全要求，梳理核心业务系统提供的访问控制功能，按照"最小特权原则"为相应账户分配管理、使用权限与功能。**审计评估**：明确核心业务数据共享安全评估机制，包括从共享目的合理性、共享数据的范围和合规性、共享方式的安全性、共享后的管理责任和约束措施等方面进行评估，以降低数据共享场景下的安全风险。**接口管理**：通过建立企业的对外数据接口的安全管理机制，防范企业数据在接口调用过程中的安全风险。

2. 二级数据安全防护

二级数据需在保证其流动性及可用性的同时，适当加强完整性及保密性管理，在一级数据安全防护的基础上提升安全保障能力，以使其能够抵御大规模、较强恶意攻击。

企业应采取数据水印、数据脱敏、权限管制、容灾备份、操作审计等技术防护手段保障二级数据的使用管理与安全防护。**数据水印**：通过技术手段将特定的数字信号嵌入企业的工业数据中，在对外开展数据应用与服务的过程中，保护数据服务产品的版权或完整性，对数据流经节点及流转过程中的篡改、泄露、滥用等行为进行溯源分析。**数据脱敏**：根据相关法律法规、政策标准以及企业业务需求，明确敏感数据的脱敏需求和规则，利用模糊化、标签化、群体分析等技术手段对敏感数据进行脱敏处理，在数据应用开发与流通共享中平衡数据的可用性和安全性。**权限管制**：明确针对身份标识与鉴别、访问控制及权限的分配、变更、撤销等权限管理的要求，按照"最少够用、职权分离"等原则，授予不同账户完成各自承担任务所需的最小权限，并使它们之间形成相互制约的关系，同时采用技术手段实现身份鉴别和权限管理的联动控制。**容灾备份**：明确负责核心业务数据备份和恢复的岗位和人员、数据备份和恢复的制度规范，开发数据备份和恢复的技术工具，并将具体的备份策略固化到工具中，通过执行定期的数据备份和恢复，实现对存储数据的冗余管理，保护数据的可用性。**操作审计**：针对数据全生命周期各阶段开展安全监控和审计，保证对数据的访问和操作均得到有效的监控和审计，以实现对数据全生命周期各阶段中可能存在的未授权访问、数据滥用、数据泄露等安全风险的防控。

3．三级数据安全防护

三级数据需重点保证其完整性及保密性，原则上不进行共享，其安全防护应在二级数据安全防护的基础上继续强化，以使其能够抵御来自国家级敌对组织的大规模恶意攻击。

企业应采取数据隔离、元数据管制、存储加密、安全校验等技术防护手段保障三级数据的安全管理与防护。**数据隔离**：针对数据处理中的"多租户"场景，通过数据隔离技术保证系统平台在功能应用、会话调度和运营环境中，对不同"租户"间的数据进行隔离与管控。**元数据管制**：建立元数据访问控制策略和审计机制，确保元数据操作的可追溯。**存储加密**：采用全磁盘加密（Full Disk Encryption，FDE）等技术手段对数据存储介质中的磁盘/卷或文件进行加密，防止因数据泄露造成损失，保障数据存储安全。**安全校验**：采用口令、密码技术、生物技术等两种或两种以上组合的鉴别技术对用户进行身份鉴别及安全校验，且其中一种鉴别技术应为密码技术。

第六节 工业数据分类分级管理发展趋势

随着新一代信息技术与制造业深度融合发展，工业领域的连接对象种类不断丰富，网络空间范围持续扩展，带动工业数据指数级增长、海量式处理、合理化共享，在释放数据对工业经济潜在放大、叠加和倍增作用的同时，也面临日益复杂严峻的数据安全风险，需要加快落实工业数据安全保护责任、健全工业数据分类分级管理标准、推进工业数据分类分级管理试点，进而确保工业数据在工业高质量发展中的落地应用，推进工业企业对内提质增效、优化业务流程，对外输出服务、创新商业模式，助力经济从高速增长向高质量发展迈进。工业数据分类分级管理发展趋势如下。

一是《数据安全法》加快落地实施，工业数据管理加速步入法治化轨道。《数据安全法》压实了数据管理与安全责任，明确提出了数据分类分级制度、制定重要数据目录、严格管理国家核心数据等多重数据管理要求。为贯彻落实《数据安全法》，推动其有效落地实施，各行业主管部门将加快制定配套的实施细则。工业数据管理也将加速步入法治化轨道，工业数据分类分级管理、重要数据保护目录等法规制度将进一步健全，各地区将加快制定落实文件，工业企业、平台企业等也将制定工业数据分类分级保护实施细则方案，工业数据管理必将形成上下联动、前后衔接、协同推进的工作机制，逐步走向法治化、规范化、体系化。

二是工业数据分类分级管理标准研制持续推进，标准体系将进一步完善。在推动工业数据安全流动、交互和共享的迫切需求下，工业数据分类分级管理标准体系将不断完善。工业数据分类分级防护、重要数据识别、数据安全评估等关键标准将加快研制。工业互联网、车联网、工业物联网等重点领域的数据分类分级管理标准体系建设将快速推进，以更好地满足重点领域的数据管理与保护需求。随着5G、大数据、AI、区块链、云计算等技术在工业领域应用的持续拓展，围绕新业务背景下的工业数据特点，新技术领域、新应用模式下的工业数据分类分级管理相关标准研制将加速开展。工业数据分类分级管理标准体系的持续完善，将为工业企业进一步落实相关法规政策要求、完善工业数据管理体系和安全保障机制奠定基础。

三是工业数据分类分级管理试点走向实践深耕，示范带动效应逐渐形成。开展工业数据分类分级管理试点工作，不仅可满足相关法规政策的合规要求，也具有极强的现实意义。工业和信息化部为进一步推动《指南》落地实施，将在更大范围、更广领域推动企业强化工业数据分类分级管理，分类分级管理试点必将加快拓展、全面铺开、走向深化。围绕各行业、各领域，将逐步形成可参考、可复制、可推广的分类分级管理经验、优秀示范案例等示范成果，逐渐迭代出工业数据分类分级、重要数据自主识别、分级防护策略自动匹配等成熟的管理工具与解决方案，形成示范带动效应，切实提升企业的工业数据管理和安全防护能力，助力企业数字化转型升级。

第五章　工业领域风险的典型应对措施

近年来，工业控制系统暴露出的安全漏洞越来越多，针对工业控制系统的攻击事件频频发生。构建纵深防御的工控安全防护体系，已经成为保障工业控制系统安全、平稳运行的当务之急。本章重点分析当前工业领域普遍存在的安全问题，并围绕这些问题提出工控安全防护应对措施。通过对本章的学习，读者能够掌握工控安全防护的重点内容。

第一节　工业领域典型安全问题概述

（一）工控安全现状

工业企业普遍存在工控安全专业人员配备不足、安全意识不到位、防护手段缺失等问题。综合来看，工业企业在工控安全防护方面主要存在以下 4 个方面的不足。

1. 网络架构设计不合理

随着信息化和工业化融合的不断深入，工业控制系统需要将生产数据传输给传统信息网络，为企业决策层人员提供数据支撑。然而，很多企业为操作方便，直接将工业控制系统与企业的其他 IT 系统进行连接，工业控制系统与 IT 系统之间、工业控制系统内部等没有根据业务和功能的不同进行必要的安全区域划分及隔离。换言之，工业控制系统与企业其他系统的网络边界处缺少必要的安全隔离和访问控制手段，工业控制系统内部各个安全域的边界处也不具备访问控制能力，导致传统信息网络的攻击得以在工业控制系统中蔓延，黑客可以通过互联网直接入侵工业控制系统，实施恶意破坏。

2. 访问控制能力不足

除了因网络架构设计不合理而存在的访问控制措施不足外，部分工业企业在使用拨号访问和无线通信连接工业控制系统时，也缺乏必要的身份鉴别、访问控制机制，导致工业控制系统的访问控制能力严重不足，极易遭到来自内外部的网络攻击。

3. 主机防护能力薄弱

部分工业企业存在工程师站、操作员站等上位机设备的中央处理单元（Central Processing Unit，CPU）、内存资源配备不足，以及传统杀毒软件存在工业控制程序误杀误报和病毒库更新不及时等客观情况，没有在工业主机上安装恶意代码防护软件，导致工业主机针对恶意软件感染缺乏有效的防御手段。

4．监测审计功能缺失

从工业网络流量、日志记录中分析当前的网络安全情况，实时监测网络中各类设备的运行状态，是及时发现异常行为，保障工业控制系统安全、稳定运行的基础。然而，很多工业控制系统并不具备网络安全监测能力，根本无法识别针对工业控制协议发起的网络攻击行为。甚至部分工业控制系统连安全审计功能都不具备，一旦出现安全问题，无法根据审计记录开展日志分析和安全溯源等工作。

（二）事件案例分析

下面以某石化企业感染挖矿病毒事件为例，分析工业企业存在上述安全问题时将引发的安全事件及造成的后果。

2021 年 5 月 17 日晚，某石化企业工业控制网络出现网络负荷过重报警，部分岗位的操作主机出现自动重启的情况，还有部分岗位的操作主机出现调取参数趋势缓慢的情况。该企业的工业控制系统未安装杀毒和防毒软件，在咨询工业控制系统厂商后，该企业开始采用杀毒软件进行病毒检测和查杀。在检测和查杀过程中，杀毒软件提示系统感染计算机病毒，且不同的计算机感染病毒的数量、种类不完全一致。该企业的所有工业主机均出现了病毒感染的情况，且部分主机存在跨域站间通信连接，无法从大网络结构中脱离，导致病毒查杀工作非常困难。经过与工业控制系统厂商的反复商讨和推演，企业制定了病毒查杀和治理方案：首先对工业控制系统进行离线病毒查杀，删除病毒产生的计划任务，禁用病毒文件的创建任务，然后安装对应的漏洞补丁，封堵高危漏洞端口，防止再次感染病毒。采用上述方案后，病毒查杀效果显著，通过迅速推广，对每台主机进行病毒查杀操作，经过为期 11 天的处理后，完成病毒查杀、治理，以及防病毒软件安装的工作。该事件的发现与处置过程主要包括以下 4 个步骤。

1．病毒排查

通过现场排查，确定工业主机感染的是"驱动人生"挖矿病毒，该病毒的目的是在短时间内尽可能多地感染计算机，随后挖矿获利。该病毒既有自我复制的病毒行为特性，又有内置后门可自我更新攻击与挖矿程序的木马行为特性。该病毒产生于 2018 年，在 Windows 平台上通过用户免费下载驱动管理软件"驱动人生"和软件自动升级的方式向用户推送计算机病毒。该病毒会自动扫描局域网内的其他计算机是否开放 139、445 端口，如果开放，则利用"永恒之蓝"高危漏洞和 Mimikatz（Windows 明文密码抓取工具）攻击组件在局域网内进行大范围传播。同时，该病毒会将被感染计算机的 CPU 型号、显卡型号、IP 地址等具体信息回传至病毒源的攻击服务器，通过下载挖矿程序进行木马病毒的后续攻击和勒索行为。该病毒的感染传播可能造成严重影响。

2．Windows 系统蓝屏重启

"永恒之蓝"高危漏洞是利用 Windows 的服务器消息块（Server Message Block，SMB）

模块组件的内存溢出漏洞来实现病毒传播，其原理是内存中的地址空间越界后，病毒程序将覆盖正常程序执行空间。当已感染病毒的计算机攻击未感染病毒的计算机时，容易出现内存空间紊乱，可能导致 Windows 系统出现蓝屏重启，但感染病毒之后反而不会出现蓝屏重启情况。

3．网络流量异常报警

计算机感染病毒之后，会发送大量探测数据和攻击数据包，由于控制器和组态管理软件带有网络流量监测功能，有可能触发工业控制系统负荷异常的报警。该报警只提示风险，不影响工业控制系统的正常运行。

以上两种症状在本次病毒感染过程中全部表现出来了，同时也出现了计算机运行缓慢、参数调取缓慢等情况。由于处理速度较快，本次感染的计算机病毒未出现二次爆发现象，感染病毒的勒索行为也未出现。

4．病毒感染分析

该企业的工业控制网络结构如图 5-1 所示。

图 5-1　某石化企业的工业控制网络结构

图 5-1 中，1#序列装置、2#序列装置位于老装置区，该区域内的工业控制系统未安装任何防毒、杀毒软件，3#罐区位于新装置区，项目建设时安装了白名单防毒软件。3 个独立的工业控制系统通过网线、光缆连接企业生产监控层的实时数据库交换机，随后通过工业隔离防火墙将数据引入企业的生产监控实时数据库中。可以看出，该企业从过程控制层网络到生产监控层网络中存在较大漏洞，虽然在两个层域之间安装了工业隔离防火墙，但各个工业控制系统之间通过实时数据库交换机互联。3#罐区新建施工过程中，由于工业控制系统的安全管理把关不严，病毒通过 USB 口感染操作主机。同时，由于 3#罐区操作主机安装了白名单防毒软件，因此病毒没有运行起来。报警约一小时后，该企业完成了将 3#罐区可燃气体和有毒气体检测报警系统、DCS 的 OPC（OLE for Process Control，用于过程控制的 OLE）服务器并入企业实时数据库的工作，导致病毒通过实时数据库交换机反向传播至其他工业控制系统，引起所有罐区感染病毒。

第二节　工控安全防护的重点内容

对于工业企业存在的典型安全问题，需要重点围绕以下 5 个方面进行安全防护。

（一）物理安全

保证物理安全即保证设备自身及其物理运行环境的安全，这是最基本的安全防护措施。实现物理安全防护必须为设备选择具有防震、防风、防雨、防火功能的建筑或箱体，远离强电磁干扰、强热源，实施防盗和防破坏的防护措施，安排专人看守所选物理位置。对处于无人值守环境的控制器，应通过网络实时监控其安全状态，当发现有物理临近攻击的行为时，应及时采取远程锁定、远程擦除等防护措施。

（二）数据安全

在保证设备正常运行、不受外界干扰的同时，还必须保证最基本的数据安全，即安全地下发控制信息、上传工业数据等，防止信息窃取、伪造控制指令、数据欺骗、干扰和破坏控制功能等攻击事件发生。

保证数据安全的关键措施是采用密码加密与身份认证技术。工业控制系统不同于传统的高性能系统，它在数据传输时的指令报文普遍较短，控制回路与输入/输出（Input/Output，I/O）设备、现场执行设备或传感器的距离较远，对控制回路的响应时间要求很高。而现有工业控制系统的嵌入式 CPU 和密码芯片的性能有限，通信速率有限，现场总线控制回路中数据防篡改能力差、复杂度高。为了提高传输数据在控制回路中的实时性和安全性，对信息进行加密是目前较为有效的方法。但传统的推荐密码对于传输指令报文短、控制回路响应时间要求高的工业控制系统是不适用的，所以选用轻量级密码算法进行加解密较为合适。轻量级密码算法通过改进密钥长度、加密轮数，降低对处理器计算能力的要求和对硬件资源的需求，但提供的加密性能并没有降低。为确保通信安全，不仅要对通信数据进行加密计算，还需要在通信双方建立传输控制协议（Transmission Control Protocol，TCP）连接后，通过数字签名与认证证书进行双向的身份验证。通信双方完成身份验证后，通过协商生成随机密码，从而进入下一个通信阶段。

（三）网络安全

由于现有工业控制系统的监督控制数据大多需要通过网络传输，因此必须保障控制网络免受外部攻击，实现网络安全。通过研制符合安全要求的边界工业防火墙、边界工业网闸、工业网络监测审计系统，同时配合漏洞挖掘工具与漏洞扫描工具对网络设备进行实时扫描，能实现工业控制系统全方位的保障。其中，边界工业防火墙由基于白名单的访问控制、工业协议精准识别和深度检测等技术实现；边界工业网闸由内、外网处理单元和安全数据交换单元组成，用于实现工业网络的边界防护，可有效提升防止恶意软件传播与边界渗透的安全防护能力；部署于工业生产内网的工业网络监测审计系统通过镜像方式分析网络流量，可以及时发现网络中存在的安全隐患，还可以对工业网络内的安全设备进行状态审计和配置更改，实现工业网络审计功能。此外，依赖漏洞挖掘工具与漏洞扫描工具对网络设备进行实时扫描，能够对工业控制设备的已知漏洞进行识别和检测，并及时发现和评估未知漏洞，对风险控制策略进行审核，实现网络设备的安全运行。

（四）主机与应用安全

系统中有种类不同、数量繁多的工作站、应用节点，在保证数据安全和网络安全的基础之上，还必须保证主机与应用的安全。主机安全由主机安全白名单和配置核查工具箱共同防护。主机安全白名单防护针对工作站、服务器等工业主机进行安全加固，使用移动存储介质管理、程序与文件加载控制、主机状态监控审计、非法外联管控等主机安全防护手段。配置核查工具箱对主机操作系统进行安全基线配置核查，根据相关标准的要求对被检查对象进行安全评估，并根据评估的结果对主机的配置进行整改，使其满足安全基线的要求。应用安全依靠主机安全白名单实现，主机安全白名单防护系统专门为工业应用环境打造，采用高效、稳定、兼容、易设置的白名单安全防护技术，只允许白名单内的业务应用和软件加载与运行，禁止白名单之外的所有进程加载与运行，构建主机运行的可信环境，从根本上防御恶意软件安装和运行，实现防病毒感染。

（五）控制安全

控制安全是一个综合的概念，实现控制安全是为了从根本上杜绝后门、木马的威胁，杜绝数据篡改、仿冒现象的发生。工业控制系统应选择和部署安全可靠的监控组态软件、逻辑组态软件和控制器模块等软件和设备，选择经过安全认证或通过安全检测的网络交换机、路由器等网络设备，以及防火墙、身份认证系统、漏洞扫描系统和安全审计系统等。同时还应重点关注系统平台的安全性，选择使用符合不同安全等级要求的 CPU、现场可编程门阵列（Field Programmable Gate Array，FPGA）等关键芯片，桌面操作系统和嵌入式操作系统，以及数据库管理系统和中间件，并选择使用具有身份认证、访问控制、权限管理、数据加解密、安全免疫等安全措施的系统和设备。

第三节　工控安全风险应对措施

工控安全是推动两化融合发展的基础保障。《工业控制系统信息安全防护指南》能有效指导工业企业做好工控安全防护工作，具体可以围绕以下 11 个方面展开。

（一）安全软件选择与管理

第一，在工业主机上采用经过离线环境中充分验证测试的防病毒软件或应用程序白名单软件，只允许经过工业企业自身授权和安全评估的软件运行。

工业控制系统对可用性、实时性要求较高，工业主机（如 MES 服务器、OPC 服务器、数据库服务器、工程师站、操作员站等）应用的安全软件应事先在离线环境中进行测试和验证。其中，离线环境指的是与生产环境物理隔离的环境。测试和验证内容包括安全软件的功能性、兼容性及安全性等。

应对措施如下。

① 应建设离线工业控制系统仿真测试环境，包括操作系统、工业软件、典型控制器等，用于安全软件与工业控制系统的兼容性测试。

② 选择具有较多应用案例、经过多个应用场景充分验证的工业主机安全防护软件，包括防病毒软件或应用程序白名单软件。

③ 应在离线测试环境中进行全面测试，验证其是否会对工业控制系统的正常运行造成影响。

④ 应在安装安全软件前，利用工业主机安全检查工具对工业主机进行全面检查，明确工业主机存在的安全隐患并根据风险状况进行相应的处理。

⑤ 应在确定不影响整体生产运营的前提下，在工业主机上安装工业主机安全防护软件，提升工业主机的安全防护能力。

第二，建立防病毒和恶意软件入侵管理机制，对工业控制系统及临时接入的设备采取病毒查杀等安全预防措施。

安全预防措施包括定期扫描病毒和恶意软件、定期更新病毒库、对临时接入的设备（如 U 盘、移动终端等外设）进行病毒和恶意软件扫描等。

应对措施如下。

① 应针对工业主机制定病毒和恶意软件的防护管理机制，明确组织、人员、责任、流程和工具。

② 应建立工业主机资产清单，明确工业主机的实际情况，包括设备型号、操作系统、工业软件等。

③ 应采取技术或管理措施保证接入工业控制系统的 U 盘等外设为专用设备。

④ 应定期对接入工业控制系统的 U 盘等外设进行病毒查杀。

⑤ 宜选择具有较强计算机病毒分析和处理能力的厂商的主机安全检查工具或具有杀毒功能的工业主机防护软件，其病毒库应定期升级。

（二）配置和补丁管理

第一，做好工业控制网络、工业主机和工业控制设备的安全配置，建立工业控制系统配置清单，定期进行配置审计。

工业企业应做好虚拟局域网隔离、端口禁用等工业控制网络安全配置，远程控制管理、默认账户管理等工业主机安全配置，以及口令策略合规性等工业控制设备安全配置，建立相应的配置清单，指定责任人定期进行管理和维护，并定期进行配置核查审计。

应对措施如下。

① 应制定配置管理相关制度，明确配置变更要求和流程。

② 应建立配置清单，核查企业的工业控制网络安全配置（如虚拟局域网隔离、端口禁用等）、工业主机安全配置（如远程控制管理、默认账户管理等）、工业控制设备安全配置（如口令策略合规性等），评估其安全配置是否存在风险隐患。

③ 应定期审计工业控制系统的安全配置清单并进行记录，审计周期最长不超过一年。

第二，针对重大配置变更制订变更计划并进行影响分析，配置变更实施前进行严格的安全测试。

当发生重大配置变更时，工业企业应及时制订变更计划，明确变更时间、变更内容、变更责任人、变更审批、变更验证等事项。其中，重大配置变更是指重大漏洞补丁更新、安全设备的新增或减少、安全域的重新划分等。同时，应对变更过程中可能出现的风险进行分析，形成分析报告，并在离线环境中对配置变更进行安全性验证。

应对措施如下。

① 应在配置变更前制订变更计划，明确变更时间、变更内容、变更责任人、变更审批、变更验证等事项。

② 应评估配置变更是否会降低企业工业控制系统的安全防护水平、是否会影响工业控制系统的正常运行。

③ 应在配置变更前开展安全测试，确定其安全风险和对工业控制系统正常运行的影响。

第三，密切关注重大工控安全漏洞及其补丁发布，及时采取补丁升级措施。在补丁安装前，须对补丁进行严格的安全评估和测试验证。

工业企业应密切关注 CICSVD、CNVD、CNNVD 等漏洞库及设备厂商发布的补丁。当重大漏洞及其补丁发布时，根据企业自身情况及变更计划，在离线环境中对补丁进行严格的安全评估和测试验证，对通过安全评估和测试验证的补丁进行及时升级。

应对措施如下。

① 应指定责任人负责重大工控安全漏洞、补丁的跟踪和升级工作。

② 应建立工控安全漏洞、补丁信息的固定收集渠道，评估其对企业工业控制系统的影响。

③ 工业企业应与安全厂商、工业控制系统厂商、行业研究机构等建立工控安全漏洞、补丁等的信息共享和通报机制。

④ 在补丁安装前应进行严格的安全评估和测试验证，保证不会影响工业控制系统的正常运行，必要时由工业控制系统厂商予以确认和实施。应保存安全评估测试的相关证明材料（如安全评估测试方案、测试报告等）。

（三）边界安全防护

第一，分离工业控制系统的开发、测试和生产环境。

工业控制系统的开发、测试和生产环境需执行不同的安全控制措施，工业企业可采用物理隔离、网络逻辑隔离等方式进行隔离。

应对措施如下。

① 应梳理业务流程，合理划分网络结构，分离工业控制系统的开发、测试和生产环境，确定网络边界。

② 开发、测试和生产环境应进行物理隔离，如因业务等原因无法实施，则应进行网络逻辑隔离。

第二，通过工业控制网络边界安全防护设备对工业控制网络与企业网或互联网之间的边界进行安全防护，禁止没有防护的工业控制网络与互联网连接。

工业控制网络边界安全防护设备包括工业防火墙、工业网闸、单向隔离设备及企业定制的边界安全防护网关等。工业企业应根据实际情况，在不同的网络边界之间部署边界安全防护设备，实现安全访问控制，阻断非法网络访问，严格禁止没有防护的工业控制网络与互联网连接。

应对措施如下。

① 应评估业务流程，避免不必要的工业控制网络与企业网或互联网连接。

② 对于安全要求高、数据传输实时性要求低的网络边界，应基于"最小访问权限管理"原则，采用工业网闸或单向隔离设备进行边界防护。

③ 对于数据传输要求双向并对数据传输实时性要求较高的网络边界，应基于"最小访问权限管理"原则，采用工业防火墙进行边界防护。

④ 应根据工业网络隔离设备的应用场景，参照相同应用条件下工业控制系统的可靠性设计和验证标准，确定隔离设备的硬件可靠性要求。

⑤ 应根据工业网络隔离设备的应用场景，确定设备支持的通信协议，特别是工业专有通信协议要求。

⑥ 禁止没有防护的工业控制网络与互联网连接。

第三，通过工业防火墙、工业网闸等安全防护设备在工业控制网络安全区域之间进行逻辑隔离。

工业控制网络安全区域根据区域重要性和业务需求进行划分。区域之间的安全防护，可采用工业防火墙、工业网闸等设备进行逻辑隔离。

应对措施如下。

① 应根据生产工艺特点、安全风险等级等因素对工业控制网络进行安全区域的划分，确定安全域边界。

② 应在安全域边界，基于"最小访问权限管理"原则，采用工业防火墙、工业网闸

等设备进行边界安全防护。

（四）物理和环境安全防护

第一，对重要的工程师站、数据库、服务器等核心工业控制软硬件所在区域采取访问控制、视频监控、专人值守等物理安全防护措施。

工业企业应对重要工业控制系统资产所在区域，采取适当的物理安全防护措施。

应对措施如下。

① 应建立工业控制系统物理和环境安全防护的管理制度，规范组织、人员、责任、流程和工具。

② 应确定重要工业控制系统资产的范围，包含工程师站、操作员站、历史/实时数据库服务器、计算服务器、工业交换机、现场触摸屏、核心工业控制器（DCS、PLC）等与工业生产密切相关的终端或设备。

③ 应将重要工业控制系统资产部署在物理安全防护区域内，与企业的其他资产物理隔离。

④ 核心防护区域应 7×24 小时视频监控。

⑤ 电子间、网络机房、主控室应部署电子门禁（指纹、磁卡、人脸识别等）系统。

⑥ 应对人员出入记录进行登记，且有专人进行记录检查，对非授权人员进入要进行排查。

⑦ 电子间、网络机房应建立必要的防雷击措施，如避雷针、电源地线、防雷保安器等；建立必要的消防措施，如具备灭火设施（干粉灭火器、水基灭火器、七氟丙烷气体灭火系统等）、火灾报警系统等；建立必要的电力供应系统，具备冗余供电能力，例如设置了冗余或并行的电力电缆线路、不间断电源（Uninterruptible Power Supply，UPS），如果无双路市电，则应具备柴油发电机等相关设备。

第二，拆除或封闭工业主机上不必要的 USB、光驱、无线等接口。若确需使用，通过主机外设安全管理技术手段实施严格的访问控制。

USB、光驱、无线接口等工业主机外设的使用，为病毒、木马、蠕虫等恶意代码入侵提供了途径，拆除或封闭工业主机上不必要的外设接口可降低被感染的风险。确需使用时，可采用主机外设统一管理设备、隔离存放有外设接口的工业主机等安全管理技术手段。

应对措施如下。

① 如业务不需要 U 盘和光驱等外设接口，应从物理上拆除外设接口或者插入相应的封堵装置，操作系统内通过安全策略限制移动外设装置的读取。

② 如因业务需要必须接入 U 盘等外设，应采取技术或管理措施保证接入工业控制系统的设备为专用设备，应定期对接入工业控制系统的 U 盘等外设进行病毒查杀。

（五）身份认证

第一，在工业主机登录、应用服务资源访问、工业云平台访问等过程中使用身份认证管理。对关键设备、系统和平台的访问采用多因素认证。

用户在登录工业主机、访问应用服务资源及工业云平台等过程中，应使用口令密码、USB Key、智能卡、生物指纹、虹膜等身份认证管理手段，必要时可同时采用多种认证手段。

应对措施如下。

① 应根据工业企业的安全需求，充分应用工业控制系统身份认证功能，实现工业主机、应用服务资源等的身份认证控制。

② 应对关键设备、系统和平台采用两种甚至两种以上身份认证机制。

第二，合理分类设置账户权限，以"最小授权原则"分配账户权限。

工业企业应以满足工作要求的"最小授权原则"进行系统账户权限分配，确保因事故、错误、篡改等原因造成的损失最小。工业企业需定期审计分配的账户权限是否超出工作需要。

应对措施如下。

① 应在工业云平台、工业主机防护软件、工业防火墙、网络安全审计设备等安全设备上分别建立审计账户、系统管理账户、安全管理账户。

② 禁止使用 Administrator、Root 等超级管理员账户直接登录主机操作系统。

③ 应采取"最小授权原则"对工业控制系统用户进行权限管理，只授予用户完成工作的最小权限。

④ 部署集中日志收集系统对工业主机、网络设备、安全设备等进行日志集中收集，并只授权审计管理员能访问集中收集的日志信息。

⑤ 定期对集中收集的日志信息进行审计、分析，并出具分析报告。

第三，强化工业控制设备、SCADA 软件、工业通信设备等的登录账户及密码管理，避免使用默认密码或弱密码，定期更新口令。

工业企业可参考供应商推荐的设置规则，并根据资产重要性，为工业控制设备、SCADA 软件、工业通信设备等设置不同强度的登录账户及密码，并进行定期更新，避免使用默认口令或弱口令。

应对措施如下。

① 应修改工业主机、服务器操作系统的默认管理用户名（Administrator、Root），禁用 Windows 系统 Guest 账户。

② 应修改工业控制设备、SCADA 软件、组态软件、工业监控软件、工业网络交换机、防火墙、路由器等默认账户及默认口令。

③ 系统管理员等特权账户的口令应满足一定的口令复杂度（如口令长度必须大于 8

位，必须由特殊字符、字母、数字等两种以上不同的字符组成等）。

④ 应启用工程师站、服务器操作系统、数据库系统的口令复杂度功能。

⑤ 应定期修改口令，修改间隔一般不应大于 6 个月。

第四，加强对身份认证证书信息的保护力度，禁止在不同的系统和网络环境下共享信息。

工业企业可采用 USB Key 等安全介质存储身份认证证书信息，建立相关制度对证书的申请、发放、使用、吊销等过程进行严格控制，保证不同的系统和网络环境下禁止使用相同的身份认证证书信息，减小证书暴露后对系统和网络的影响。

应对措施如下。

使用证书认证的工业网络环境，应采用"一人一账户、一账户一证书"的原则进行身份认证证书颁发，禁止多人共用证书。

（六）远程访问安全

第一，原则上，严格禁止工业控制系统面向互联网开通超文本传送协议（Hypertext Transfer Protocol，HTTP）、FTP、Telnet 等高风险通用网络服务。

工业控制系统面向互联网开通 HTTP、FTP、Telnet 等网络服务，易导致工业控制系统被入侵、攻击、利用，工业企业原则上应禁止工业控制系统开通高风险通用网络服务。

应对措施如下。

① 应评估业务流程，避免不必要的工业控制网络与互联网连接。

② 确需远程访问的，应通过关闭工业控制系统相关服务等方式关闭高风险通用网络服务。

第二，确需远程访问的，采用数据单向访问控制等策略进行安全加固，对访问时限进行控制，并采用加标锁定策略。

工业企业确需进行远程访问的，可在网络边界通过使用单向隔离装置、虚拟专用网络（Virtual Private Network，VPN）等方式实现数据单向访问，并控制访问时限。采用加标锁定策略，禁止访问方在远程访问期间实施非法操作。

应对措施如下。

① 应综合考虑装置时延、工业控制协议识别、硬件可靠性等因素选用单向隔离装置。

② 应对单向隔离装置进行安全配置，满足安全防护要求。

③ 应依据远程访问需求最小化原则，根据生产业务计划控制远程访问时限。

④ 应采用加标锁定策略，对远程访问用户进行访问授权，最小化访问权限、访问时间和访问内容。

第三，确需远程维护的，采用 VPN 远程接入方式进行。

工业企业确需远程维护的，应通过对远程接入通道进行认证、加密等方式保证其安全性，如采用 VPN 等方式，对接入账户实行专人专号，并定期审计接入账户的操作记录。

应对措施如下。

① 应综合考虑技术方案（IPSec VPN/SSL VPN）、处理性能、厂商安全能力等方面选用 VPN。

② 宜选用边界隔离和 VPN 一体化设备进行安全防护。

第四，保留工业控制系统的相关访问日志，并对操作过程进行安全审计。

工业企业应保留工业控制系统设备、应用等的访问日志，并定期进行备份，通过审计人员账户、访问时间、操作内容等日志信息，追踪定位非授权访问行为。

应对措施如下。

① 应将工业控制系统的访问日志至少保留 6 个月。

② 宜建设访问日志集中管理系统，对访问日志进行集中管理、备份和审计。

（七）安全监测和应急预案演练

第一，在工业控制网络中部署网络安全监测设备，及时发现、报告并处理网络攻击或异常行为。

工业企业应在工业控制网络中部署可对网络攻击和异常行为进行识别、报警、记录的网络安全监测设备，及时发现、报告并处理包括病毒木马、端口扫描、暴力破解、异常流量、异常指令、工业控制系统协议包伪造等网络攻击或异常行为。

应对措施如下。

① 应在工业控制网络中部署网络安全监测设备，对信息安全风险进行监测。

② 监测设备通过交换机的流量镜像功能获取工业控制网络的实时流量，避免对工业控制系统的正常运行造成影响（如交换机不支持流量镜像，需进行必要的网络改造，更换成具有流量镜像功能的交换机）。

③ 监测设备应具备工业控制系统资产管理功能并对工业控制设备的脆弱点进行监测。

④ 监测设备应具备网络威胁监测能力，可以识别病毒木马、端口扫描、暴力破解、异常流量等常规攻击和高级可持续威胁（Advanced Persistent Threat，APT）攻击。

⑤ 监测设备应具备工业控制系统关键操作监测能力，通过对工业控制协议的深度解析，识别固件更新、组态下载、控制器启停、关键指令等关键操作。

第二，在重要的工业控制设备前端部署具备工业控制协议深度检测功能的防护设备，限制违法操作。

在工业企业生产核心控制单元前端部署可对 Modbus、S7comm（S7 通信）、Ethernet/IP、OPC 等主流工业控制协议进行深度分析和过滤的防护设备，阻断不符合协议标准结构的数据包、不符合业务要求的数据内容。

应对措施如下。

① 应在 DCS 控制器或 PLC 等工业核心控制单元前部署专用保护网关。

② 网关应具备网络风暴过滤功能，保护控制器执行的控制运算不受网络风暴影响。

③ 网关应采用工业控制协议白名单机制，只允许合法流量通过。

④ 网关应采用与控制器相同的可靠性、可用性设计和验证标准。

第三，制定工控安全事件应急响应预案，当遭到安全威胁导致工业控制系统出现异常或故障时，应立即采取紧急防护措施，防止事态影响扩大，并逐级报送直至属地省级工业和信息化主管部门，同时注意保护现场，以便进行调查取证。

工业企业需要自主或委托第三方工控安全服务机构制定工控安全事件应急响应预案。预案应包括应急计划的策略和规程、应急计划培训、应急计划测试与演练、应急处理流程、事件监控措施、应急事件报告流程、应急支持资源、应急响应计划等内容。

应对措施如下。

① 工业企业应明确企业内部主管（分管）领导及工控安全事件应急响应责任部门。责任部门可以是自动化部门、信息化部门或组建专职的安全部门。

② 应采用旁路流量监测、设备日志关联分析等手段实时监测工业控制系统的安全运行状况，尽早发现安全威胁，及时处理。

③ 工业企业应自主或联合第三方开展与工业控制系统相关的流行病毒、威胁、设备脆弱性的信息收集、分析工作，及时对应急响应预案进行调整。

④ 工业企业可以与工业控制设备厂商、安全企业联合组建应急响应团队，建立联合应急响应机制。

⑤ 应急响应预案应与企业的安全生产预案配合、协调。

第四，定期对工业控制系统的应急响应预案进行演练，必要时对应急响应预案进行修订。

工业企业应定期组织工业控制系统操作、维护、管理等相关人员开展应急响应预案演练，演练形式包括桌面演练、单项演练、综合演练等。必要时，企业应根据实际情况对预案进行修订。

应对措施如下。

① 工业企业应定期组织工业控制系统的应急响应预案演练。

② 可以在企业内部每季度举行桌面演练，由工控安全事件应急响应责任部门召集，联合企业内部相关部门演练。

③ 可以在企业内部建设工控安全仿真测试系统。每半年基于仿真测试系统举行单项演练，检验针对局部生产过程或某类威胁的应急响应能力。

④ 工业企业宜根据应急响应计划和设备检修计划联合工业控制设备厂商、安全厂商进行应急响应综合演练，全面检验应急响应预案的可行性、有效性、充分性。

（八）资产安全

第一，建设工业控制系统资产清单，明确资产责任人，以及资产使用及处置原则。

工业企业应建设工业控制系统资产清单，包括信息资产、软件资产、硬件资产等。

明确资产责任人，建立资产使用及处置原则，定期对资产进行安全巡检，审计资产使用记录，并检查资产运行状态，及时发现风险。

应对措施如下。

① 应对工业控制系统资产进行信息安全风险评估并建立资产管理制度，规范组织、人员、责任、流程和工具。

② 利用自动化工具对工业控制系统资产进行管理，实现自动识别、分类分级、编辑修改、漏洞匹配等管理功能。

③ 工业控制系统资产的管理宜与仪表设备资产管理结合考虑。

第二，对关键主机设备、网络设备、控制组件等进行冗余配置。

工业企业应根据业务需要，针对关键主机设备、网络设备、控制组件等配置冗余电源、冗余设备、冗余网络等。

应对措施如下。

① 应根据风险分析，确定需冗余的设备、组件。

② 应根据风险分析，确定设备或网络的冗余方式：设备冗余可选择 "$N+1$" "$1+1$" 等方式，网络冗余可选择单环网、双网、双环网等方式。

③ 应根据风险分析，选择离线备份、在线备份等冗余方式。对于关键主机设备，可选择热备份且无扰动切换方式。

④ 关键主机设备应具备一定的容错处理能力。

（九）数据安全

第一，对静态存储数据和动态传输过程中的重要工业数据进行保护，根据风险评估结果对数据信息进行分类分级管理。

工业企业应对静态存储的重要工业数据进行加密存储，设置访问控制功能，对动态传输过程中的重要工业数据进行加密传输，使用 VPN 等方式进行隔离保护，并根据风险评估结果，建立和完善数据信息的分类分级管理制度。

应对措施如下。

① 应根据风险评估结果对工业数据进行分类分级保护。

② 对于有工业数据防泄密要求的企业，应建立工业数据安全管理制度，规范组织、人员、责任、流程和工具。

③ 对于普通商业机密工业数据，如关键算法块、关键工艺参数等，可以利用工业软件自带的数据加密功能进行数据保护。

④ 对于关键机密工业数据，应采用补充数据防泄露工具进行数据保护，如数据泄露防护（Data Leakage Prevention，DLP）系统等。

⑤ 对于关键动态传输数据，存在远程传输和数据泄密风险的，应在传输过程中利用 VPN 等加密方式进行数据保护。

⑥ 应对可能接触到关键数据的供应商、外部和内部人员进行数据防泄密管理。

⑦ 应采取技术或管理措施对可能接触到工业关键数据的 U 盘等外设进行管理。

第二，定期备份关键业务数据。

工业企业应对关键业务数据（如工艺参数、配置文件、设备运行数据、生产数据、控制指令等）进行定期备份。

应对措施如下。

① 对于本地关键业务数据（如工艺参数、关键算法块、工程组态等），应进行基线和变更管理，及时、定期备份。

② 对于设备远程维护、工业云等方面的工业大数据，应采用数据库备份、异地灾备等方式进行备份。

第三，对测试数据进行保护。

工业企业应对测试数据（包括安全评估数据、现场组态开发数据、系统联调数据、现场变更测试数据、应急演练数据等）进行保护，如签订保密协议、回收测试数据等。

应对措施如下。

① 应建立明确的、分阶段的项目周期管理制度，规范项目测试、项目上线、项目退役等阶段的关键工作、人员权限和数据防泄露要求。

② 应对可能接触到关键数据的供应商、外部和内部人员进行数据防泄密管理。

③ 应采取技术或管理措施对可能接触到工业关键数据的 U 盘等外设进行管理。

（十）供应链管理

第一，在选择工业控制系统规划、设计、建设、运维或评估等服务商时，优先考虑具备工控安全防护经验的企事业单位，以合同等方式明确服务商应承担的信息安全责任和义务。

工业企业在选择工业控制系统规划、设计、建设、运维或评估等服务商时，应优先考虑有工控安全防护经验的企事业单位，并核查其提供的工控安全合同、案例、验收报告等证明材料。在合同中应以明文条款的方式约定服务商在服务过程中应当承担的信息安全责任和义务。

应对措施如下。

① 工控安全的本质是业务安全，应选用有丰富的工控安全防护经验的服务商为工业企业提供有效的安全防护服务和产品。

② 在项目实施过程中应明确服务商的责任和义务。

③ 应验证工控安全服务商的持续性、经营能力。工控安全服务商提供的产品，需要较长时间与工业控制系统进行联动工作，以及持续的技术支持服务，才可提供长久的安全保障。

第二，以保密协议的方式要求服务商做好保密工作，防范敏感信息外泄。

工业企业应与服务商签订保密协议，协议中应约定保密内容、保密时限、违约责任等内容。防范工艺参数、配置文件、设备运行数据、生产数据、控制指令等敏感信息外泄。

应对措施如下。

工控安全服务商不仅仅是为客户提供安全的解决方案，更应在提供安全保障的过程中防止泄密事件发生。较多关键信息基础设施的核心是工业控制系统，较多工业企业的商业秘密依托工业控制系统。因此，信息就是数据、数据就是资产，为工业企业提供安全产品和服务的服务商，更要做好保密工作。

（十一）落实责任

通过建立工控安全管理机制、成立工控安全协调小组等方式，明确工控安全管理责任人，落实工控安全责任制，部署工控安全防护措施。

工业企业应建立健全工控安全管理机制，明确工控安全主体责任，成立由企业负责人牵头的，由信息化、生产管理、设备管理等相关部门组成的工控安全协调小组，负责工业控制系统全生命周期的安全防护体系建设和管理，制定工控安全管理制度，部署工控安全防护措施。

应对措施如下。

① 工业企业应组建网络安全领导小组，企业的一把手担任领导小组的组长。

② 在工业企业网络安全领导小组的领导下，应明确企业的工控安全主体责任部门，由其负责并协调其他相关部门进行工控安全相关工作，包括建设企业工控安全管理制度、工控安全防护体系、工控安全保障体系，制定工控安全应急方案等，并主动开展或请服务商进行自查、风险评估等工作，从技术和管理两个方面提供体系化的防护措施。

第二篇　应急管理技术

第六章　工业信息安全检测技术

安全检测是发现安全隐患的重要手段。本章重点介绍工业信息安全入侵检测技术、漏洞扫描与挖掘技术、安全审计技术。通过对本章内容的学习，读者能够掌握常见的工业信息安全检测方法，进一步提升自身的工业信息安全风险识别与应对能力。

第一节　工业信息安全入侵检测技术

（一）背景及概念

基于工业控制系统的特性，传统的入侵检测技术不能直接用于工业控制环境。传统的入侵检测技术在用于流量过滤和监测时存在细粒度过大、协议类型不兼容的问题。然而，工业控制环境复杂，无法抵御中间人或内部人的攻击，因此需要针对工业控制环境和协议类型采用特定的入侵检测技术。

工业信息安全入侵检测技术通过安全监控和异常报警的方式确保系统安全，其原理为通过采集工业控制系统中设备和网络的相关信息，并对这些数据信息加以分析、识别，从而判断系统中是否存在异常行为。入侵检测技术作为主动的信息安全防护技术，可以有效弥补防火墙等传统安全防护技术的不足，往往被认为是工业控制系统的第二道安全防线，可以实现对工业控制系统外部和内部入侵的实时检测。

（二）工业控制系统攻击分析

工业控制系统中的攻击按工业网络部署层次不同可分为以下 3 类。

（1）监控网攻击：指来自信息空间的网络攻击，例如篡改数据分组、破坏数据的完整性，对这类攻击进行防护可以使用传统的安全技术。

（2）系统攻击：指注入非法命令破坏现场设备或违反总线协议中数据分组格式定义的网络攻击，例如篡改现场设备的某些参数，令其超出范围而造成攻击。

（3）过程攻击：这类攻击的命令是符合协议规范的，但违背了工业控制系统的生产逻辑过程，使系统处于危险状态，例如将反应釜的进料阀与出料阀同时打开便属于过程攻击。

现实中更多的攻击属于系统攻击和过程攻击，且攻击方法已经转向慢渗透方式，仅统计网络流量特性往往不能满足安全需求。

（三）工业控制系统入侵检测难度

工业控制系统入侵检测难度较大，主要原因包括以下 4 个。

1. 工业控制系统协议及设备的多样性

工业控制系统采用多种多样的工业控制系统协议、接口标准，以及各种型号的控制器、传感器。因此，工业控制系统受到入侵的部位和渠道也多种多样，极大地增加了入侵检测的难度。

2. 工业网络流量具有冲击特性

工业网络中常常会出现冲击性背景流量，即在很短的时间段内，流量由各分支节点向控制中心节点或数据中心节点汇聚，具有先急剧增大而后急剧减小的特点。这种特点与攻击流量特点类似，导致无法有效识别攻击行为。

3. 个体差异较大

同类型的工业控制系统具有不同的生产要求、生产规模、工艺参数等，导致工业控制系统有不同的选型，表现出不同的特征。因此，针对工业控制系统的入侵检测需要进行个性化定制。综合工业控制系统的生产过程、设备以及所采用的工业控制网络的特征，提取出基于某个工业控制系统自身特点的特征库是实现精准入侵检测的关键。

4. 信息传输的多样性

在工业控制系统中，信息传输具有数据包、电磁波等多种形式，这种多域空间的信息传输使得工业控制系统受到入侵的渠道变得更加多元，入侵检测的难度也急剧增大。

（四）工业控制系统入侵检测技术

针对工业控制系统的入侵检测技术主要可以分为两大类：一是借鉴网络安全领域的入侵检测技术，基于网络或主机异常行为分析，根据工业控制系统的特点对具体的检测技术进行改进；二是借鉴自动化领域的信号与系统的分析方法，参考故障诊断、状态估计、信号时域和频域分析的思路来分析异常信号。

1. 网络安全领域的入侵检测技术

工业控制系统的信息来自网络（如网络流量）或主机（工业控制系统中的各种设备，如控制器、传感器），根据数据信息来源可将入侵检测技术分为基于网络的入侵检测技术和基于主机（设备）的入侵检测技术。

（1）基于网络的入侵检测技术

信息源来自网络，入侵检测技术通过获取网络信息流中的内容，从中提取关键字段特征值、阈值、频率、时间等特征，对网络中的数据包、流量、协议等进行实时检测，从而判别网络入侵行为。

优点：通过网络数据包分析入侵行为，与主机（设备）的配置等信息无关；可以部署在外设上进行检测，具有较好的可移植性；能够对一个区域内所有设备的网关进行监控，降低入侵检测成本。

缺点：当网络流量较高时，基于网络的入侵检测技术可能会在监控所有数据包时错过正在发起的攻击；被监测的工业控制系统的操作行为和意图并不能完全通过网络信息（如 IP 地址、端口等）推断出来；如果网络攻击行为不违反工业控制系统所使用的协议或设备之间的通信模式，则基于网络的入侵检测技术将无法检测这类攻击行为。

（2）基于主机（设备）的入侵检测技术

基于主机（设备）的入侵检测技术通过提取各个设备或者整个系统的参数、运行数据、控制逻辑等建立工业控制系统运行正常特征模型，基于特征模型状态和输出与实际系统运行状态和输出之间的差异进行异常判别。

信息源来自主机（设备），入侵检测技术主要检测设备的进程状态、日志内容、属性、审计等，如查看和监测设备登录状态、操作人员对设备和文件的操作权限、操作人员进行的敏感操作、设备的操作变量及输出变量、设备的运行状态（如开关状态、功耗）等信息。基于这些信息提取特征，对其中的异常行为进行识别，并在尽可能短的时间内做出决策，终止攻击行为。

该技术的优点是不需要监听网络数据流中的信息，减少了数据监听带来的带宽消耗；缺点是由于工业控制系统个体差异较大，基于主机（设备）的入侵检测技术的可移植性较差。

2. 自动化领域的入侵检测技术

自动化领域的入侵检测技术主要包括以下几种。

（1）基于工业控制系统信号时域分析

对于工业控制系统，无论是传感器和控制器等设备被攻击，还是网络传输被破坏、篡改，最终都会导致被攻击对象的 I/O 信号偏离正常工况值，其结果与系统发生故障（如传感器故障）很相似。

通过系统状态估计获得工业控制系统状态或输出，再通过信号差异性分析（如残差分析、坏数据与正常数据的差距分析）进行入侵判别。更直观的处理方法是直接将攻击信号重构和可视化，从而可以更加全面地获得攻击信号的各个特征，包括攻击信号的发生时刻、类型和大小等，更有利于系统管理者开展迅速的攻击溯源以及针对性防御。

该技术的缺点在于基于攻击信号估计的方法是从系统 I/O 信号的时域角度进行分析的，对于一些低幅值、高频率的攻击信号，该技术并不一定适用。

（2）基于工业控制系统信号频域分析

低幅值、高频率的攻击信号不会瞬时产生很大的破坏，但有可能对工业控制系统的一些节点（如执行器）产生长期劳损，从而起到潜伏式隐蔽性攻击的破坏作用。针对这类攻击信号，基于频域分析方法（如傅里叶分析）和时频分析方法（如短时傅里叶分析和小波分析），即将系统的 I/O 信号变换到频域，通过观察频谱可以发现频率异常的信号，从而实现入侵检测。

（3）基于设备指纹技术

工业控制系统的特征被形象地称为工业控制系统的"指纹"。设备指纹可以从设备的物理特性、运行机理、网络特征中挖掘，如设备运行的数据采样周期、执行的物理模型、网络同步时间戳等，但通常并不包含设备的体积和种类、网络的介质访问控制（Medium Access Control，MAC）地址或 IP 地址等简单的表面特征，因为这些特征极易被截取、篡改和伪装。基于设备指纹技术的入侵检测技术主要通过收集设备的各种隐性特征，实现对其硬件身份的唯一识别，进而帮助系统快速、精确识别与检测出隐藏的攻击行为。但这种技术有以下 3 个缺点。

① 一旦出现设备指纹提取不准确、不全面的情况，将导致入侵检测结果的漏报、误报。

② 除了系统运行数据外，还需进一步挖掘隐藏信息作为设备指纹。一些隐藏于设备中、没有通过网络传输且不易被攻击者修改的参数也可以作为系统的指纹信息而被用于入侵检测，如 PLC 的功耗。

③ 基于设备指纹的入侵检测技术主要通过观察网络流量的异常检测攻击，这对于网络攻击而言是有效的，但针对物理攻击，需要从物理层面分析基于物理特征的指纹识别方法进行检测与防御。

第二节　工业信息安全漏洞扫描与挖掘技术

（一）工业信息安全漏洞扫描技术

工业信息安全漏洞扫描设备通过获取被测设备的型号、固件、通信协议等指纹信息，将指纹信息与预置在扫描设备内部的工业信息安全漏洞指纹库进行自动匹配，以检测是否存在已知漏洞。漏洞指纹库中包含已公开的工控安全漏洞的指纹信息，如固件版本、通信协议、漏洞特征信息等。

漏洞扫描技术还可被用于工业控制通信协议支持存活判断、端口扫描、服务识别、操作系统判断等，具备 PLC、DCS、SCADA 系统等工业控制系统和软件识别功能。

当前，工业信息安全漏洞扫描技术存在以下 3 个缺点。

① 现有监测手段仅针对外围服务器，无法覆盖核心工业控制设备。

② 端口扫描、漏洞特征扫描等技术无法进行深入、全面的检测。

③ 漏洞扫描具有滞后性，仅能发现工业控制设备中存在的已公开漏洞。

（二）工业信息安全漏洞挖掘技术

工业信息安全漏洞挖掘常用技术有基于协议的模糊测试和固件逆向分析。

1. 基于协议的模糊测试

通过基于工业控制协议的模糊测试进行漏洞挖掘的技术，指模糊器通过 Socket 与被测目标之间进行通信，向被测目标应用发送变异或包含错误的模糊值，并监视目标应用以发现错误。模糊测试是一种自动化或半自动化的技术，该技术需要反复、不断地向目标设备进行输入。

模糊测试过程包括如下 3 个步骤。

① 定义合法的数据包，该数据包应能够被目标代码识别并处理。

② 对这个数据包的某个字段进行修改，并将修改后的数据包送到目标应用，让目标应用处理数据包。

③ 实时监督目标应用处理异常数据的功能，当目标应用出现异常时进行报告。

常用的模糊测试工具为 Peach。

2. 固件逆向分析

固件逆向分析技术在不对嵌入式系统进行实际运行的情况下，通过固件分析工具对固件文件进行解压，逆向汇编二进制代码，分析二进制代码函数及其逻辑，以及固件中各代码模块的调用关系与代码内容，从而发现嵌入式系统中可能存在的漏洞及后门。在固件逆向分析的过程中，会涉及固件的识别和解压、固件的静态分析等技术。

固件逆向分析的步骤为：固件安装包（升级包）的获取；固件的识别和解压；固件的静态分析。

对于无法自动解压的固件，可采用如下方式解压：使用文件分析工具获得固件映像文件的基本数据类型；使用字符串输出工具提取文件中所包含的明码字段，寻找是否有引导装载程序以及操作系统内核的信息；使用十六进制转储工具（如 hexdump）分析为了对齐固件文件空间分段而添加的连续填充字节，文件系统标识有可能紧跟其后；文件系统有可能使用非标准的特征符，如果发现可疑特征符字段，可以将其替换为标准特征符，再尝试由固件解压工具进行识别。

常用的固件逆向分析工具包括 Binwalk、BAT（Binary Analysis Toolkit，二进制分析工具）等固件解压工具，以及 IDA Pro、Capstone 等反汇编分析工具。

第三节　工业信息安全审计技术

工业控制系统的脆弱点分布范围较广，但主要集中在系统安全管理的策略和程序、工业控制平台与工业控制网络等方面。工业信息安全审计主要从安全策略与制度规范、机构与人员管理、安全建设与管理、平台及数据安全、边界与网络通信安全、安全管理中心及安全 6 个方面进行。

审计具体的内容及常见问题见表 6-1。

表 6-1　工业信息安全审计内容及常见问题

审计项目	审计内容	常见问题
安全策略与制度规范	1. 安全战略与规划：检查组织是否将工业控制网络的信息安全融入组织信息安全管理体系中，制定相应的安全战略与规划，从而判断与组织整体信息安全战略的一致性	① 未建立工控安全战略规划，无法有效指导工控安全总体发展目标实现和思路推进，不利于工控安全管控工作的有序开展。 ② 未建立工控安全管理制度和流程，不利于有效落实安全管控的各项要求
	2. 安全管理制度与规范：检查组织是否根据既定的工控安全战略和规划建立相应的安全管理制度体系，并检查相关制度与规范的完整性	
	3. 制度发布与修订：检查组织是否根据既定的制度管理规范，对工控安全制度规范的发布、评审和修订进行管理	
机构与人员管理	1. 岗位设置：检查在组织层面是否设立工控安全组织及负责人，明确相应的安全职责	① 安全管控职责落实不到位，无法有效执行工控安全管控要求、落实管控责任。 ② 人员与资金保障不足，导致工控安全管控机制和要求落实不到位，影响工控安全管控工作的有序推进
	2. 人员与资金保障：从资金、人员配置与人员技能方面，检查组织是否为其工控安全提供相应的保障	
	3. 安全检查与核查：检查组织是否对其工控安全定期开展安全检查和核查工作，明确检查与核查内容，并对不符合项进行整改	
	4. 人员安全：检查组织是否对包括第三方人员在内的工控安全管理人员在招聘、录用和离职（转岗）各环节开展相应的安全检查，并根据其安全职责分配对应的访问权限，从而确保人员安全	
安全建设与管理	1. 安全方案规划与设计：检查组织在开展工业控制系统项目建设时，是否将安全方案规划设计融入整体设计方案中，并经过安全评估和主管单位的审批与备案	① 工业控制系统建设未有效落实安全需求与规划设计，导致安全与建设不同步，安全需求严重滞后。 ② 工业控制系统选取的密码产品不满足国家安全要求，存在合规风险。 ③ 工业控制系统项目交付审批程序不严格，造成功能和性能不满足预期，未实现有效的知识转移及培训，验收程序存在较大的管理漏洞
	2. 安全检查及服务商管理：检查组织对工业控制系统的产品和服务采购是否进行安全检查和测试，并对供应商采取有效的安全管理	
	3. 工程实施与验收：检查组织在工业控制系统的安全建设过程中，是否对其进行进度、质量和过程文档等方面的严格管理，制定系统安全测试方案并履行执行和结果审批	
	4. 工程交付：检查组织对工控安全建设项目在交付收尾阶段是否按照既定的交付清单进行验收，并开展相应的技术培训以确保后期运维等工作的顺利开展	
平台及数据安全	1. 物理与环境安全：检查组织是否为确保工业控制网络和系统平台所处物理环境的安全而采取相应的安全控制措施	① 工业控制系统恶意代码防范措施不严格，导致恶意代码入侵系统，给系统的安全性和稳定性产生较大影响。 ② 工业控制系统数据安全分类分级不严格，无法针对不同级别的数据建立不同的安全措施，导致个别数据保护过当或保护不足
	2. 身份鉴别与访问控制：检查组织是否对工业控制系统中用户、重要主机设备和工业控制设备的身份进行鉴别并根据安全控制原则制定访问控制策略，实施相应的访问控制	
	3. 安全配置管理：检查组织是否对重要主机设备和工业控制系统进行安全设置，并对安全配置的基线进行定期安全备份和审核	
	4. 恶意代码防护：检查组织是否对工业控制网络环境下的主机、工业控制系统和终端部署恶意代码防护设备与入侵检测设备，并定期开展漏洞扫描和代码库的升级与更新工作，验证防护设备的有效性	

审计项目	审计内容	常见问题
平台及数据安全	5. 工业控制系统数据安全：检查组织是否为确保工业控制网络和系统平台传输、处理和存储的用户数据、系统管理数据、鉴别信息及重要控制数据的安全性而从完整性、保密性及重用性等角度采取安全控制措施	
边界与网络通信安全	1. 安全区域边界访问控制：检查组织是否根据工业控制网络限制及业务安全需求，对工业控制网络进行层级和安全域的划分，并据此对其部署和实现边界访问控制	① 工控安全区域边界访问控制不严格，遭到非法入侵或网络攻击，引起网络异常或中断。② 工业控制系统边界防护能力较弱，导致注入攻击、网络入侵、恶意代码入侵的发生，影响网络的安全性和稳定性
	2. 安全区域边界防护：检查组织是否根据已划分的工业控制网络层级和安全域，部署边界防护设备，实现边界防护	
	3. 网络通信安全管理：检查组织是否为确保工业控制网络（包括工控无线网络）及数据传输的完整性、保密性采取安全控制手段及传输鉴别保护手段，防范传输数据遭到非法访问或修改，并对网络进行安全监控	
	4. 无线网络防护：检查组织在部署工控无线网络前是否进行安全风险分析并制定相应的管理制度，采取必要的安全防护措施确保工控无线网络的安全	
安全管理中心及安全	1. 安全管理中心建设与管理：检查组织是否为确保工控安全建立安全管理中心，实现对工业控制系统资源、安全运行的集中、统一管理，同时对工业控制系统涉及的主客体制定统一的安全策略，执行身份鉴别、系统与安全事件监控、安全管理与维护，以及自动化安全监测与预警等	① 工控安全管理过于分散，无法实现有效集中管控，增加管理负担和管理成本。② 重要的工控主机和系统未部署安全审计工具，无法对操作行为进行记录，不利于及时发现存在的违规操作，不利于工业控制系统的安全发展
	2. 安全审计管理与实施：检查组织是否就工控涉及的主机和系统制定相应的安全审计规范、策略，并将其部署于安全管理中心，基于其具有的审计管理功能对工控平台主机系统和工业控制网络及其相关管理操作实施安全审计	

第七章 工业信息安全威胁识别技术

准确识别威胁是有效处置各类安全威胁的前提。本章重点介绍工业信息安全威胁识别的两大经典模型：工业控制系统网络杀伤链模型和 ATT&CK for ICS 模型。通过对本章内容的学习，读者能够了解威胁识别模型的基本内涵和常用工具，掌握 ATT&CK for ICS 模型在网络威胁情报分析、威胁检测分析、模拟攻击、防护差距评估等方面的应用。

第一节 工业控制系统网络杀伤链模型

（一）杀伤链

杀伤链的概念源自军事领域，主要包括对目标的识别、向目标派遣部队、对目标发起攻击和使目标遭到毁灭性破坏 4 个部分。杀伤链也可以用来反制攻击，通过破坏对手的杀伤链，达到防御或者先发制人的目的。

较为著名的杀伤链模型是 F2T2EA 模型，它是描述攻击流程的模型，共有发现、定位、跟踪、瞄准、交战和评估 6 个阶段，如图 7-1 所示。

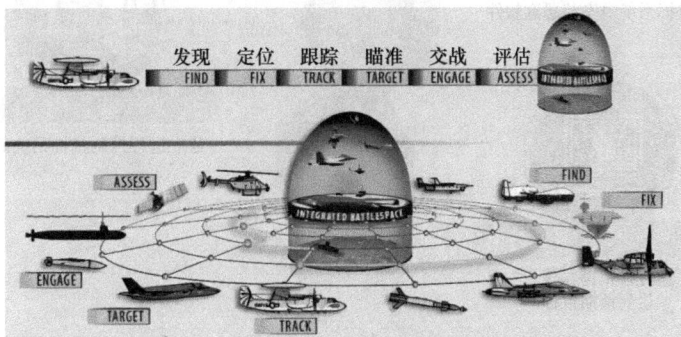

图 7-1 F2T2EA 模型

F2T2EA 模型完整地描述了整个攻击流程，由于其中任何一个阶段的中断都可能导致整个流程被迫终止，所以这个模型被很形象地描述为"链"。

（二）网络杀伤链

在网络安全领域，洛克希德·马丁公司引入了杀伤链的攻击流程，于 2011 年发布了网络杀伤链（Cyber Kill Chain）模型，用于描述具有针对性的网络攻击的各个阶段。

与杀伤链类似，网络杀伤链也是基于阶段的模型，通过对大量信息安全事件进行统计分析和特征归纳，最终将网络攻击分为以下 7 个阶段——侦察跟踪、武器构建、载荷投递、漏洞利用、安装植入、命令与控制、目标达成，如图 7-2 所示。

图 7-2　网络杀伤链模型

由图 7-2 可知，网络杀伤链的基本思想是攻击者进行侦察以发现漏洞，然后开发相应的利用工具进入目标系统，接着通过安装恶意软件连接到命令和控制（Command and Control，C&C）服务器，再尝试横向移动来寻找目标并窃取数据或对目标系统进行破坏，最终达成攻击目标。安全技术人员则可以根据这些阶段设置监测和防护机制以阻止攻击。

也可以看出，当遭到网络攻击时，如果能在越早的网络杀伤链阶段发现并阻止攻击，则安全防护的效果就会越好，产生的影响和损失也会越小。

（三）工业控制系统网络杀伤链

1．工业控制系统与传统的网络杀伤链

对于工业控制系统而言，并不能直接套用网络杀伤链模型，因为攻击者通常会利用一系列的漏洞、工具甚至目标系统在物理层面存在的安全缺陷（如安保措施不够到位），逐步获取系统权限，进而达成攻击目标。

此外，针对工业控制系统的攻击行为所能达到的效果，在一定程度上还取决于攻击者对工业控制系统以及目标系统的熟悉程度。这些特点使得工业控制网络相较于传统的IT 网络具有更好的抗攻击能力，这也意味着需要一套新的理论来帮助相关从业人员了解针对工业控制系统的网络攻击。

2．工业控制系统网络杀伤链阶段

2015 年，美国 SANS（SysAdmin, Audit, Network and Security）研究所发布了《工业控制系统网络杀伤链》（"The Industrial Control System Cyber Kill Chain"）报告，其中介绍了工业控制系统网络杀伤链模型，并通过 Havex 和"震网"病毒的案例分析演示了工业控制系统网络杀伤链的实际应用。

工业控制系统网络杀伤链将工业控制系统网络攻击划分为网络入侵准备和执行、工业控制系统攻击开发和执行两个阶段，其中每个阶段都有安全人员开展监测预警和应急响应的机会。针对不同的阶段，该模型也提供了不同的监测与响应措施。

（1）网络入侵准备和执行

《工业控制系统网络杀伤链》报告中提出，工业控制系统网络攻击的第一阶段与传统意义上的间谍或情报活动类似。本质上，其与网络杀伤链的攻击流程相似，都是以获取目标系统的信息为目的，进而了解、研究目标系统，寻找突破其内部边界保护措施的方法，获得生产环境的访问权限。第一阶段如图 7-3 所示。

从图 7-3 中可以看出，第一阶段包括规划、准备、网络入侵、管理与使能等主要步骤。

规划是第一阶段的第一步，主要是对目标系统进行侦察跟踪，包括对目标系统进行研究，以及搜索公开可用的数据。规划的目的是寻找目标系统的脆弱点，为后续的攻击步骤提供相关信息。工业控制系统网络攻击的规划还可能包括针对工业控制系统漏洞和技术特征的研究。

准备是第一阶段的第二步，包括武器化和目标定位。武器化包括修改某个正常的文件，以便在之后的攻击中使用。通常情况下，武器化后的文件依然是一个看似正常的文件（如 PDF 格式的文件），但其中包含漏洞利用工具。目标定位是指攻击者识别潜在的目标（受害者）的过程，主要指分析并确定目标的优先次序，并将适当的攻击行动与这

些目标相匹配，以达到特定攻击效果的过程。攻击者通常会根据攻击的时间和工作量、成功的可能性以及被检测到的风险进行权衡，决定针对每个目标使用何种工具或方法。

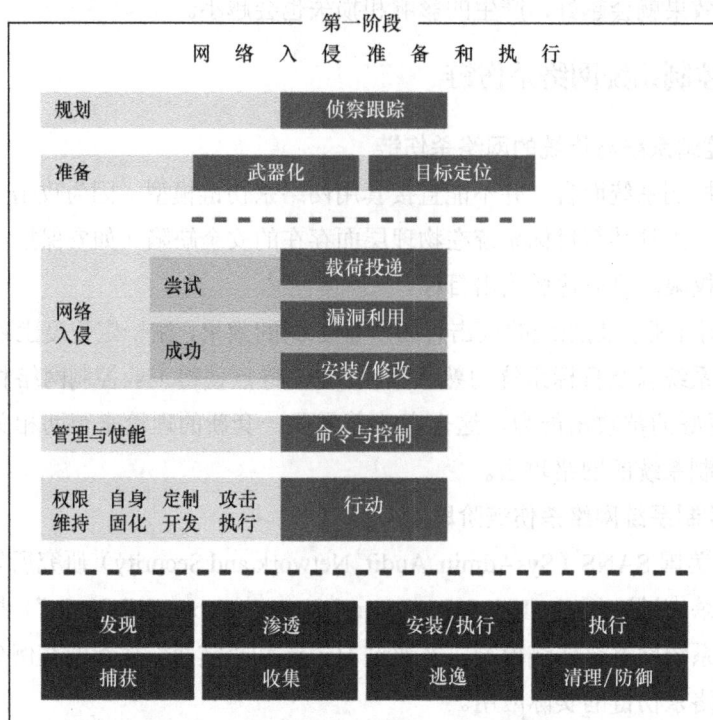

图 7-3　工业控制系统网络杀伤链模型的第一阶段

网络入侵是第一阶段的第三步，指攻击者为了获得对目标网络或系统的访问控制权而进行的任何尝试行为。首先，攻击者会使用某种方法（如使用钓鱼邮件和 VPN）与目标网络进行交互，从而进行攻击载荷投递。之后是漏洞利用，这也是攻击者常用来执行恶意操作的手段，包括在 PDF 或其他格式的文件被打开时引发漏洞溢出获取权限，或者直接获取对网络的访问权限（如获取 VPN 的访问凭证）。当漏洞利用成功后，攻击者就可以安装恶意软件，还可以替换或者修改系统现有的功能。在这一步，安全技术人员不应该总认为威胁来自恶意软件，而应该专注于发现和理解威胁。

管理与使能是第一阶段的第四步。网络入侵成功后，攻击者可以使用先前安装的恶意软件等实现对目标网络的管理与使能。攻击者经常建立多个 C&C 通道，以确保在某个工具被检测到或移除后不会丢失管理控制权，可维持对目标网络的长期管理与使能。攻击者通常会通过劫持现有通信的方法隐藏正常的 C&C 出站和入站流量。在某些情况下，攻击者也会通过向目标网络接入特殊设备来实现通信。通过对目标网络的管理与使能，攻击者可以实现其攻击目标。

为了达到最终的攻击目标，攻击流程还可能包括权限维持、自身固化、定制开发和攻击执行等步骤，这也是第一阶段的最后一步。在这一步中，攻击者将利用已获取的信息和权限，通过任何工具或手段来帮助达成攻击目标，包括但不限于资产发现、横向移动、安装并执行附加功能、启动附加功能、捕获通信、收集数据、向攻击者传输数据、消除活动痕迹和使用反取证技术。

这一步是能否进入工业控制系统网络杀伤链第二阶段的关键步骤，因为通常关于工业控制系统运行过程的相关信息都被保存在 IT 网络中。安全技术人员应该评估在不受保护的网络中，存在哪些信息和工具可能帮助攻击者实现对工业控制系统的攻击，并及时做好安全防护。

（2）工业控制系统攻击开发和执行

在第二阶段，攻击者必须利用在第一阶段中获得的信息，专门开发和测试能够有效攻击工业控制系统的方法。值得注意的是，由于控制设备自身的特点，第一阶段的一些攻击操作可能会导致意料之外的攻击结果，例如尝试主动发现工业控制系统中的主机可能会使控制系统的正常通信中断。这些操作虽然包含在第一阶段内，但可能会对第二阶段的行动产生影响。第二阶段如图 7-4 所示。

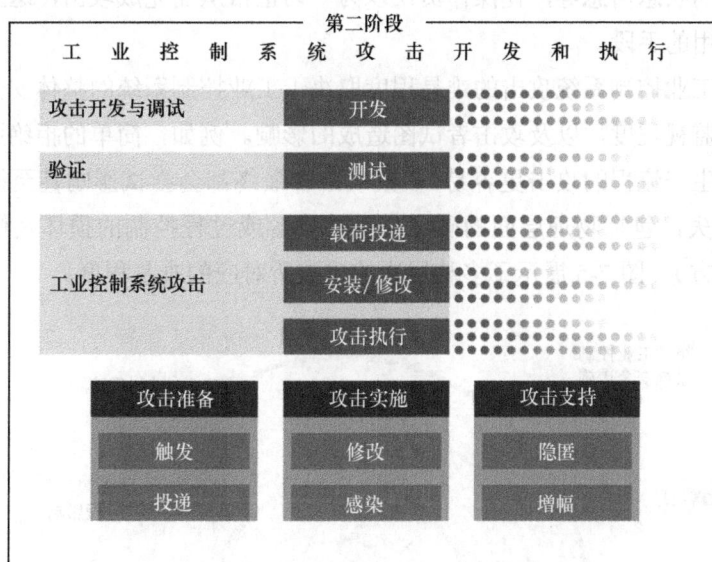

图 7-4　工业控制系统网络杀伤链模型的第二阶段

从图 7-4 可以看出，第二阶段包括攻击开发与调试、验证和工业控制系统攻击等步骤。

第二阶段的第一步是攻击开发与调试。在这一步中，攻击者需要开发新的工具，专门用于对特定目标的工业控制系统发起攻击。这种开发很可能是通过对特定数据进行过滤来实现的。通常来说，攻击者不会在真实的生产环境中测试、验证这些工具，所以很难对攻击开发与调试过程进行检测。同时，由于开发与调试需要耗费很长时间，第一阶段和第二阶段的行为可能会间隔一段时间。

　　第二阶段的第二步是验证。一旦攻击者完成了工具的开发，紧接着就是对工具进行验证。攻击者通常会在相似配置的系统上测试攻击功能，以确认攻击功能是否能对目标系统产生影响。即使是非常简单的攻击，例如通过增加网络扫描流量对系统进行拒绝服务攻击，也需要进行一定程度的测试来验证网络扫描是否可以使系统拒绝服务。但是，对于更复杂的攻击目标，往往需要进一步的测试，这意味着攻击者可能需要使用真实的工业控制系统设备和软件才能完成测试。对于企业来说，虽然基本不会掌握工业控制系统供应商的这些信息，但是政府组织可以利用所掌握的信息来鉴别异常的设备采购行为，而这些行为很可能意味着攻击者已经完成了第一阶段的攻击过程，正在准备进入第二阶段。

　　第二阶段的最后一步是工业控制系统攻击。攻击者将投递之前开发的攻击工具，然后进行安装并修改现有的系统功能，最后执行攻击。为了实现最终的攻击目标，具体的攻击操作可能由很多步骤组成，可以将其分为攻击准备、攻击实施和攻击支持3步。如修改过程控制中特定点位的值来触发特定的操作，从而引起其他点位和变量的变化，或通过欺骗上报的状态信息等，使操作员误以为一切正常从而完成攻击，这些都是实际攻击中经常会使用的手段。

　　发起一次工业控制系统攻击的难易程度取决于工业控制系统的整体安全设计、生产过程的控制和监视程度，以及攻击者试图造成的影响。例如，简单的拒绝服务攻击比精心设计的针对生产流程的攻击更容易。多数攻击者最终都会尝试影响甚至控制生产过程以造成重大损失，包括物理层面的破坏、受控设备或过程控制的损坏及修改（如修改生产方案或配方）。图7-5展示了多种层次的攻击所对应的难易程度。

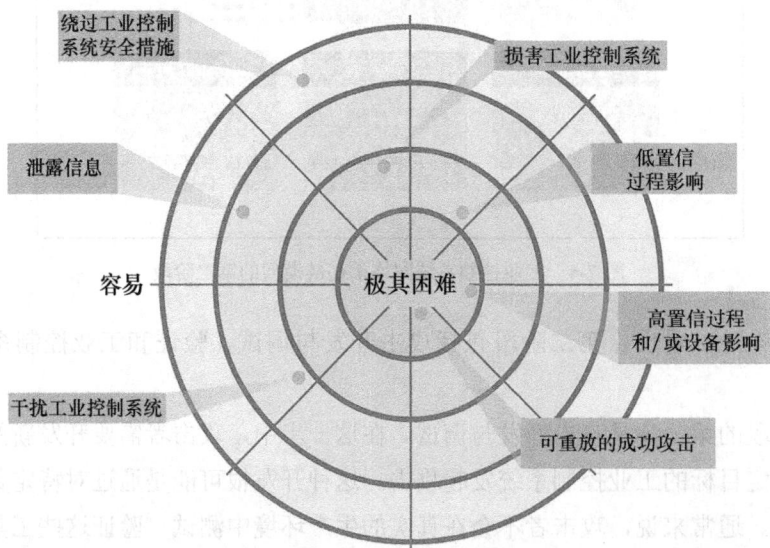

图7-5　工业控制系统攻击难易度量

虽然攻击工业控制系统的手段多种多样，但是这些攻击具体想要实现的目标通常可以分为 3 类——丧失、拒绝和操纵，如图 7-6 所示。

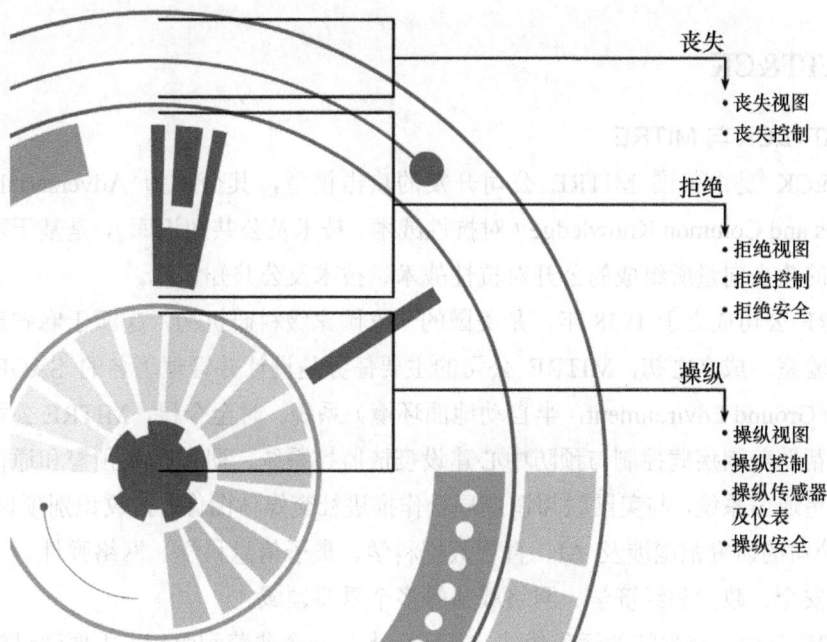

图 7-6　工业控制系统的攻击目标

3. 工业控制系统网络杀伤链的意义

工业控制系统网络杀伤链建立在传统网络杀伤链的基础之上，融入了针对工业控制系统的网络攻击的特点。通过分析并研究攻击者发起工业控制系统攻击的不同阶段，可以为工业控制系统维护人员开展监测和响应提供更多的机会。因为攻击者通常对工业控制系统目标系统的熟悉程度不够，工业控制网络比传统网络更具防御性，只需要采取限制安全系统与运营网络集成、不将工业控制系统组件直接连接到互联网等基础措施，就可以很好地维护工业控制系统的网络防御架构。

《工业控制系统网络杀伤链》报告还指出，工业控制系统安全界并不完全了解工业控制系统遭到网络攻击后可能带来什么样的后果。研究者经常会提到电网故障或者大坝损坏导致洪水泛滥的情况，但其他类型的影响（如致命化学原料泄漏、产品质量下降、原料配方变化导致工艺失效等损失）则很少有人提及。因此，安全技术人员以及相关的决策者有必要更加关注工业控制系统领域，全面了解各种工业控制系统设施遭到攻击可能造成的影响。

网络攻击可能在任何时间发生，因此需要充分做好工业控制系统网络安全准备，以防范应对各类潜在的攻击行为。工业控制系统网络杀伤链模型可以为安全技术人员分析安全事件、构建安全防护框架、加强应急准备等提供参考依据。

第二节 ATT&CK for ICS 模型

（一）ATT&CK

1. ATT&CK 与 MITRE

ATT&CK 是由美国 MITRE 公司开发的攻击模型，其全称为 Adversarial Tactics, Techniques and Common Knowledge（对抗性战术、技术及公共知识库），是基于现实世界中观察到的攻击向量所组成的公开对抗性战术、技术及公共知识库。

MITRE 公司成立于 1958 年，是美国的一家国家级科研机构，起源于麻省理工学院的林肯实验室。成立之初，MITRE 公司的主要任务是设计并管理著名的 SAGE（Semi-Automatic Ground Environment，半自动地面环境）系统。时至今日，MITRE 公司的业务范围包括帮助美国疾病控制与预防中心建设疫情监控系统，研发机载预警和通信系统以及军用卫星通信系统，与美国联邦调查局合作推进社交媒体图像、指纹识别项目，等等。MITRE 公司的研究范围涉及 AI、直观数据科学、量子信息科学、网络弹性、卫生信息学、空间安全、政治和经济学、网络威胁等多个重要领域。

MITRE 公司具有独特的运作模式，其实际上是一个非营利组织，主要通过管理 6 个联邦资助研发中心（Federally Funded Research and Development Center，FFRDC），为航空、国防、医疗保健、国土安全和网络安全等领域的美国政府机构提供支持，见表 7-1。这些研发中心是 MITRE 公司的核心，为美国的政府机构乃至整个产业界贡献具有创造性、优质的技术解决方案。

表 7-1 MITRE 公司管理的联邦资助研发中心

联邦资助研发中心	中文名称
Center for Advanced Aviation System Development	先进航空系统开发中心
Center for Enterprise Modernization	企业现代化中心
CMS Alliance to Modernize Healthcare (Health FFRDC)	CMS 联盟医疗现代化中心
Homeland Security Systems Engineering and Development Institute	国土安全系统工程与发展研究所
National Cybersecurity FFRDC	国家网络安全联邦资助研发中心
National Security Engineering Center	国家安全工程中心

在 6 个研发中心中，最广为人知的便是美国国家网络安全联邦资助研发中心（NCF）。NCF 成立于 2014 年，是美国 NIST 下属、MITRE 公司管理的专注于网络安全领域的研发中心。它的主要职责是为 NIST 提供建议，以及为美国国家网络安全卓越中心（National Cybersecurity Center of Excellence，NCCoE）提供支持。

事实上，MITRE 公司在网络安全方面的研究远早于 NCF 的成立，例如我们熟知的

CVE 和 CWE 项目，分别在 1999 年和 2006 年提出。起初这些项目的运行主要依靠 MITRE 公司内部的项目团队，随着网络安全在美国受到更多的关注与重视，MITRE 公司与 NIST 合作成立了 NCF，专注于应对日益严峻的网络安全挑战，并为国家基础设施提供有效和实用的网络安全风险管理工具及解决方案。

2. ATT&CK 模型的架构

ATT&CK 模型于 2013 年建立，2015 年正式发布，2018 年发布了 v1，目前最新的版本为 2023 年发布的 v13。在 v11 中，ATT&CK 模型包含三大矩阵：针对企业的攻击矩阵 ATT&CK for Enterprise、针对移动平台的攻击矩阵 ATT&CK for Mobile，以及针对工业控制系统的攻击矩阵 ATT&CK for Industrial Control Systems（简称 ATT&CK for ICS）。

不同矩阵间的差别主要体现在具体的条目上，它们在总体架构上基本一致，主要包含以下几个重要维度：矩阵（Matrix），ATT&CK 框架的宏观模型；战术（Tactics），攻击者战术层面的攻击目标；技术（Techniques），攻击者实现攻击目标使用的手段；过程（Procedures），攻击者使用某项攻击技术的真实案例；缓解措施（Mitigations），应对不同的攻击技术时可采用的消减措施。各维度间呈现由外到内、层层递进的关系，如图 7-7 所示。

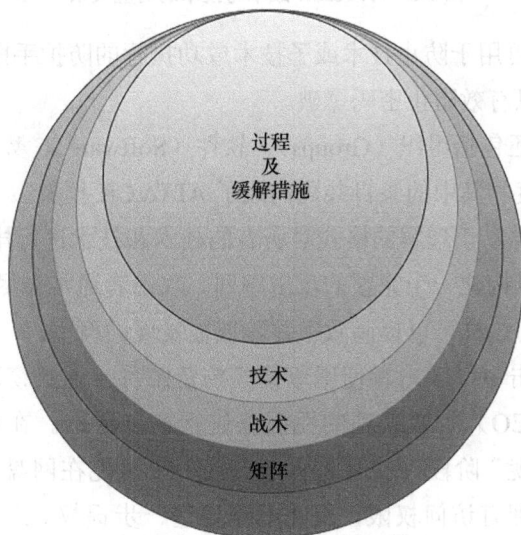

图 7-7　ATT&CK 的维度结构

"战术"主要体现 ATT&CK 中技术或子技术的原因，是攻击者的攻击目标，即为什么要采取这样的行动，其涵盖了攻击者在进攻期间所做事情的标准和更高级别的表示。例如，攻击者可能通过窃取合法账户的登录凭据来达到初步渗透的目的。

"技术"代表攻击者通过什么样的动作来实现攻击目标。例如，为了达到初步渗透的目的，攻击者可能通过钓鱼邮件来窃取合法账户的登录凭据。一种战术可能有很多种技术可以实现，因此每种战术可以包含很多种技术；而一种技术也可以在多种战术中使用，所以不同的战术使用的可能是相同的技术。例如，在图 7-8 中，权限维持和横向渗透战术中都包括合法账户技术。

权限维持	权限提升	防御绕过	资产发现	横向渗透
更改程序	利用权限提升	改变控制器运行模式	网络连接枚举	默认凭据
模块固件	Hooking	利用防御绕过	网络嗅探	利用远程服务
工程文件感染		移除主机指示	远程系统发现	横向工具传输
系统固件		伪装	远程系统信息发现	程序下载
合法账户		Rootkit	无线网络嗅探	远程服务利用
		欺骗上报消息		合法账户

图 7-8　ATT&CK 战术与技术的对应关系

"缓解措施"表示可用于防止技术或子技术成功执行的防护手段及策略。例如，采用复杂的密码策略就可以有效防止密码爆破。

此外，ATT&CK 还包括组织（Groups）、软件（Software）、数据源（Data Sources）等其他维度，这些维度和其中的条目共同构成了 ATT&CK 框架。

ATT&CK 矩阵按照易于理解的格式对所有的战术和技术进行排列，只需要按照战术从左向右移动，就可以构建一个完整的攻击序列。攻击者通常会尽量使用最少数量的战术来实现其目标，因为这样可以提高效率并降低被发现的概率。

例如，在一次攻击中，攻击者使用鱼叉式钓鱼邮件，通过窃取首席执行官（Chief Executive Officer，CEO）行政助理的凭据来进行初步渗透。在获得管理员凭据后，攻击者会在"资产发现"阶段寻找远程系统。接下来可能在网盘文件夹中寻找敏感数据，由于管理员对此拥有访问权限，因此不需要进一步提权。之后攻击者可以通过将文件从网盘下载到自己的计算机中来完成信息收集甚至资料窃取。整个过程如图 7-9所示。

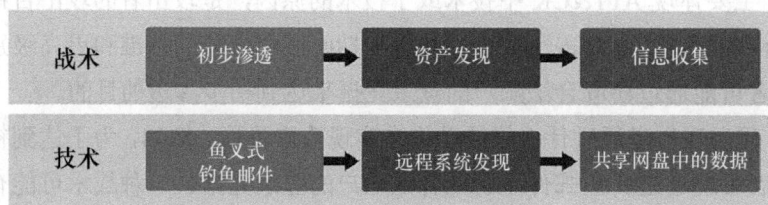

图 7-9　ATT&CK 使用过程示例

（二）ATT&CK for ICS

1. ATT&CK 的新成员——ATT&CK for ICS

2020 年 3 月，MITRE 公司发布了 "MITRE ATT&CK for Industrial Control Systems: Design and Philosophy"，正式推出 ATT&CK for ICS 矩阵。

MITRE 公司阐述了为工业控制系统单独建立一个矩阵的原因。2015 年和 2016 年发生了两次针对乌克兰电网的攻击事件后，人们愈发迫切地想要了解如何将 ATT&CK 的结构和方法应用于工业控制系统领域。但随着研究的深入，人们发现 ATT&CK for Enterprise 并不能涵盖所有针对工业控制系统的攻击行为，例如恶意软件 Industroyer（"工业毁坏者"）能够发布未经授权的命令消息，从而直接更改变电站开关和断路器的状态，这一行为超出了 ATT&CK for Enterprise 的应对范畴。ATT&CK for ICS 旨在填补这一空白，并希望解决工业控制系统领域的特有问题。

与 ATT&CK for Enterprise 一样，ATT&CK for ICS 也包括战术、技术、缓解措施等主要维度。每个技术条目中都列举了相关的数据源、可能影响的资产、实际应用案例以及对应的缓解措施。

以编号为 T0814 的技术拒绝服务为例，ATT&CK for ICS 的技术条目列举了可以从哪些数据源监测拒绝服务，哪些资产可能出现拒绝服务现象，如图 7-10 所示。之后举例说明了哪些组织使用过这项技术，以及如何缓解其造成的影响。

Denial of Service

Technique

ID	T0814
Tactic	Inhibit Response Function
Data Sources	Application Log ⬀: Application Log Content, Network Traffic ⬀: Network Traffic Content, Network Traffic ⬀: Network Traffic Flow, Operational Databases ⬀: Process History/Live Data
Asset	Field Controller/RTU/PLC/IED, Safety Instrumented System/Protection Relay

图 7-10　ATT&CK for ICS 的技术条目

2. ATT&CK for ICS 的战术与技术

在 v11 中，ATT&CK for ICS 包含 12 种战术、88 种技术。战术部分包括初步渗透、命令执行、权限维持、权限提升、防御绕过、资产发现、横向渗透、信息收集、命令与控制、响应阻断、破坏过程控制、影响。将它与 ATT&CK for Enterprise 进行对比可以发现，在战术层面，二者相差并不大，ATT&CK for Enterprise 仅在后期造成影响阶段增加了事件上报、过程控制相关的战术，主要差异体现在技术层面。

（1）初步渗透

在初步渗透战术部分，攻击者试图进入工业控制系统环境。该战术包括以下技术：

偷渡入侵、利用公网应用程序、利用远程服务、利用互联网开放设备、可移动介质摆渡攻击、恶意主机、鱼叉式钓鱼邮件、供应链入侵、临时网络资产、无线网络入侵等。

虽然 ATT&CK 并不是按照任何线性顺序排列的，但初步渗透通常会使攻击者在目标环境中找到立足点。攻击者会使用不同的技术来实现初步渗透。

例如，攻击者可能使用鱼叉式钓鱼邮件，而邮件本身可能利用了某种类型的漏洞来实现初步渗透。如果脚本执行成功，那么攻击者就可以采用下一步策略或技术来实现对计算机的掌控。对此，可以采用多种技术和方法以检测攻击或减轻其影响，例如控制管理员权限的使用、保护电子邮件和 Web 浏览器、监视和控制账户。

如果想要尽早终止攻击，那么初步渗透将是一个很合适的起点。需要注意的是，对于工业控制系统而言，初步渗透的立足点可能包括在 IT 和运营技术（Operational Technology，OT）环境中具有特殊访问权限的设备以及通信机制。

（2）命令执行

在命令执行战术部分，攻击者试图以未经授权的方式运行代码或操纵系统功能、参数和数据。该战术包括以下技术：改变控制器运行模式、命令行界面、通过 API 执行、图形用户界面（Graphical User Interface，GUI）、Hooking、更改控制器任务、本机 API、脚本、用户执行等。

命令执行是所有攻击者都必然会采用的一种战术，因为无论攻击者通过恶意软件、勒索病毒还是 APT 攻击等手段，为了能成功攻入主机，最终都需要进行命令执行。换言之，如果恶意软件必须运行，安全技术人员将有机会检测甚至阻止攻击，无论是主动出击还是守株待兔，都有可能成功实现。

在针对此战术的缓解措施中，较为常用的是白名单技术，虽然这并不能彻底阻止攻击，但在当前的网络环境下效果相对还不错。使用白名单技术不仅会降低攻击者的攻击效率，还可能打破攻击者的技术栈，迫使攻击者进入不熟悉的领域，从而使用其他策略和技术，这时攻击者就有可能因为考虑不周或不够熟练而露出破绽，从而给安全技术人员提供阻止攻击的机会。

（3）权限维持

在权限维持战术部分，攻击者试图在工业控制系统环境中站稳脚跟。该战术包括以下技术：更改程序、模块固件、工程文件感染、系统固件、合法账户等。

权限维持战术很受攻击者青睐，因为除了勒索软件外，大部分攻击的存活时间取决于它何时被安全防护设备发现。假设攻击者花费了很大力气攻入某台主机，则必然不愿意在下次登录主机的过程中浪费时间，所以最简便的方法就是权限维持。在攻击者完成权限维持后，即便操作人员采取重启、更改凭据等措施，攻击者依然可以让计算机再次感染病毒或取得控制权。对于工业控制系统而言，可能包括替换或劫持合法代码、固件和其他项目文件。

（4）权限提升

在权限提升战术部分，攻击者试图获得更高级别的权限。该战术包括以下技术：利用权限提升、Hooking。

权限提升是攻击者较为常用的战术，利用系统漏洞获取 Root 级访问权限通常是攻击者的核心目标之一。

ATT&CK 提出"应重点防止攻击工具在杀伤链的早期阶段运行，并重点识别攻击工具运行后的恶意行为"。这意味着需要利用纵深防御来防止此类攻击，如终端外围防御或应用白名单。

应对此类攻击的另一种方法是日志审计。当攻击者采用某些技术时，很可能留下蛛丝马迹，暴露攻击目的。例如，一旦发现实时审计运维人员在服务器上的操作步骤不合规，可以进行实时告警，并将数据同步至 SOC、态势感知、安全编排/自动化与响应（Security Orchestration, Automation and Response，SOAR）等产品中。

（5）防御绕过

在防御绕过战术部分，攻击者试图绕过安全防御措施。该战术包括以下技术：改变控制器运行模式、利用防御绕过、移除主机指示、伪装、Rootkit、欺骗上报消息等。

防御绕过战术中的一些技术可以让恶意软件骗过防护设备，或者绕过白名单技术。勒索软件作为特殊的恶意软件类型，其目标就是在设备上成功执行一次，使用加密函数对文件进行加密，因此勒索软件对防御绕过的需求不是很大。对安全技术人员而言，在应对此类战术时需要监视终端设备的变更并收集关键系统的日志。

（6）资产发现

在资产发现战术部分，攻击者通过定位信息来评估和识别环境中的目标。该战术包括以下技术：网络连接枚举、网络嗅探、远程系统发现、远程系统信息发现、无线网络嗅探等。

资产发现是整个 ATT&CK 框架中最难防御的战术。实际上，资产发现战术与网络杀伤链的侦察阶段有很多相似之处。

针对此战术最常用的防护手段之一就是白名单技术，对于不在白名单上的请求，一律拒绝。此外，欺骗防御也是很好的监测方法，通过放置包含虚假信息的蜜罐，吸引攻击者的关注，进而检测攻击者的活动。

对于工业控制系统而言，攻击者通常会尝试搜索他们可以控制的内容并深入了解各种控制系统过程之间的交互，而正常的生产过程通常不会出现这种探测性的通信，这也是值得安全技术人员重点关注的地方。

（7）横向渗透

在横向渗透战术部分，攻击者试图穿过工业控制系统环境。该战术包括以下技术：默认凭据、利用远程服务、横向工具传输、程序下载、远程服务利用、合法账户等。

横向渗透是攻击者常用的战术之一，攻击者在利用某个漏洞进入系统后，无论是为了收集信息还是为了给下一步攻击寻找突破点，一般都会尝试在网络内横向移动。攻击者通常会先寻找一个落脚点，然后开始在各个系统中移动，获取更好的访问权限，并最终控制整体网络。

在缓解措施方面，适当的网络分段/隔离可以在很大程度上阻止横向渗透。将关键系统放置在一个子网中，将用户放置在另一个子网中，将系统管理员放置在其他子网中，这有助于快速隔离较小网络中的横向渗透。在终端和交换机级别均设置防火墙也有助于限制横向渗透。此外，攻击者大多寻求的是管理员凭据，因此严格控制管理员凭据的使用方式和位置，有助于提高攻击者窃取管理员凭据的难度。

对于工业控制系统来说，攻击者通常会利用默认凭据、已知账户和易受攻击的服务，还可能利用驻留在 IT 和 OT 网络上的双宿主设备和系统，这一点同样需要关注。

（8）信息收集

在信息收集战术部分，攻击者试图在工业控制系统环境中收集感兴趣的数据和信息，以便定位他们的目标。该战术包括以下技术：自动收集、信息存储库中的数据、检测运行模式、I/O 映像、中间人攻击、监控过程状态、点位及标签识别、程序上传、屏幕截图、无线网络嗅探等。

信息收集是攻击者为了发现和收集实现目标所需的信息而采取的战术。攻击者会尝试窃取当前用户的有关信息，包括屏幕上显示的内容、用户的输入等。除此之外，攻击者还会寻找本地系统上的敏感数据以及网络上的其他数据。

对于工业控制系统，由于其具有上位机的特点，攻击者可能会观察运行状态、捕获屏幕截图、识别独特的设备角色等。这些数据可以在计划、执行针对工业控制系统的攻击方面发挥关键作用。

（9）命令与控制

在命令与控制战术部分，攻击者试图通过访问工业控制系统环境，与感染病毒的系统、控制器和平台进行通信并对其进行控制。该战术包括以下技术：常用端口、连接代理、标准应用层协议等。

许多恶意软件都有命令与控制功能。攻击者通常会从远程位置访问网络，向恶意软件发送执行指令。因此，了解网络上的异常行为对于应对这些攻击至关重要。

大多数情况下，正确配置防火墙可以起到一定的阻止作用。企业可以使用边界防火墙来提供威胁情报数据，识别恶意统一资源定位符（Uniform Resource Locator，URL）和因特网协议（Internet Protocol，IP）地址。虽然这不会阻止所有攻击，但有助于过滤一些常见的恶意软件。

对于工业控制系统，命令与控制战术通常会利用工业控制系统环境中的专用设备，这些专用设备包括人机界面（Human Machine Interface，HMI）、历史数据库、SCADA服务器和工程师站等。攻击者通常会使用常用资源并模仿预期的网络流量以绕过防护设备的检测。

（10）响应阻断

在响应阻断战术部分，攻击者试图阻止安全措施、保护措施、质量保证措施和操作员干预功能对故障、危险或不安全状态做出响应。该战术包括以下技术：激活固件更新模式、告警抑制、阻止命令消息、阻止上报消息、阻止串行组件对象模型（Component Object Model，COM）、数据破坏、拒绝服务、设备重启/关机、操纵 I/O 映像、更改告警设置、Rootkit、服务停止、系统固件等。

响应阻断战术涉及对安全措施、保护措施或操作员干预功能的抑制，正常情况下，这些措施和功能有助于防止人员伤亡、设备损坏和生产中断。攻击者可能会主动阻止或中断工业控制系统环境变化而引发的告警和响应，例如修改或更新系统逻辑，甚至直接通过拒绝服务来彻底阻断告警和响应。此时，告警和响应功能可能看起来没什么问题，但实际上已经等同于失效。这一战术较为典型的应用就是在"震网"病毒攻击事件中，病毒通过修改程序来抑制响应，造成离心机已经发出异常的声响，但监视系统依旧显示工作正常。

（11）破坏过程控制

在破坏过程控制战术部分，攻击者试图操纵、禁用或破坏物理控制过程。该战术包括以下技术：暴力 I/O、更改参数、模块固件、欺骗上报消息、未授权命令消息等。

当攻击者想要破坏过程控制时，意味着他们可能已经具备了影响目标系统物理环境的能力。攻击者感兴趣的目标可能包括与物理环境高度相关的程序或参数，更改这些程序或参数可能将直接威胁操作员和下游用户的安全。由于对物理环境产生影响很可能会暴露攻击者的意图，因此攻击者可能通过使用响应阻断相关的技术，协助破坏过程控制。

（12）影响

在影响战术部分，攻击者试图操纵、中断或破坏工业控制系统、数据及其周围环境。该战术包括以下技术：财产损失、拒绝控制、拒绝查看、丧失可用性、丧失可控性、丧失生产力及收益、丧失保护、丧失安全性、丧失视图、操纵控制、操纵视图、窃取运行信息等。

影响是 ATT&CK 的最后一项战术，包含攻击者用来干扰、入侵、破坏和操纵工业控制系统运行、流程、设备和数据的完整性以及可用性的技术。在某些情况下，生产流程可能看起来一切正常，但实际上已经被攻击者篡改。影响战术可能会造成过程控制的瞬时中断，也可能对工业控制系统环境和相关流程造成长期损害。

第三节 ATT&CK 模型与网络杀伤链模型的关系

（一）ATT&CK 的抽象级别

ATT&CK 中战术和技术的抽象级别是其与其他安全模型之间的重要区别。

如图 7-11 所示，安全模型通常可以分为高、中、低 3 种抽象级别：高级别抽象模型，如网络杀伤链、STRIDE 威胁模型；中级别抽象模型，如 ATT&CK；低级别抽象模型，如漏洞利用数据库、恶意软件数据库。

高级别抽象模型对于理解宏观层面的攻击过程和攻击目标很有用，但是无法准确描述攻击者的动作以及动作之间的关系，也无法描述动作序列与目标环境中的防御策略之间的关系。

低级别抽象模型，如漏洞利用数据库，仅在技术层面描述了可被利用的软硬件存在的特定问题及利用方法，但这些内容并不能帮助安全技术人员判断其使用场景和难易程度。同样地，恶意软件数据库也缺少

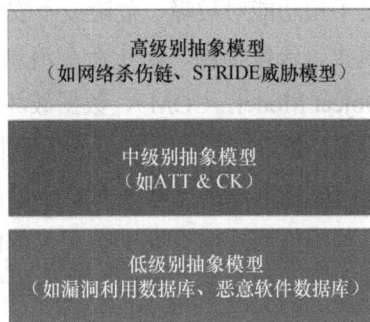

图7-11 安全模型的抽象级别

有关恶意软件如何使用以及谁使用的内容。要完全理解其效用，就必须了解其实现目标的上下文。

因此，在实际环境中，需要类似ATT&CK这样的中级别抽象模型，将前述的高级别抽象模型和低级别抽象模型关联起来。诸如"控制""执行""维持"之类的高级别抽象模型的概念在ATT&CK中被细分为更具体的战术类别，这些战术类别中又会更进一步地定义和分类行为动作。

（二）ATT&CK与网络杀伤链的差异

ATT&CK模型是在网络杀伤链模型的基础上构建的一套更加细化、更易共享的知识模型和框架。二者的不同之处在于，网络杀伤链是具有明确定义的线性链式序列，而ATT&CK是入侵技术矩阵，并没有完全按照前者的线性顺序展开，攻击者可以随意切换战术来实现最终目标，并不局限于特定的操作顺序。

从设计思想来看，网络杀伤链的作用是将杀伤链这个军事概念应用于网络攻击。它是为防御者设计的，其目的在于通过分析攻击者的"剧本"（杀伤链），分析每个阶段可以破坏杀伤链的方法，最终中断攻击。而ATT&CK从攻击者的视角进行描述，使安全技术人员可以动态地分析攻击者的行为，并积极防御。

此外，ATT&CK所描述的攻击活动主要取材于公开的事件，其中大部分事件由APT组织发起，这些公开事件信息是ATT&CK知识库的基础。基于ATT&CK知识库，可以更准确地描述目前正在使用的技术和可能发生的攻击行动。ATT&CK的观察目标是攻击者的攻击手法、工具以及行为模式，也叫战术、技术、过程（Tactics, Techniques and Procedures，TTPs）。这意味着ATT&CK是基于对现实的、已经发生的TTPs的观察与总结形成的知识库，而不是学术理论成果，因此ATT&CK具有很强的实战性和可落地性。

总之，正如MITRE公司所说，"ATT&CK和网络杀伤链是互补的。ATT&CK站在低级别的定义层面来描述攻击者的行为，而网络杀伤链的层级则要高一点。ATT&CK的战术是无序的，可能不会在一次入侵中全部使用，因为攻击者的攻击目标在整个行动期间随时都有可能发生变化，而网络杀伤链则使用一系列有序阶段来描述高层次的攻

击目标"。网络杀伤链和 ATT&CK 并非对立的关系，甚至可以将二者的内容结合使用，如图 7-12 所示。

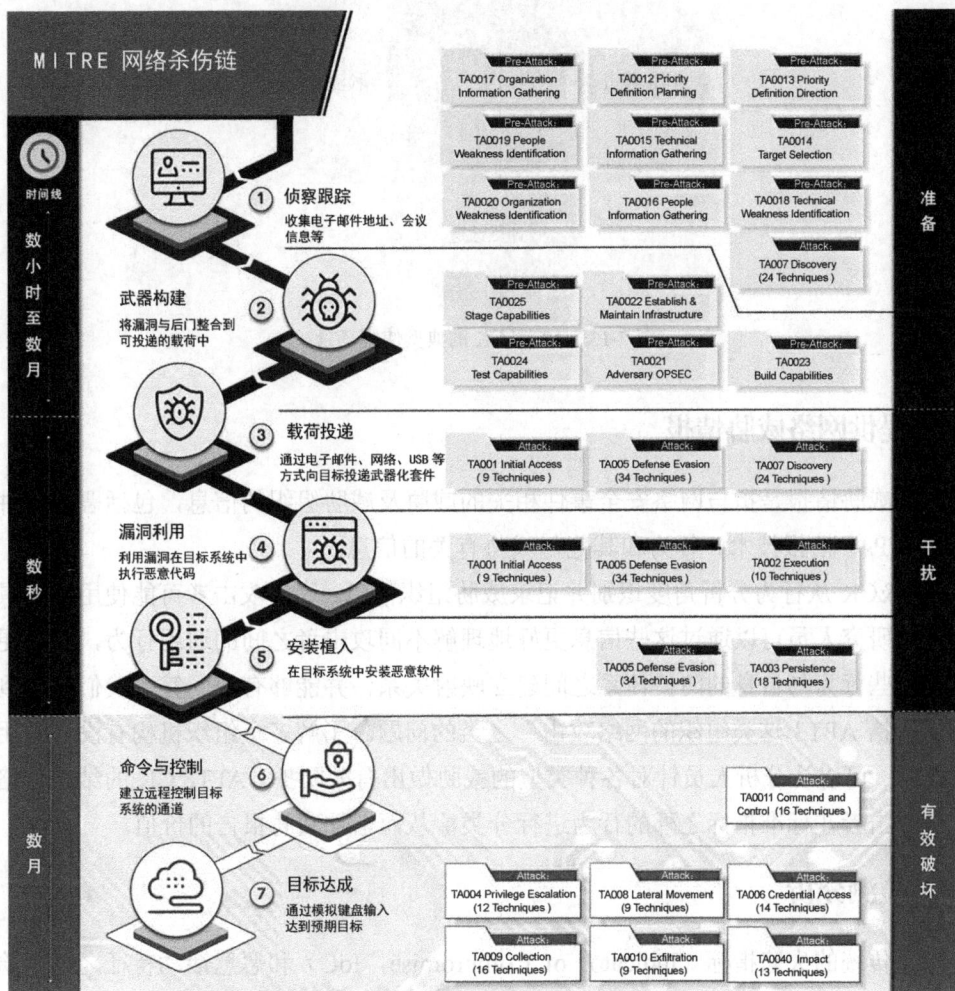

图 7-12　Comodo 公司的 MITRE 网络杀伤链与 ATT&CK 的关系

第四节　ATT&CK 模型的典型使用场景

ATT&CK 在诸多场景中都具有使用价值。例如，在开展具有防御性质的活动时，就可以应用 ATT&CK 框架灵活分析攻击者及其行为。ATT&CK 不仅为网络防御者提供了通用的技术知识库，还为渗透测试和红队的工作打下了基础。其中，对抗行为能够为防御者和红队成员提供通用语言。总的来说，ATT&CK 典型的 4 个使用场景是提供网络威胁情报、检测分析、模拟攻击和评估改进，如图 7-13 所示。

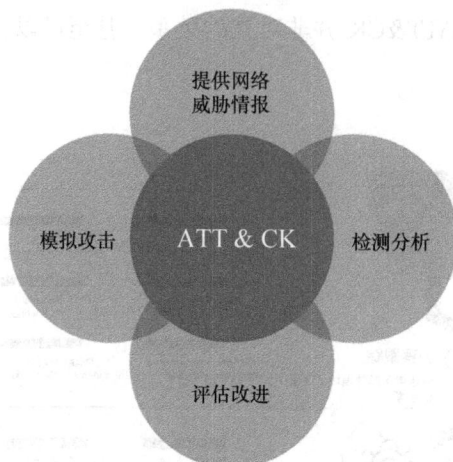

图 7-13 ATT&CK 的典型使用场景

（一）提供网络威胁情报

网络威胁情报是指与网络安全事件相关的威胁及威胁组织的信息，包括恶意软件、工具、TTPs、情报技术、行为和其他与威胁有关的信息。

ATT&CK 从行为分析角度识别并记录威胁组织信息，这与攻击者可能使用的工具无关。安全研究人员可以通过这些信息更好地理解不同攻击者之间的通用行为，从而更有效地在这些行为与自身的防护体系之间建立映射关系，并能够有效回答"我们现在到底能不能抵挡 APT3 这类组织的网络攻击"之类的问题。了解多个组织机构有没有采用相同的技术，可以让分析人员针对各种类型的威胁做出有效防护。ATT&CK 的结构化格式便于对攻击者在标准指标之外的行为进行分类，从而增加威胁报告的价值。

（二）检测分析

除了传统的失陷指标（Indicator of Compromise，IoC）和恶意活动特征之外，检测分析还可以在不了解攻击工具或攻击目标的情况下检测系统或网络中的潜在恶意活动。行为检测分析通过了解攻击者与特定平台的交互活动来识别未知的可疑活动，这与攻击者使用的工具无关。

ATT&CK 可以作为构建和检测分析的工具，用于检测环境中的入侵行为。网络分析知识库（Cyber Analytic Repository，CAR）就是一个示例，组织机构可以以此为切入点，基于 ATT&CK 开展检测分析。

（三）模拟攻击

模拟攻击通常针对特定攻击者的网络安全情报，模拟攻击者的攻击方式，以此来评估某一技术领域的安全性。模拟的重点在于验证组织机构是否有检测或缓解攻击的能力。

ATT&CK 可以作为创建攻击者模拟场景的一项工具，用于测试和验证防御方是否能够对常见的攻击进行有效防护。可以根据 ATT&CK 中记录的关于攻击者的信息，构建有关特定攻击组织的画像。防御方和风险检测团队可以使用相关文档来调整和改善防护措施。

（四）评估改进

防护差距评估可以让组织机构了解其网络中的哪些部分是缺乏防护或缺少可见性的。这些差距表示在环境中有潜在的防护或监控盲点可能被攻击者利用，从而在不被防护措施发现或有效拦截的情况下导致攻击者访问组织机构的网络。

ATT&CK 可以作为常见行为的攻击模型，评估组织机构的防护措施，验证其工具、监控手段和缓解措施是否有效。组织机构通过以上方法识别出差距后，就可以根据优先级完善防御体系。在采购安全产品之前，可以用一个常见的攻击模型对多个安全产品进行对比，评估其在 ATT&CK 中的覆盖范围。

第五节　模型应用与实践

（一）ATT&CK 的应用工具

随着 ATT&CK 的不断发展，MITRE 公司为用户提供了大量的工具，同时安全厂商也在积极提供 ATT&CK 框架相关的开源工具，这些工具都可以帮助组织机构快速开展威胁监测与防护工作。MITRE 公司官方提供的工具中，使用较为广泛的有 3 个：ATT&CK Navigator、网络分析知识库浏览工具（Cyber Analytic Repository Exploration Tool，CARET），以及威胁报告 ATT&CK 映射（Threat Report ATT&CK Mapping，TRAM）。

1. ATT&CK Navigator

ATT&CK Navigator（以下简称 Navigator）是学习使用 ATT&CK 框架的首选工具。与普通的大型矩阵图相比，Navigator 的交互性良好，通过简单单击，使用者就能学习到很多知识。Navigator 还可以针对特定技术进行着色，做标记，为后续的工作奠定基础。

Navigator 的主要功能是筛选，用户可以根据不同的 APT 组织及恶意软件进行筛选，查看攻击组织和恶意软件使用了哪些技术，并对这些技术进行着色，使攻击组织使用的攻击技术一目了然。例如，在 ATT&CK for ICS 中筛选 PLC-Blaster，就可以看到该软件使用了改变控制器运行模式等多种技术。

2. CARET

CAR 是 MITRE 公司基于 ATT&CK 模型开发的分析知识库，主要是针对攻击行为及如何进行检测分析而建立的。CARET 则是 CAR 的可视化版本，有助于理解 CAR 的内容。

例如，在浏览网络标签页中选择蜻蜓组织（Dragonfly），就可以得到图 7-14 所示的

CARET 网络图。该图从左到右分为 5 个部分：攻击组织、攻击技术、关联查询分析、数据模型建立、事件采集和数据存储。攻击组织的行为步骤从左到右排列，安全团队的行为步骤从右到左排列；攻击组织使用攻击技术进行渗透，安全团队利用安全数据进行数据分类及分析，最终二者在"关联查询分析"这一部分进行交汇。

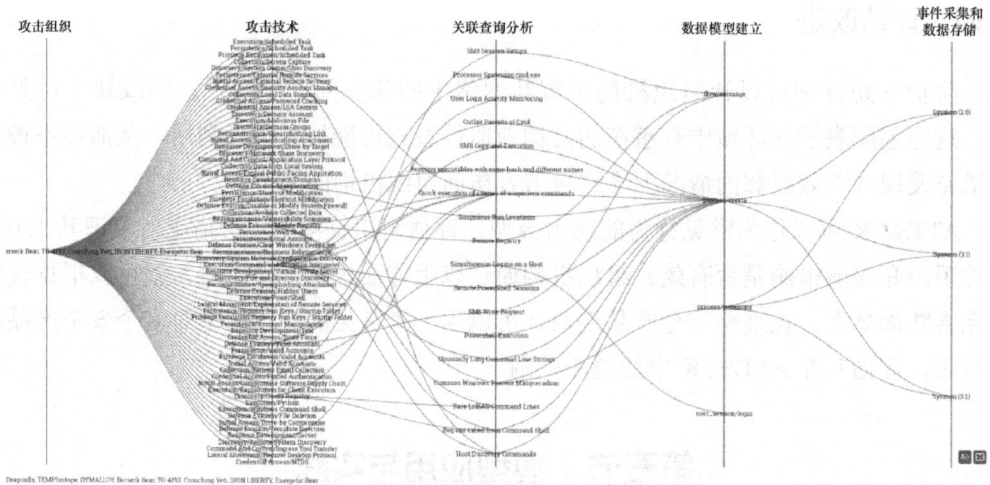

图 7-14　CARET 网络图

3. TRAM

TRAM 是对自然语言书写的安全报告中涉及的 ATT&CK 技术进行标记的项目。如今越来越多的安全报告会提及大量相关技术，但在将其映射到 ATT&CK 上时可能需要事先学习它所涉及的上百种技术，无论对于安全厂商还是社区用户来说，这都是不小的技术负担。TRAM 项目可以迅速分析安全事件中使用了 ATT&CK 的哪些内容，如果存在 ATT&CK 没有覆盖的内容，还可以人工补全。

从本质上来说，TRAM 是一个基于自然语言处理（Natural Language Processing，NLP）技术的项目。只需输入安全报告的地址，就可以得到分析结果，不过目前仅提供英文版本，如图 7-15 所示。

图 7-15　TRAM 分析结果

（二）ATT&CK 的实践项目

前文中提到，ATT&CK 框架具有很强的实践性，如今已有许多公司和机构开源了与 ATT&CK 相关的研究项目。下面针对红队（攻击方）/蓝队（防御方）等列举几个开源项目——Atomic Red Team、CAR、MISP。

1. Atomic Red Team

ATT&CK 框架最直接的应用之一就是红队使用，红队可以根据框架中的技术通过脚本进行自动化攻击。Red Canary 公司的 Atomic Red Team 项目，是目前 GitHub 上关注人数最多的 ATT&CK 项目之一。

Atomic Red Team 使用简单、上手迅速，只需搭建好相关环境，选择相关的测试用例（包括 Windows、Linux 及 macOS 用例），然后根据每个用例的描述及提供的脚本进行测试即可。接着可以根据部署的产品进行检测，查看是否发现相关入侵技术，如果没有检测到入侵技术，则需要对检测技术进行改进。最后，可以不断重复这个过程，从而持续提升入侵检测能力，以更好地覆盖 ATT&CK 的整个攻击技术矩阵。

2. CAR

CAR 项目主要基于 4 点考虑：根据 ATT&CK 模型确定攻击优先级；确定实际分析方法；根据攻击者行为，确定要收集的数据；确定数据的收集能力。其中后 3 点与图 7-14 中的关联查询分析、数据模型建立、事件采集和数据存储相对应。CAR 是由对每一项攻击技术的具体分析构成的。以 CAR 中的一条分析内容"CAR-2018-08-001：通过 Windows 任务管理器进行凭证转储"为例，这项分析主要用来对转储任务管理器中的授权信息的安全问题进行检测。

3. MISP

恶意软件信息共享平台（Malware Information Sharing Platform，MISP）是开源的威胁情报平台，可以通过安装实例来使用该平台。威胁情报中心会定期同步威胁事件给每个实例，每个子节点的实例也可以创建新的事件，形成新的威胁情报并发送给威胁情报中心。该平台支持查看历史威胁情报记录与导出相关数据，同时也支持 API 方式。MISP 的功能较多，相对复杂，适合在威胁情报的使用方面比较成熟的组织。

MISP 官方开源的 MISP galaxy 项目集成了 ATT&CK 框架，支持将 MISP 中的数据映射到 ATT&CK 框架中。

第八章　工业信息安全编排/自动化与响应技术

本章介绍工业信息安全编排/自动化与响应（SOAR）技术的发展背景，重点分析 SOAR 核心技术，并通过实例分析基于 SOAR 技术的应急响应流程。

第一节　SOAR 发展概况

（一）国外 SOAR 的发展背景

随着网络攻击技术持续迭代升级，安全运营的理念和技术也不断更新，检测和响应类产品受到了极大的关注，出现了安全运营中心（Security Operations Center，SOC）、安全信息及事件管理（Security Information and Event Management，SIEM）、用户和实体行为分析（User and Entity Behavior Analytics，UEBA）、终端监测与响应（Endpoint Detection and Response，EDR）等产品。网络威胁的智能化、自动化驱动了 SOAR 技术出现。SOAR 技术顺应安全运营发展的整体趋势，聚焦安全运维领域，重点解决安全响应问题，其概念最早由咨询公司 Gartner 提出。

在 SOAR 的 1.0 时代，Gartner 于 2015 年首次在《安全运营、分析和报告创新技术洞察》中提出 SOAR 的概念，将 SOAR 定义为"安全运营（Security Operations）、分析（Analytics）和报告（Reporting）"，利用机器读取的有状态的安全数据提供报表、分析和管理资源，支持安全运营团队工作。

随着 SOAR 进入 2.0 时代，Gartner 于 2017 年重新将 SOAR 定义为安全编排/自动化与响应，并将其看作安全编排与自动化（Security Orchestration and Automation，SOA）、安全事件响应平台（Security Incident Response Platform，SIRP）和威胁情报平台 3 种技术/工具的融合，是安全运营实现自动化的最重要的解决方案之一。自 2019 年以来，SOAR 的发展路径主要由 SOC 优化、威胁检测和响应、威胁调查和响应以及威胁情报管理来驱动。

目前国际上专注于 SOAR 技术的厂商基本都是创业公司，而主要的安全大厂（尤其是 SIEM 大厂）则纷纷收购 SOAR 公司，并对其进行整合。国外研发的 SOAR 相关产品主要有 5 类。一是安全操作平台被设计为 SOC 的"操作系统"，以全面管理整个安全运营功能，侧重游戏规则的构建和自动化，采用动态建模方法处理警报，能够减少 SOC 团队必须处理的案例数量，并增加可能被忽视的重要威胁信息。二是重点关注案例管理、业务流程和自动化以及人机智能的 SOAR 产品，能够对事件进行自动快速编排和响应，通过智能、统筹且自动化的方式，帮助安全人员在同一平台上无缝协作，抵御攻击。一旦检测到威胁，可以将自动化应用于其他安全用例，如威胁搜寻、漏洞管理和安全警报分类。三是具有威胁情报和编排功能的 SOAR 产品，集成百余种第三方工具和数据源，提供用于应对高级网络威胁的自动威胁取证及动态恶意软件防护服务。四是通过可视化剧本编辑器强化安全工具集的能力，并利用分析驱动的安全性加速事件响应，推进安全防御的 SOAR 产品。五是集成版的轻量级安全响应编排自动化组件。

（二）国内 SOAR 的发展背景

从当前国内主流厂家的 SOAR 解决方案来看，其主要功能为针对安全攻击场景实现攻击源封堵、预警通知及处置报告自动生成等，且重点关注新型、未知威胁检测领域。但针对更深层级的复杂木马攻击、APT 攻击等尚未形成有效的完整解决方案。事实上，对于用户而言，更快地检测出问题仅仅是第一步，如何快速地对问题进行响应则更为重要，而这正是 SOAR 要解决的问题。随着 SOAR 解决方案的逐步推进和落地，安全运营自动化正发挥着越来越重要的作用。

自 2019 年以来，国内安全厂商陆续开始研发 SOAR 产品，但国内大多数 SOAR 厂商还处于自动化响应的初级阶段，仅有少量安全厂商发布了独立的 SOAR 产品或具有 SOAR 功能的产品，距离成熟应用还需要很长时间。目前国内主流的 SOAR 产品有四大研究路线。一是集成安全能力编排化、安全流程自动化、告警响应智能化、案例管理全程化、系统架构开放化等关键功能，主要解决企业和组织安全运营响应人员匮乏、安全事件响应不及时、重复性运维工作多、安全设备之间缺乏协同性、联动性差等导致安全运营人员工作压力大、运营效率低下的问题。二是通过数字化的工作流定义事件分析和响应过程，安全运营人员可以根据标准化的事件响应流程，实现事件分析和优先级排序自动化，帮助企业和组织在面临威胁时提供预测、防御、检测和响应功能。三是基于 AI 实现的安全低代码 SOAR+协同响应系统，借助知识图谱实现智能确认威胁，通过 SOAR 快速编排响应策略实现工作流驱动过程管理，简化跨部门、跨地域的统一协同响应，节省手动分析时间，形成自动化运维，为企业、个人安全运营团队提供海量安全事件高效分析、响应过程管理，简化安全运维工作。四是利用自动化响应技术，使安全运维团队节省大量时间，提高运营效率。安全运维团队成员不仅可以响应更多事件，还可以专注于重要的战术和战略研究工作。

第二节　SOAR 核心技术解析

SOAR 以自动化编排为核心，充分使用自动化技术，将人、技术和流程高度协同起来，帮助企业和组织将繁杂的安全运行（尤其是安全响应）过程梳理为任务和剧本，并提供定制化的流程和控制，实现快速编排响应策略。SOAR 主要包含六大核心技术，如图 8-1 所示。

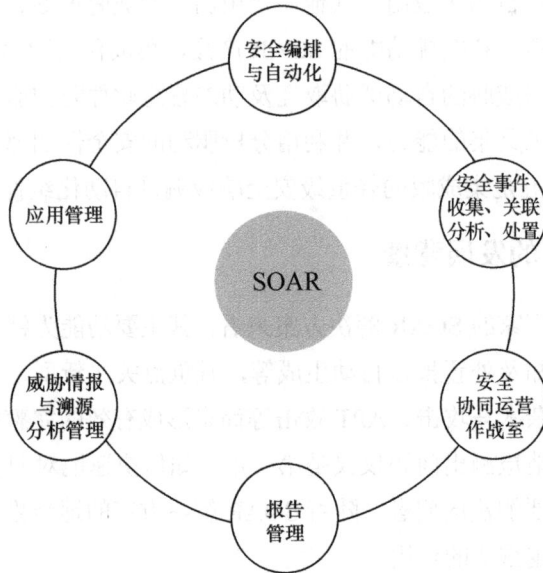

图 8-1　SOAR 核心技术

（一）安全编排与自动化

安全编排与自动化是 SOAR 的关键技术和基本技术，核心是剧本库和应用库（动作库），这些库可以被安全分析、告警管理和案例管理等功能随时调用。通过安全编排与自动化技术，SOAR 能够真正实现将不同的系统协同联动起来。

1. 安全流程自动化

安全流程自动化指自动化的编排过程，是一种特殊的编排过程。如果编排过程完全依赖各个相关系统的 API 实现，那么它就是可以自动执行的。安全运营过程中，各个环节的自动化体现在以下 6 个方面。

① 自动化告警分诊：系统能够基于一系列预定义的预处理策略、调查策略和合并策略，自动对告警严重性和处置优先级进行划分。

② 自动化安全响应：针对需要进行调查/响应的告警信息，系统能够基于预定义的响应策略，自动执行匹配的剧本和应用动作。

③ 自动化剧本执行：系统所有的剧本都通过编排器进行加载，并在工作流引擎的驱动下自动执行。

④ 自动化应用执行：如果某个活动需要调用集成的安全功能，系统会自动激活应用执行引擎，通过应用集成框架对相关功能进行接口调用，并将结果返回给工作流引擎。

⑤ 自动化案例处置：将告警或相关痕迹物证信息加入案例后，系统会根据预定义的处置策略自动执行匹配的剧本和应用动作。

⑥ 自动化服务调用：系统对外开放 API，支持外部第三方应用系统调用，能够提供编排、自动化与响应服务。常见的安全流程自动化框架如图 8-2 所示。

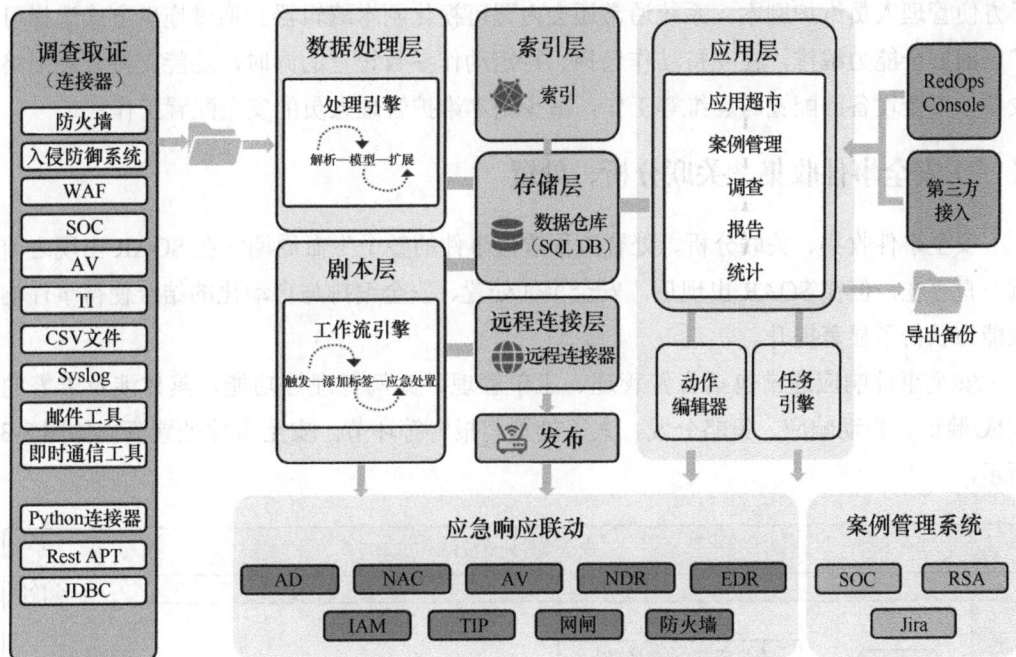

图 8-2　安全流程自动化框架

SOAR 能够将不同的系统协同联动起来，且具备统计、展示、工作流编排等功能，能够生成相关数据报表，其维度包括工作流、用户、事件、情报等。剧本的编辑维护、应用和动作的管理功能，可以被安全分析、告警管理和案例管理等功能随时调用。

2. 安全编排自动化

安全编排是指将人和技术都编入业务流程中，即将不同的设备或组件能力通过 API 和人工检查点，按照业务诉求编排成有序的执行逻辑块，创建手动或自动执行的工作流步骤。

无论是自动化编排，还是人工编排，都可以通过剧本来表述，而支撑剧本执行的引擎通常是工作流引擎，通过将预防、调查、缓解、补救等步骤形成一个或多个行动方针剧本，自动或手动协同操作工作流，将重复的、常规的、确定的部分交给机器完成，将新的、复杂的、不确定的部分交由人工研判处置，并分解运营流程中的任务，抽象成不同类型的自动或手动触发的剧本。

例如，针对恶意文件处置，可编排如下剧本：当检测到某恶意样本，触发创建的剧本后，在主机资产范围内搜索相似样本文件，并将分析统计结果传送至安全运营团队审核。运营团队研判之后，调用"删除文件"剧本，自动下发操作指令，清除恶意文件。

在检测引擎剧本的识别下，生成安全事件。随着工作流的推进，其剧本动作也将有序执行。

系统通常内置漏洞或攻击事件、钓鱼邮件处置、主机异常登录场景、病毒告警事件、WebShell 检测告警、DNS 异常日志、重大安全事件告警、复盘会议等通用剧本模板。为了方便管理人员维护剧本，系统通常还会内置可视化剧本编辑器。通过拖曳方式选择可扩展的安全能力编排，在支持动作选择、特定动作参数设置的同时，还能支持开展网络设备、安全设备的配置与运维等工作，减少剧本维护管理人员的安全配置工作。

（二）安全事件收集、关联分析、处置

安全事件收集、关联分析、处置流程覆盖事件的整个生命周期，在 SOAR 出现之前就一直存在。但在 SOAR 出现后，安全事件处置、安全编排与自动化的结合使得事件响应能力获得了显著提升。

安全事件响应通常包括告警管理、工单管理、案例管理等功能，具体涉及告警的生成/验证、自动响应、策略分发、人工处置和报告等环节。安全事件处置流程如图 8-3 所示。

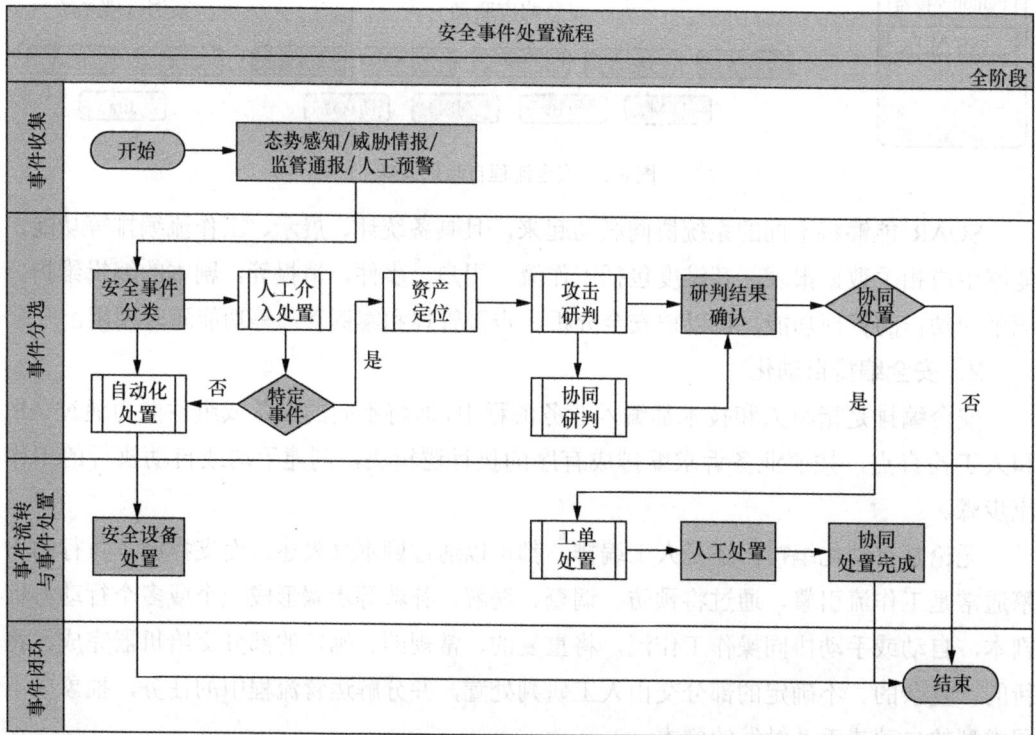

图 8-3　安全事件处置流程

1. 安全事件收集

安全事件收集的主要功能在于自动聚合告警信息、计算告警的可信度和处置优先级，

并对告警信息进行补充调查分析，方便工程师进行下一步研判。当运维事件/告警发生时，安全技术人员要做的工作主要为收集事件/告警的相关信息（IP 地址信息、端口信息、资产信息、攻击手段、流量上下文、载荷、外联情况、ATT&CK、情报信息等）。而基于SOAR 技术实现智能化告警响应，能够对海量告警信息进行智能分诊，从而自动触发编排好的流程。

2．安全事件关联分析

安全事件关联分析基于规则的关联分析引擎，能够对不同来源的海量告警信息进行分析，接收来自第三方安全管理（SIEM/SOC）产品发出的告警信息，并支持人工录入或导入告警信息，协助安全运营人员自动从海量告警信息中识别真正需要自动处置的信息。

例如，面向互联网的设备存在私自开通服务和公网 IP 地址，发生网络入侵事件，有挖矿行为、主机失陷以及终端病毒漏洞时，可以划分网络边界安全事例，进行安全加固。对于每一类安全事例，按照安全经验、处置步骤以及安全防护逻辑，可将复杂的安全事件转变为可重复、可度量、可自动执行的工作流，自动触发剧本，调用安全防护设施进行处置。基于安全事件的去重压缩和特征关联分析，对一组相关告警进行模板化，能够帮助安全人员更有效地应对网络攻击。尤其是在每小时需要处理上万条告警事件的情况下，安全人员可以更好地专注于处置影响较大的安全事件。智能化事件告警体系如图 8-4所示。

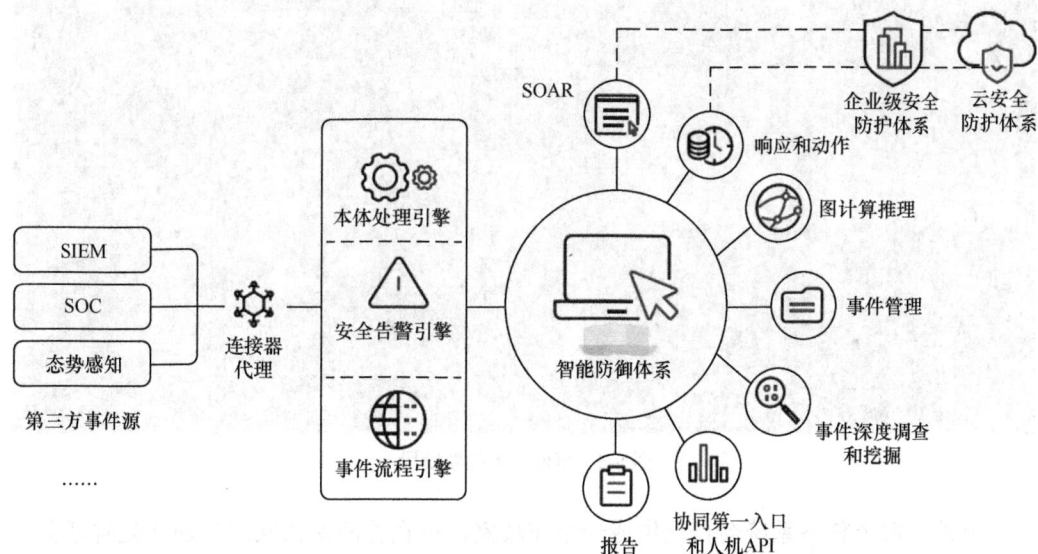

图 8-4　智能化事件告警体系

3．安全事件处置

安全事件处置就是实现并加速安全事件响应的过程。对于不同的威胁程度、事件类型，以及不同的事件响应主体，响应过程不尽相同。

（1）自动处置和人工处置

自动处置主要解决的问题是当集成的工具或设备较少时，通常按照用户需求进行定制化开发，实现不同厂商系统的能力调用和数据同步，对于常用设备的 API 集中调用，实现随用随接。

人工处置则由经验丰富的安全工程师或运维人员依据经验进行加固和处置，如边界加固、Web 加固、策略封堵以及流量清洗等。

（2）任务管理

处置过程通过为每个安全事件创建任务管理，涵盖用于突发性告警响应的一次性任务和日常反复自动执行的周期性任务。根据绑定的不同工作流，可创建定时任务、自动任务、反馈任务、审批任务等不同类型。例如，为用户提供查看工作流删除的内容，包含任务执行过程中每个步骤的输入、输出、原始数据包等界面，使用户能够通过任务管理监控工作流的执行状态。

任务的审批路径同样可以根据工作流自定义，如正在执行、暂停、完成等。系统支持多用户与多角色设定，包括权限级别、人员角色设定等。在角色设定时，需要采用"最小授权"原则，如管理员不能对审计员的审计功能进行管理，审计员不能对管理员的管理功能进行管理。系统支持多个用户存在于同一系统中，且这些用户应能同时登录系统，并执行动作。事件任务处置阶段详情如图 8-5 所示。

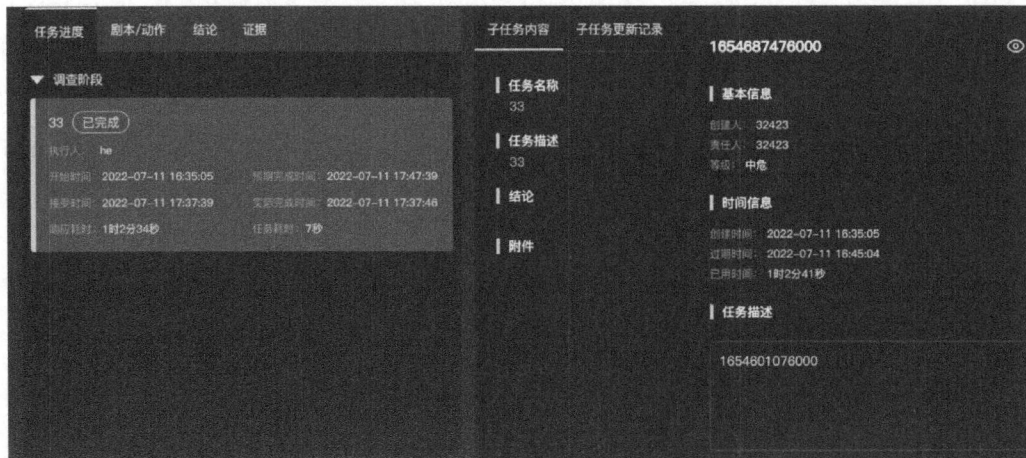

图 8-5　事件任务处置阶段

另外，每个任务系统会自动生成一个作战室，可在作战室内实时沟通和处置任务。任务响应中的各方以聊天的方式进行实时沟通与处置，支持添加、移除成员，以及设置成员在各任务作战室中的角色。系统自动记录协作处理过程中剧本、应用和任务的执行结果，以及整个任务处置过程的聊天记录、证据、结论和星标信息，便于实时查看和复盘。

（三）安全协同运营作战室

1. 作战团队组建

安全协同运营作战室可以针对作战室中的每个事件进行操作。事件响应负责人可以快速创建一个针对某事件的沟通群（也叫作战室），用于将事件相关人员集中于一个虚拟场所，以高效开展事件处置与协同工作。因此，作战室是一个综合性的安全沟通频道或群组。事件响应负责人可以添加需要加入作战室的人员，快速形成作战团队（通常包括监测组、研判组、处置组的成员）。支持设置各个成员在作战室中的角色，通过作战列表查看已存在（包含处理中、已解决、已关闭等各状态）的作战室，以及进入作战室查看历史信息。

2. 作战室大厅

作战室大厅具有发言框功能（支持文字、图片、表情、附件等格式），支持基础能力调用、剧本/动作调用等。协同作战模块与事件模块关联，在生成特定事件时自动创建作战室并拉入相关人员，手动启用应用、任务或剧本模块。作战室中的消息记录作为历史记录留存在服务器端，所有作战室成员可查看历史沟通记录、剧本和动作的执行结果、任务的处置详情，以及证据、结论和星标信息等，如图8-6所示。

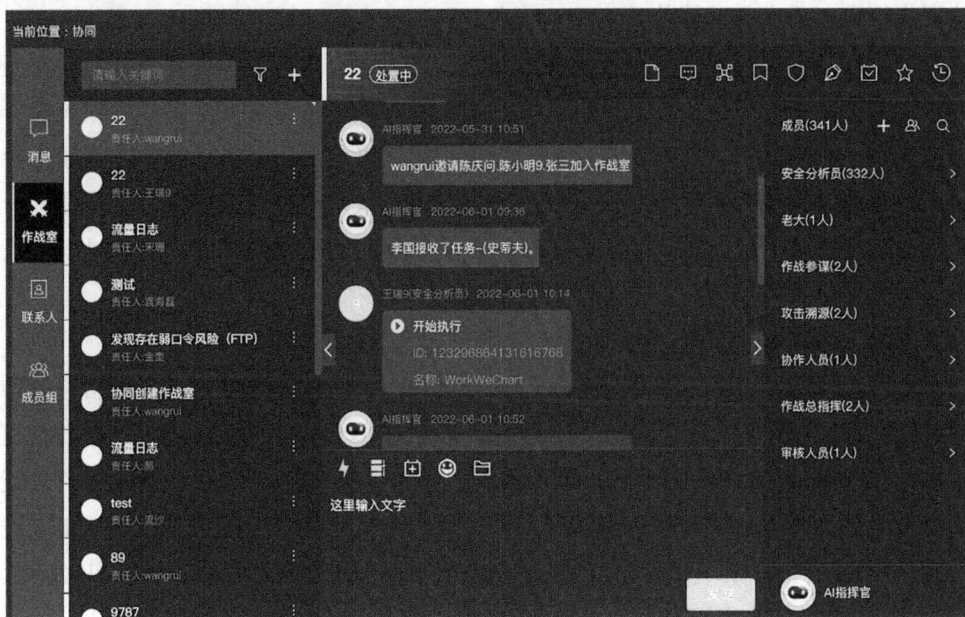

图 8-6　协同运营作战室

借助这种方式，能够将监测、研判、处置等环节的人、流程、工具串联起来，形成事件闭环。作战团队执行作战任务的过程采用聊天沟通的模式，类似于常用的微信、QQ、钉钉等即时聊天工具。在作战室里，作战团队成员之间可以快速沟通、快速分享信息、快速研判处置。同时，作战室还内置了大量编排好的自动化剧本和命令，实现了人机之间的协同处置，从而改变了"通信基本靠吼，操作基本靠手"的局面，进一步提升了协同作战的效率。

3. 作战过程可视化

作战过程可视化是为了便于后期复盘总结，系统会自动为每次作战过程生成全周期的时间线，按照时间顺序展示作战过程中执行过的任务的信息、上传的附件信息、执行的剧本或应用动作、返回的结果信息等，帮助作战团队全面了解整个作战过程。

例如，当安全主管口头或通过微信安排安全工程师完成某个调查时，安全工程师通过线下、线上方式与 IT、运维、开发人员进行沟通，再由相关人员登录 A、B、C 等系统执行一系列操作并获取返回结果。从安全主管安排工作到收到反馈，往往耗费数小时。安全应急响应是争分夺秒的过程，耗时太久必然导致风险增加，合理的人机协同功能能够帮助安全人员快速处置事件，减少交互等待时间。通过交互界面直接向安全设备下发指令，通过自然语言调度安全功能查询数据或执行策略，像和同事沟通一样与设备进行互动。

（四）报告管理

报告管理提供了报告模板和生成自定义报告的功能，旨在进一步简化过程，通常内置报告编辑器，提供编辑报告的素材，包括事件或任务基本信息。报告的模板化与智能化使报告管理工作变得更简单。

例如，在事件或任务处置过程中调用剧本、应用和处置模型等处置信息，以及证据和结论等痕迹信息，方便用户进行报告的在线编写。根据报告汇报对象，可导入报告模板进行编辑，报告编写完成后，支持报告提交和审核操作，同时报告的审批路径支持自定义审核流程和审核人。审核时，可以驳回到任意一级，审核通过的报告支持分享给多人和导出操作，也可通过报告列表查看各报告的发生时间、提交时间、审核时间、报告概述、报告附件、审核状态、报告结果等信息。

1. 事件关联作战室和报告

对于等级较高或新型的告警事件，可升级到作战室进行协同处置。事件响应中的各方实时进行沟通、协同开展响应处置，包括添加、移除成员，以及设置成员在各事件作战室中的角色。系统自动记录协作处理过程中剧本、应用和任务的执行结果，以及整个事件处置过程的聊天记录、证据、结论和星标信息，便于实时查看和复盘。处置完成的事件，能在线编辑报告，系统提供编辑报告的素材，如事件处置过程中调用的剧本/应用、证据和结论等。

2. 任务关联作战室和报告

每个任务系统会自动生成一个作战室，可在作战室内实时沟通和处置任务。任务响应中的各方以聊天的方式进行实时沟通与处置，支持添加、移除成员，以及设置成员在各任务作战室中的角色。系统自动记录协作处理过程中剧本、应用和任务的执行结果，以及整个任务处置过程的聊天记录、证据、结论和星标信息，便于实时查看和复盘。处置完成的任务，能在线编辑报告，系统提供编辑报告的素材，如任务处置过程中调用的剧本/应用、证据和结论等。

（五）威胁情报与溯源分析管理

威胁情报属于一种海量、多源、异构的数据，包含各类结构化或非结构化的数据，按照传统的分法，威胁情报可分为战术情报、战略情报和运营情报。而情报主要有以下4类。

① IP/Domain 信誉类情报：即信誉库，通过它可以大概了解 IP 地址是否为恶意 IP 地址、IP 地址是否被攻陷等情况。

② 事件分类数据：将威胁情报的基础数据打包，同时封装成一个个的事件。

③ 蜜罐数据：可以收集攻击者的行为、进攻路径、产生的数据和攻击目的等信息。

④ 被动流量解析数据：基于被动解析域名，把解析的结果记录下来，并识别攻击者的历史信息。

威胁情报的关键能力包括关联分析能力和攻击溯源分析管理能力等。

1. 关联分析能力

关联分析能力是基于大数据技术，关联分析系统的异常状态，对异常流量和攻击行为进行全面的检测定位及追踪，并通过获取攻击源信息、设备信息、各层数据流信息等，对数据进行清洗、挖掘与存储，识别相关业务，形成高质量的自有威胁情报库、知识库，并结合外部情报，提供快速查询与获取威胁情报的能力。威胁情报中心如图 8-7 所示。

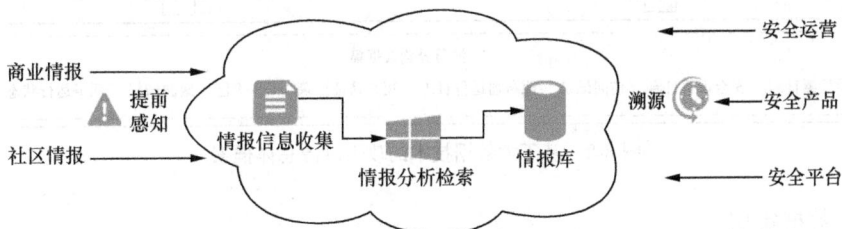

图 8-7　威胁情报中心

由于威胁是不断变化的，因此需要采取动态的手段来对抗攻击者。通过建立具备威胁溯源、关联分析、攻击画像、事件通告、共享赋能等情报管理能力的威胁情报中心，能够开展线索研判、攻击定性和关联分析追溯威胁源头工作，达到有效预测威胁发生并及时预警的效果，解决因高级威胁或未知威胁导致的漏洞利用、主机失陷、病毒感染、钱财勒索等威胁问题，实现以威胁情报为驱动，赋能安全运营、安全产品、安全平台。

2. 攻击溯源分析管理能力

攻击溯源本质上是在大量的正常数据中寻找攻击者留下的攻击痕迹，并通过痕迹回溯攻击者，主要是为了应对外部 APT 攻击者和内部利益驱动的员工威胁而提出的解决方案。由于 APT 攻击往往会长时间潜伏，而少量攻击数据则是伴随海量的业务数据共同产生的，例如每秒几千兆字节数据的业务流量场景，真实的攻击行为数据只有不到几千字节的数据。在这种情况下，大数据技术为快速完成攻击溯源带来了新可能。

网络攻击溯源一般分为 3 个部分。首先，通过安全设备告警、日志和流量分析、服务资源异常等对网络攻击进行捕获，发现攻击；其次，利用已有的 IP 地址定位、恶意样本分析、ID 追踪等技术溯源反向收集攻击者信息；最后，通过对攻击路径的绘制和攻击者身份信息的归类形成攻击者画像，完成整个网络攻击的溯源。

使用大数据技术可以收集大量的异构数据，并对这些数据进行清洗，提炼出有价值的攻击痕迹，再通过数据分析和模型关联将这些信息串联起来形成攻击路径，通过攻击路径的反向溯源找到攻击入口、还原攻击过程。基于大数据技术的攻击溯源总体框架如图 8-8 所示。

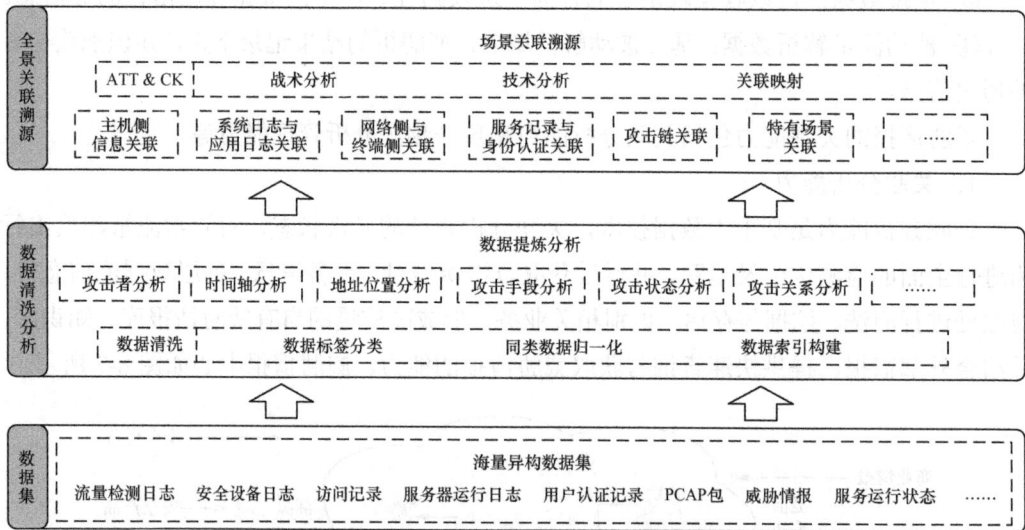

图 8-8　基于大数据技术的攻击溯源总体框架

（1）数据集层

数据是攻击溯源的基础。整个 APT 攻击过程可能覆盖系统漏洞发现、恶意代码植入、远程控制、数据泄露等过程，攻击过程数据收集的丰富程度决定了溯源能力的高低，如利用系统漏洞攻击时，系统日志、应用日志、网络入侵检测设备均可监测到部分攻击线索，可完整地绘制一条攻击链。通过利用不同类别的数据集构建一个大的异构数据集，实现大范围地涵盖攻击溯源所需的数据。具体而言，通常包括以下数据集。

① 网络数据集：包含威胁监测设备的攻击日志，入侵防御系统、应用防火墙等网络安全设备日志。

② 主机数据集：包含业务访问记录、系统日志、系统进程监控数据等。

③ 辅助佐证数据集：包含威胁情报等。

（2）数据清洗分析层

数据清洗分析层的核心目标是通过对数据进行分类、归并和标签化处理，提炼有价值的数据，为后续的数据分析提供结构化数据。以防火墙记录的连接关系日志和服务器端记录的业务访问记录为例，两种数据都是访问记录，针对此类记录需要提取公共信息和必要的附加信息，并针对冗余数据进行去重，避免冗余信息干扰。使不同来源的同类数据在同一框架规范下进行异构数据清理、去重、归一、索引构建等操作，形成高质量、有价值的归纳数据。

（3）全景关联溯源层

溯源模型的构建是自动化溯源的基础，围绕溯源模型进行分析处理，能够形成自动化溯源调度工作流，在数据清洗分析层的基础上进行单场景溯源、全场景关联。完成单场景溯源模型的准备后，通过 ATT&CK 模型进行全场景关联溯源，按照攻击者的思路梳理出完整的攻击过程全景图。

（六）应用管理

应用是安全能力集成的基础，是编排安全剧本的基本元素。应用的集成过程包括开发、调试、打包、导入 4 个阶段。

开发：包括应用配置定义、应用编码实现、应用动作结果渲染。

调试：在测试环境中对开发好的应用进行调试。

打包：按照应用集成框架的开发要求，对开发调试完毕的应用进行打包。

导入：将应用导入系统，并纳入系统的应用库进行统一管理。

借助 SOAR 内置的应用管理功能，可以将所有与外部安全设施和运营相关的各种系统和功能映射为内部可识别的应用，友好、便捷地集成各类安全工具和产品。

系统内置基本的应用，包括主流的主机设备、安全设备、协同软件，以及云端应用（如威胁情报应用），也包括通用的 Syslog、REST 等应用；内置开发环境 SDK，提供完善的开发手册与指南，允许开发人员使用 Python、Java 进行应用开发。例如，WAF（Web Application Firewall，Web 应用防火墙）可以作为一个应用，DNS 解析也可以作为一个应用，应用需要绑定到具体的资产（可以是多个资产），通过命令行接口执行命令，与第三方设备进行数据交互，在指定设备上执行相应的动作。

应用管理可实现对内外部应用及其动作和实例的统一管理，具备开放可扩展的应用集成框架，使应用开发人员可以方便地进行应用开发与集成，对各种安全基础设施与应用工具进行功能封装。

第三节　基于 SOAR 的应急响应实例

（一）概述

SOAR 平台通常通过接入多源日志，关联 ATT&CK 知识库，灵活嵌入安全分析能力组件，实现精确识别攻击事件的目的。采用预判和研判相结合的方式，实现事件自动处置和可疑事件的人工运维，形成安全运营的闭环管理。

（二）事件处置流程

事件接入：可通过联动其他平台，如态势感知平台、SOC 等，进行多源事件的获取与整合。接入的事件包括但不限于威胁告警、事件、邮件等任意形式的消息，这些数据将提供给后续流程进行数据处理。

事件处置：可以通过工作流定制流程来开展人工处置，也可以通过剧本设定自动化处置。此外，还可以进入事件对应的作战室，开展协同处置。

剧本调用：剧本是由一系列动作组成的自动流程，动作一般对应一个安全设备的操作。每个剧本一般用于实现某个安全场景的自动流程，并能自动驱动多种安全设备进行调查、分析、取证、封禁等操作，缩短安全事件的平均修复时间。SOAR 产品功能如图 8-9 所示。

图 8-9　SOAR 产品功能

下面将展示护网溯源得分的安全场景中，SOAR 产品的使用过程。

1．事件源配置

SOAR 产品支持与已有安全应用或系统日志对接，可使用 Syslog、Kafka 等。通过配置日志样例和规则，可以获取日志相关字段的信息，示例如图 8-10 所示。

2．事件类型配置

通过预置的事件类型及其匹配规则，当日志从事件源进入 SOAR 后，就会匹配对应的事件类型。一旦确定事件类型，就可以通过预置的剧本或工作流来处置安全事件，同时会通知相关安全人员查看或处置安全事件。事件类型配置如图 8-11 所示。

3．风险事件研判

风险事件研判功能可以收集丰富的安全风险数据，包括：关联管理数据，如责任人、所属部门等；资产数据，如 IP 地址、业务系统数据等；会话数据，如访问的流量数据等；威胁情报数据，如威胁源、漏洞利用信息等，并支持根据风险严重程度、影响范围等设定风险处置优先级。同时，通过调查取证功能可以建立攻击链分析视图，将恶意攻击源的威胁告警映射到时间维度，通过关联分析发现攻击手段和影响的资产信息，并进行攻击路径测绘，辅助人工开展调查取证分析，最终通过研判任务管理，为风险事件打上处置标签并采取相应的处置方式。

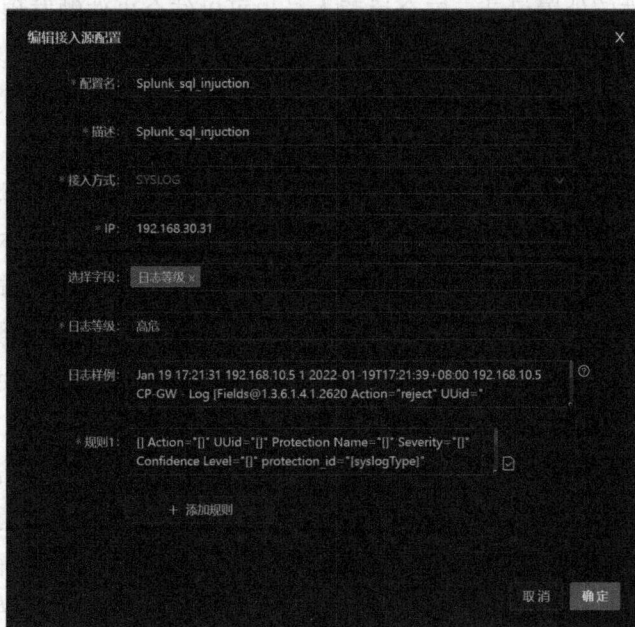

图 8-10　事件源配置示例

图 8-11　事件类型配置

4．事件处置

SOAR 产品可以为事件提供应对措施，以任务的形式下发给相关责任人，各责任人可以依照任务执行，提高事件的处置效率。在任务执行过程中，SOAR 支持痕迹管理、标注管理和附件管理，相关安全运营人员可以在事件中添加痕迹信息，如 IP 地址、URL、域名、文件哈希值等关键信息；也可以对事件进行标注，添加各类文字信息；还可以上传相关的附件，如图片、文档、声音、视频等。借助这些功能，SOAR 可以不断积累与事件相关的关键痕迹物证和攻击者的 TTPs 指标信息。

SOAR 提供关系图等可视化调查分析的手段，帮助用户拓展相关事件的痕迹。

事件中的每个痕迹都可以触发预置的响应动作，所有动作的执行操作及其结果都会自动记录为事件的处置记录。安全运营人员也可以结合事件触发预置的编排剧本，将相关操作和结果添加到处置记录中。所有事件相关的处置记录都可以被查阅和审计。

事件负责人可以随时查看事件处置的活动记录，并以时间线的方式进行展示，便于其了解事件处置的进展。事件处置完成后，事件责任人在编写报告时，系统能提供编写报告的素材，包括事件处置过程中的痕迹物证和调用剧本、动作的执行结果等信息。

一般在事件类型配置阶段能够确定的安全事件，可以通过绑定剧本自动处置。也有部分安全事件并不在配置的告警类型中，这时可以通过绑定工作流的方式进行人工处置。

例如，安全运营人员收到 SOAR 产品的通知，并在事件列表中发现 EDR 平台告警事件攀升，查看最新的告警事件时发现近期 IP 地址为 192.168.*.65 的用户主机产生了多条告警事件，并且与疑似恶意 IP 地址有外联行为。进入该事件绑定的工作流处置界面，如图 8-12 所示，按照流程进行安全分析。通过日志查看文件名称和内容，安全运营人员基于 SIEM 平台搜索该 IP 地址最近的行为日志，发现产生了多条恶意行为日志，并均与外网 IP 地址 202.95.*.52 有关联。安全运营人员对最新的请求包进行解码查看，发现有 action、CMD、file 等参数，其中 file 参数中出现了扩展名为.docx 的文件名，对 file 参数的值进行解码，确认其为敏感文件，且查看 SIEM 发现存在多条类似记录。

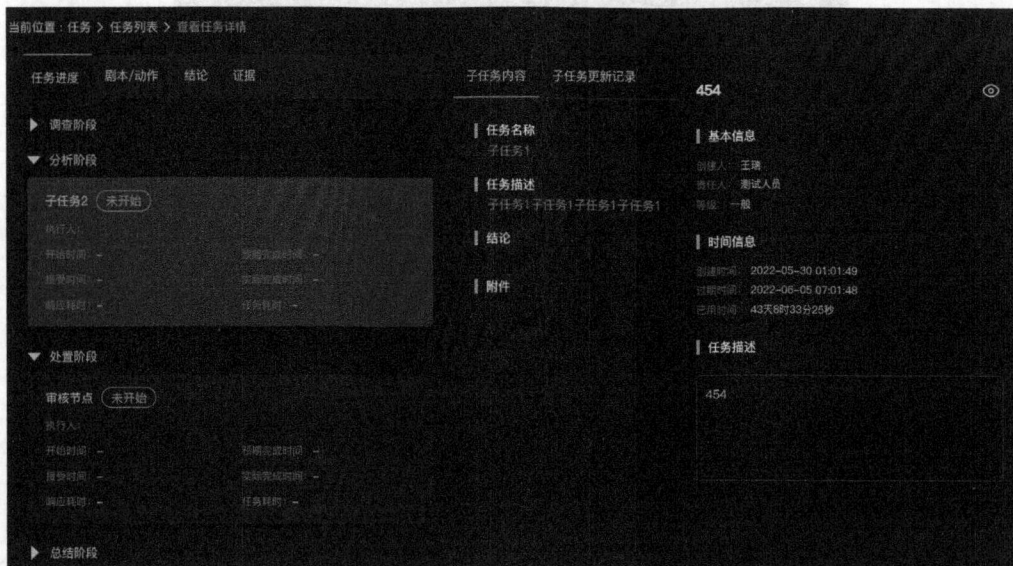

图 8-12　处置模型

在处置模型中，可以上传调查得到的图片和文件，也可以调用剧本，而且这些信息都可以记录为证据，作为响应安全事件的依据。基于这些证据，安全人员还可以记录得出的结论，作为处置事件的人为依据。高级 SOAR 产品一般还集成了 ATT&CK 矩阵。根据 ATT&CK 矩阵或其他 TTPs 资源，使用自动杀伤链剧本来响应攻击意图。SOAR 产品将整个 ATT&CK 矩阵构建到其平台中，以创建攻击模块，并检测和破坏高级攻击。当 SOAR 产品检测到 MITRE 公司分类的数百种攻击技术之一时，会将其视为可能的杀伤链中的链接。然后，SOAR 攻击模块将协调所有集成系统（如防火墙、安全信息和事件管理系统）中的查询，以发现杀伤链中其他链接的痕迹。在找到更多的攻击要素后，攻击模块可以编排响应剧本以应对攻击，或者将有针对性的控制反转（Inversion of Control，IoC）置于持续的杀伤链之下以收集更多信息。

5．剧本调用

将安全专家的经验固化成剧本，实现已知攻击分析、研判、处置全流程的自动化，将安全专家从繁重的重复劳动中解放出来，让其投身于安全分析、威胁猎捕、流程建立、红蓝对抗、威胁建模、APT 分析、漏洞挖掘等需要高级安全技能的工作之中，为安全运维工作创造更高的价值。

通过调用威胁情报查询剧本，查询 202.95.*.52，可以自动匹配该 IP 地址的威胁情报。基于剧本执行结果获取判断信息，可以发现该 IP 地址是恶意 IP 地址（其标签有傀儡机、垃圾邮件和扫描机器等）。在发现恶意 IP 地址后，剧本会自动发送邮件到相关负责人的邮箱，通知该安全事件。

分析流程结束后，进入应急处置阶段。在该阶段，首先进行人工审核流程，该流程主要是对将要封禁的 IP 地址进行确认。比如 IP 地址是否为恶意 IP 地址、IP 地址属于哪个国家、IP 地址是否曾被封禁、IP 地址是否位于白名单之中不能被封禁。一旦确认 IP 地址需要被封禁，安全操作人员可以通过调用防火墙封禁的剧本，立即封禁恶意 IP 地址，同时该剧本会查询防火墙上的封禁状态，确保封禁操作成功进行。类似的封禁剧本如图 8-13 所示。

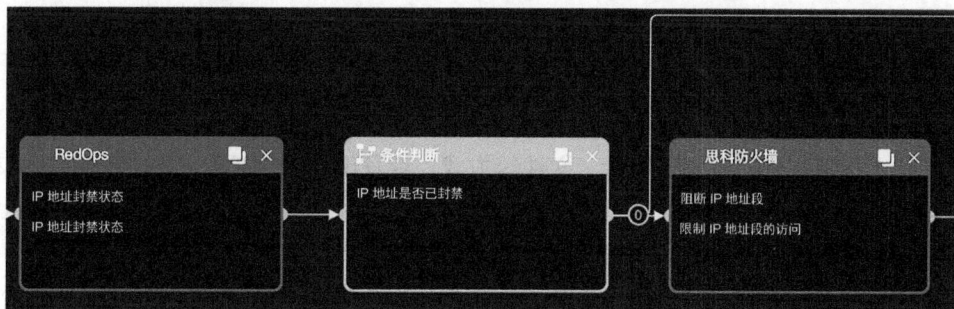

图 8-13　封禁剧本

6．溯源分析

应急处置完成之后，将进入溯源分析阶段。在这个阶段，可以按照工作流给不同的安全人员分配溯源任务，每个安全人员可以自由调用各种剧本来开展溯源工作，分析并上传获得的证据和结论。但溯源分析是个复杂的任务，包括多源日志的分析等，因此需要由多个安全人员合作开展。

运营人员将恶意文件上传至云沙箱，在 RedOps 的作战室里直接调用云沙箱 App，输入"sha256"查看检测结果，可以发现 threat_level 字段值是 malicious，证明文件是恶意的，如图 8-14 所示。溯源人员将恶意文件放入可疑文件分析系统和云沙箱查询，发现该恶意文件被 46 种杀毒软件标记，查看文件的哈希、动作，关联到可疑 IP 地址 202.95.*.52，并在评论页面中找到了攻击者的评论，证明这次溯源行为成功溯源到攻击者，查找到关联 IP 地址及木马特征。

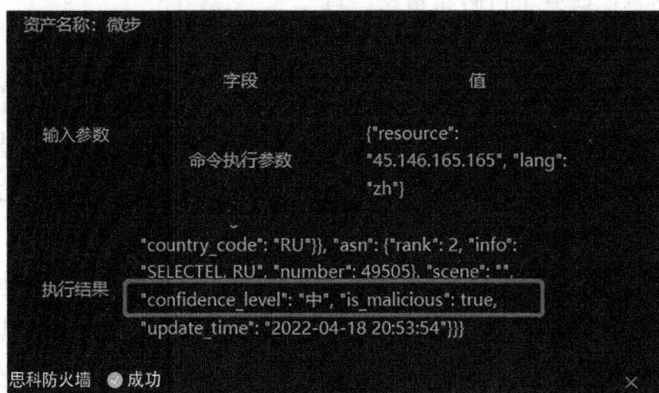

图 8-14　恶意文件检测结果

7．作战室

在作战室里，安全人员可以进行对话、分享情报和证据、调用剧本、创建临时任务等，也可以查看安全事件的整体进展。例如，安全人员通过将收集到的安全信息进行汇总沟通，可以在 SIEM 上查询其他感染主机，并将与相同恶意 IP 地址外联的主机全部断网封禁。通过对最早受感染的主机进行溯源排查，可发现该主机用户安装了钓鱼邮件的软件，导致恶意 IP 地址外联，主机受到远程控制。

总体来看，作战室主要有以下五大功能。

（1）分享情报

安全人员可以通过文字、图片、文件等方式，将发现的关键信息在作战室进行分享，供所有人共同查看与分析。

（2）调用剧本

在作战室可以直接调用剧本并由 AI 指挥官自动返回执行结果，在安全人员调用防火墙封禁处置剧本后，AI 指挥官返回一个可视化的剧本执行结果。

单击每个动作可以查看具体的结果详情，单击"发送邮件"的动作，展开后可以看到发送邮件的详细信息。

除此之外，安全人员还可以通过@AI 指挥官来获得 AI 指挥官的建议。例如，发送"@AI 指挥官查一下 202.95.*.52"，AI 指挥官会返回剧本推荐列表，包含 IP 地址威胁情报、IP 地址所在地查询、IP 地址域名查询等。安全人员可以直接单击剧本运行，自动将 202.95.*.52 作为参数执行并返回剧本执行结果。

（3）查看情报

作战室作为协同作战工具，更像是一个指挥中心，在这里可以查看安全事件的所有信息，便于所有协作人员了解安全事件的全貌。

（4）指派临时任务

作战室作为指挥中心，管理员可以在其中创建临时的待办任务，方便统一指挥协作任务的进行，并可以设定任务倒计时来提醒所有待办任务的执行人员。

（5）查看统计信息

作战室统计信息包括各阶段预设需要的时间情况、安全人员的在线情况、任务进度、安全事件的时间轴、所有的证据和结论等。

8. 报告

报告是在任务各个节点中形成的各种证据。报告发布通过审核工作流的形式实现，审核通过后，可以查看、下载并分享报告。报告的编写、审核、提交，可通过手动、协同作战、事件自动等方式完成。报告的审核路径支持配置自定义工作流。此外，可以通过报告列表查看各报告的发生时间、提交时间、审核时间、报告概述、报告附件、审核状态、报告结果等信息。

溯源结束后，安全运营人员可以在报告栏对作战室分析的结果、证据截图、攻击事件上报单等进行汇总。

（三）总结

SOAR 产品技术先进、功能完备、面向实战化安全运营，能够帮助企业和组织将繁杂的安全运营（尤其是安全响应）过程梳理为任务和剧本，将分散的安全工具与功能转化为可编程的应用和动作，并将团队、工具和流程等高度协同起来，整合安全运营所需的各种资源。借助剧本、应用、动作等编排元素，SOAR 能够将终端、主机、网络设备、安全设备、安全系统、协作软件，以及云端应用等各类资源整合到一起，协助运营人员实现基于编排的自动化和半自动化的告警分诊与调查、事件追踪与调查、安全事件响应与威胁阻断，以及其他日常安全运营工作。

通过编排与自动化功能，可以将安全操作流程或某个环节转变成编排的安全剧本，并尽可能自动执行，从而大幅减小安全运营人员的工作压力，提高安全运营工作的效率。

第九章　工业信息安全应急处置技术

当工业网络发生异常时，常常伴随着蛛丝马迹，如实时流量异常、历史流量异常、协议异常等。应急管理人员若能及时查找到这些异常，则将有机会阻断攻击行为。本章立足工业生产运行中的典型安全攻击与防护，重点介绍基于工业网络日志和流量的异常行为分析技术、木马查找与病毒分析技术、工控安全漏洞发现与修复技术及实验。通过对本章内容的学习与实践，读者能够掌握基础的应急处置技术技能。

第一节　工业网络日志分析

本节主要基于工业网络日志的异常行为分析，介绍常用的工业网络安全产品，包括工业网络审计、工业主机卫士的策略配置过程，以及日志分析、告警分析的实操过程。

（一）工业网络审计

1. 策略设定

在使用工业网络审计产品进行工业网络日志分析之前，应当设定正确的策略，主要包括设定工业协议规则、分布式拒绝服务（Distributed Denial of Service，DDoS）防护规则、DNS 监测规则、入侵特征规则。

（1）工业协议规则

以 Modbus 协议为例，Modbus 是使用最广泛的工业现场总线协议之一。其中，Modbus TCP 消息帧结构如图 9-1 所示。

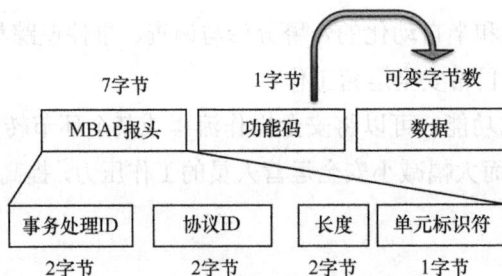

图 9-1　Modbus TCP 消息帧结构

Modbus TCP 中功能码的变化将决定传输数据的变化，常用的功能码见表 9-1。

表 9-1　Modbus TCP 常用的功能码

列标题 1		列标题 2	列标题 3	功能码
数据访问	比特访问	物理离散量输入	读输入离散量	02
		内部比特或物理线圈	读线圈	01
			写单个线圈	05
			写多个线圈	15
	16bit 访问	输入存储器	读输入寄存器	04
		内部存储器或物理输出存储器（保持寄存器）	读多个寄存器	03
			写单个寄存器	06
			写多个寄存器	16
			读/写多个寄存器	23
			屏蔽写寄存器	22
文件访问记录			读文件记录	20
			写文件记录	21
封装接口			读设备识别码	43

因此，当需要触发工业协议告警时，应按照功能码规则进行策略设定。以某产品为例，选择"工业规则">"协议规则"，进入工业规则配置界面，单击 ⊞ 进行规则的添加操作，如图 9-2 所示。

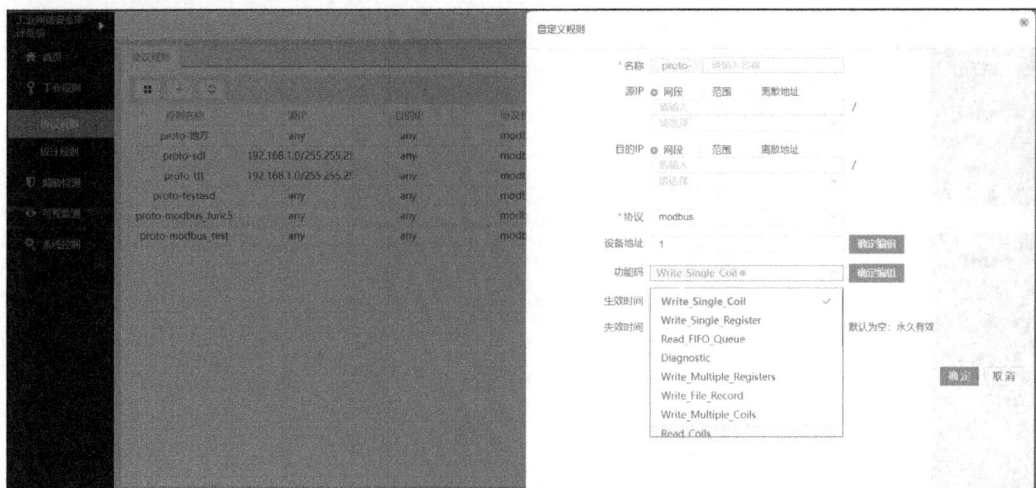

图 9-2　Modbus TCP 的工业规则配置界面

完成策略设定后，当工业数据发生变更时，将自动命中规则，触发告警。以发生写单个寄存器操作为例，通过上位机向控制器发送操作指令，对某个工业执行机构进行关闭或打开的操作，在网络报文中，将产生一条功能码为 06 的数据报文。与此同时，工业网络审计通过交换机的镜像口记录相关协议操作行为，显示某个寄存器的地址为 0 或 1。

（2）DDoS 防护规则

选择"威胁检测">"DDoS 匹配"，进入 DDoS 防护规则配置界面，如图 9-3 所示。

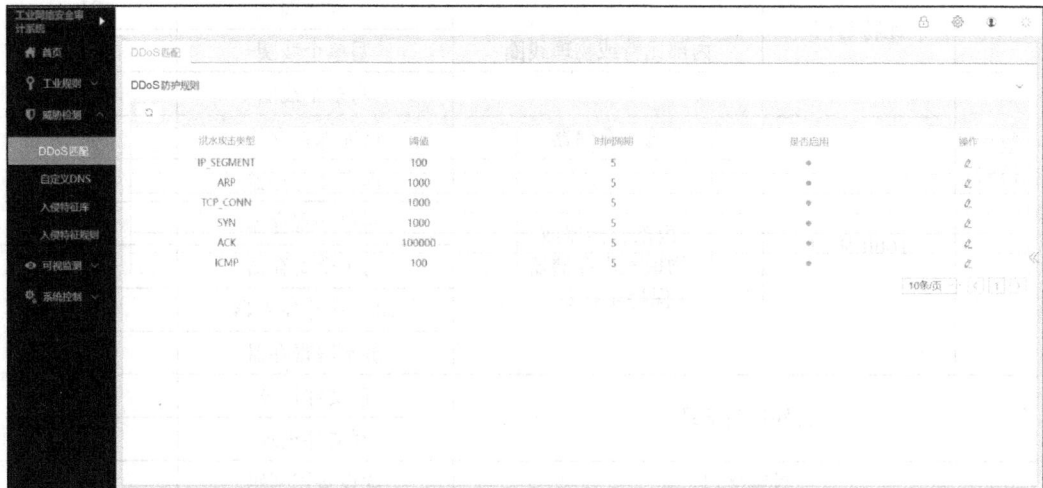

图 9-3　DDoS 防护规则配置界面

（3）DNS 监测规则

选择"威胁检测">"自定义 DNS"，进入自定义监测域名配置界面（如图 9-4 所示），可以将威胁情报公开平台上的恶意域名添加到规则中。

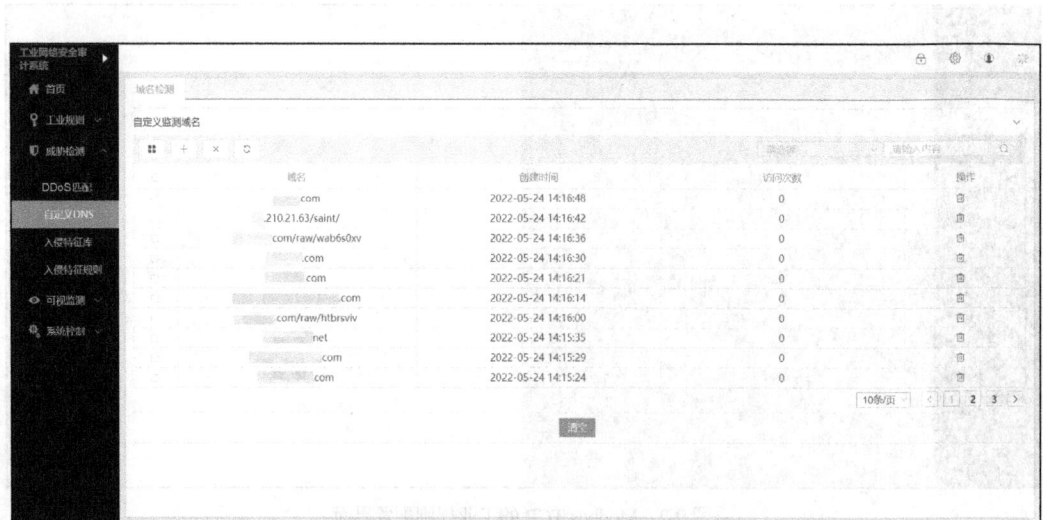

图 9-4　DNS 自定义监测域名配置界面

（4）入侵特征规则

选择"威胁检测">"入侵特征规则"，进入入侵特征规则配置界面（如图 9-5 所示），在此处可以设置审计范围，也可以手动新增入侵特征码。

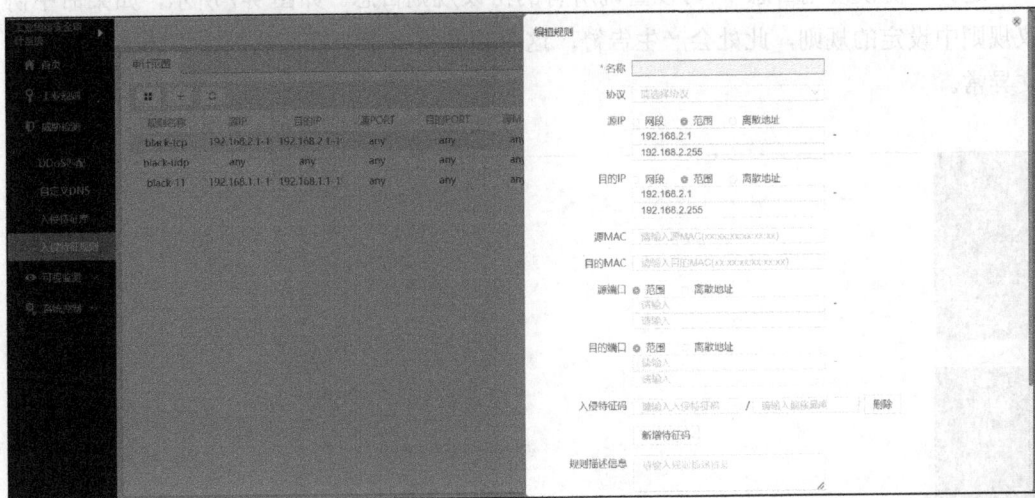

图 9-5　入侵特征规则配置界面

2. 日志查看

在日志管理中主要可以用于分析的日志包括入侵监测日志、协议规则日志、DDoS防护日志。

（1）入侵监测日志

以某产品为例，选择"可视监测" > "日志管理"，默认进入系统日志界面，然后选择"入侵监测日志"，可以查询所有的入侵监测日志。如图 9-6 所示，源地址处显示的 IP 地址就是命中入侵监测规则的攻击 IP 地址。

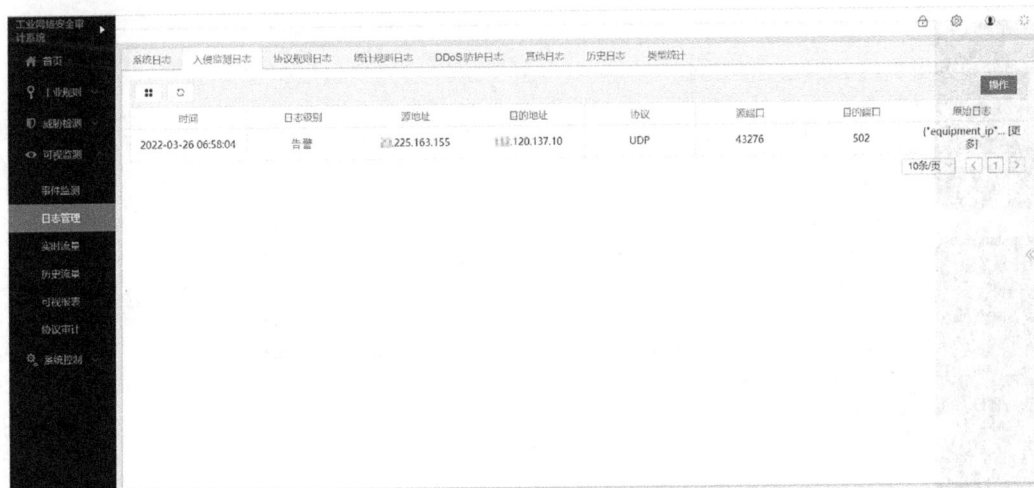

图 9-6　入侵监测日志界面

（2）协议规则日志

选择"协议规则日志"，可以查询所有的协议规则日志。如图 9-7 所示，如果命中协议规则中设定的规则，此处会产生告警，这个功能常用于分析工业网络中的通信协议报文异常。

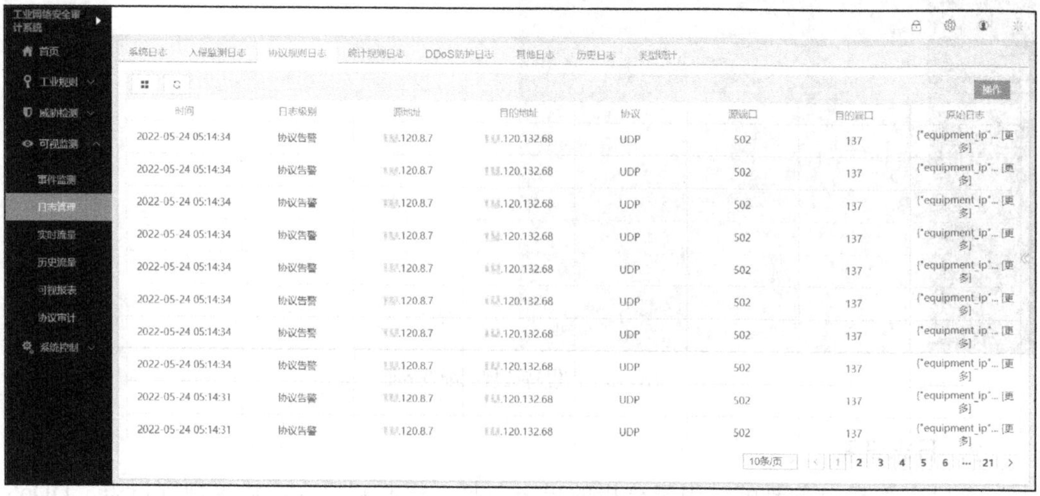

图 9-7　协议规则日志界面

（3）DDoS 防护日志

选择"DDoS 防护日志"，可以查询所有的 DDoS 防护日志。如图 9-8 所示，如果命中 DDoS 防护规则中设定的规则，此处会产生告警，这个功能常用于分析工业网络中的数据报文异常。

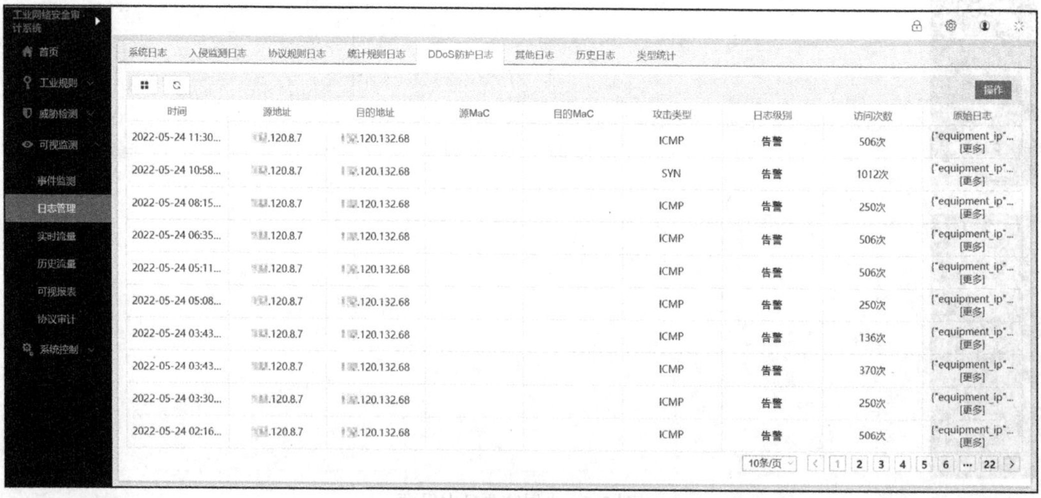

图 9-8　DDoS 防护日志界面

3. 告警查看

（1）工业入侵事件

选择"可视监测">"事件监测"，默认进入工业入侵事件界面，如图 9-9 所示，当发生工业入侵事件时，此处会有相关告警信息。

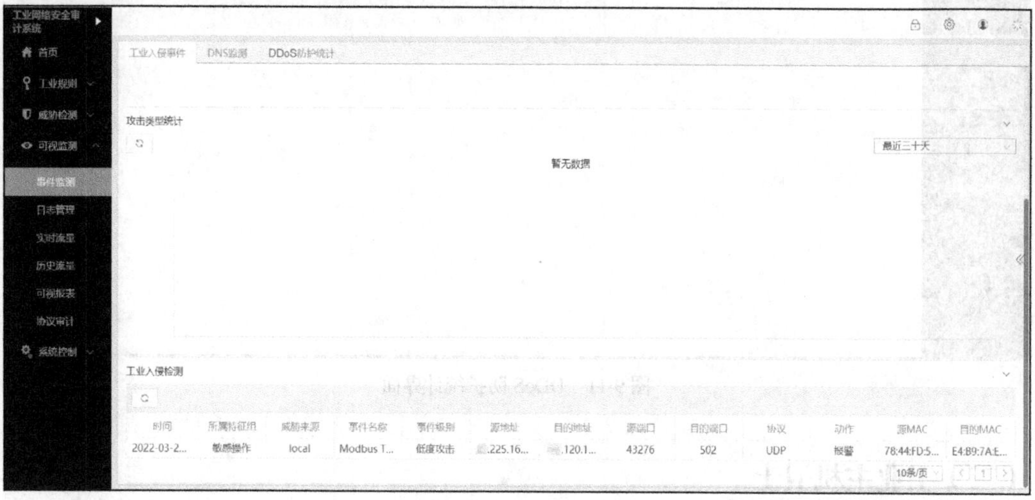

图 9-9 工业入侵事件界面

（2）DNS 监测

选择"DNS 监测"，将进入 DNS 监测界面，如图 9-10 所示。当网络中有任何访问域名的行为时，会在此处进行记录。目前流行的无文件攻击，其原理就是通过访问某个域名的恶意文件来进行攻击，此时使用 DNS 监测的功能就可以发挥比较有效的分析作用。

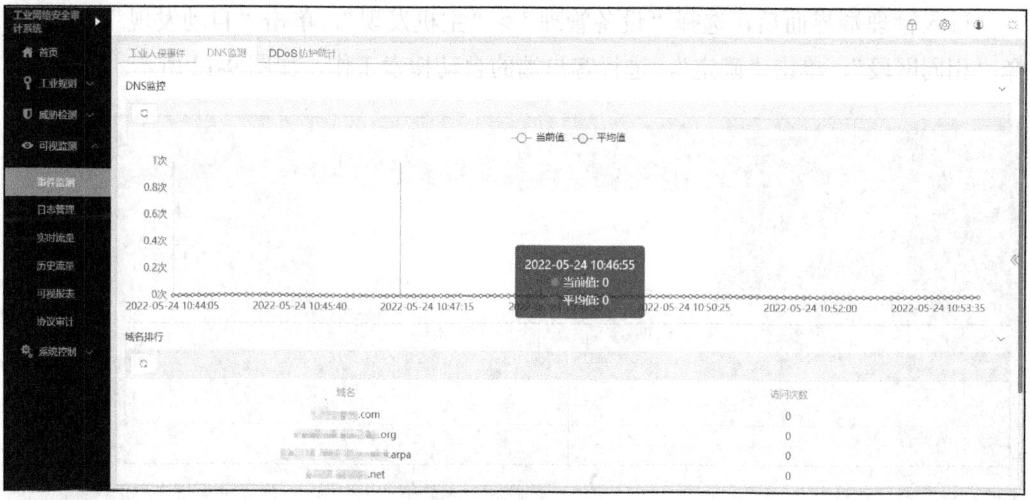

图 9-10 DNS 监测界面

（3）DDoS 防护统计

选择"DDoS 防护统计"，将进入 DDoS 防护统计界面，如图 9-11 所示。当网络中存在某个 IP 地址对局域网中的其他资产发起 DDoS 攻击行为时，此处可以查看相关信息。

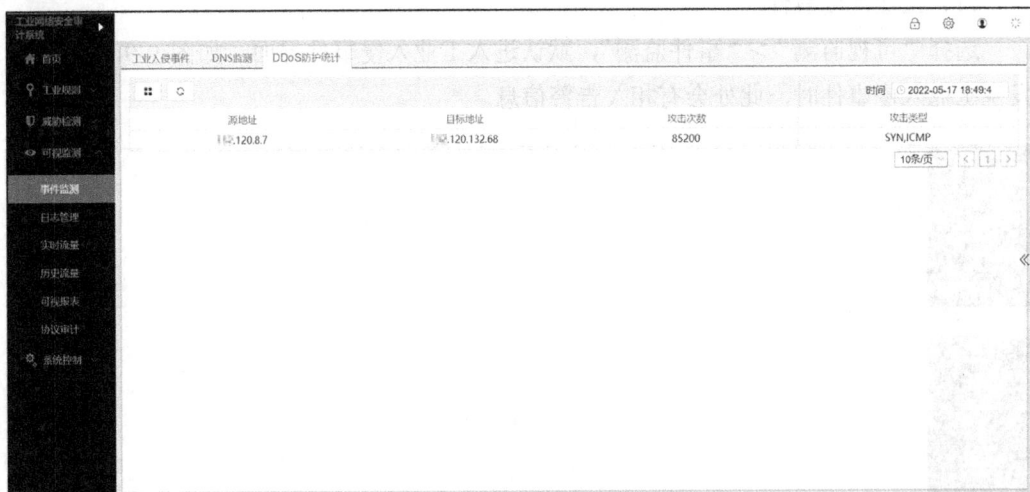

图 9-11　DDoS 防护统计界面

（二）工业主机卫士

工业主机卫士分为管理端和客户端，与工业网络审计产品类似，在使用前需要对工业主机卫士进行策略设定。以某产品为例，该产品的客户端设定可在管理端完成，以下均是管理端上的操作。

1．策略设定

（1）主机发现

进入管理端界面后，选择"设备管理"＞"主机发现"，单击"自动发现"，然后选择"相同网段"，单击"确定"，进行客户端的自动搜索工作，如图 9-12 所示。

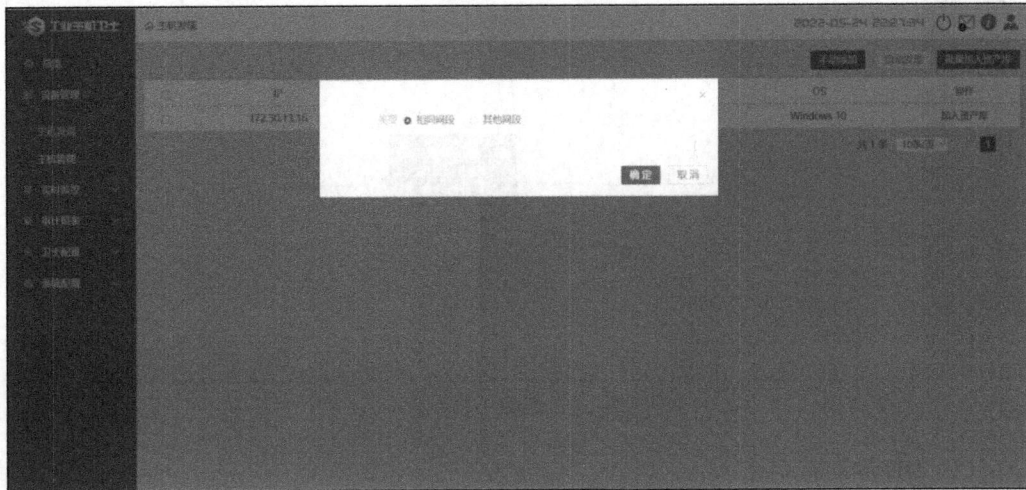

图 9-12　工业主机卫士的主机发现界面

成功发现主机后，单击列表最右侧的"加入资产库"，完成主机添加操作。

（2）USB 白名单管理

选择"卫士配置" > "USB 白名单管理"，如图 9-13 所示，在左侧的 IP 地址列表中单击 $\boxed{+}$，逐个添加 USB 白名单。

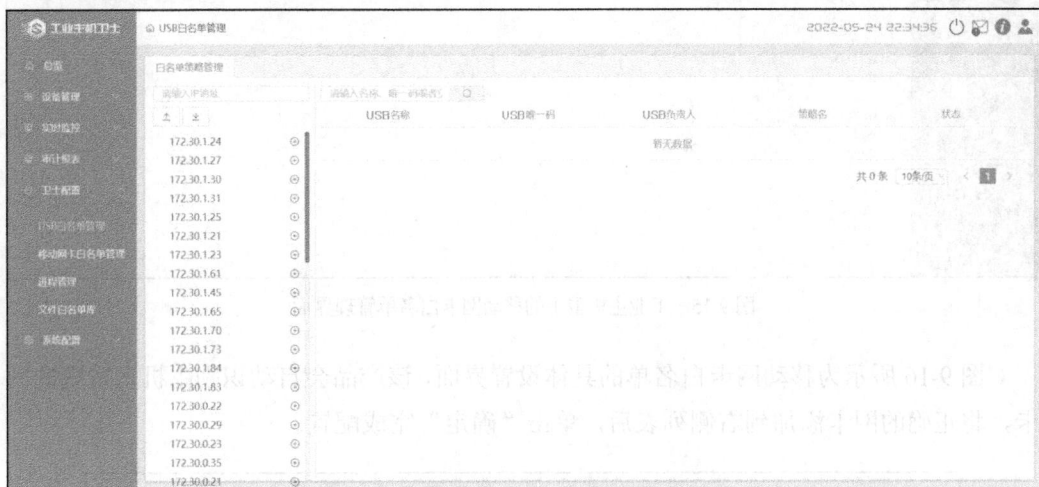

图 9-13　工业主机卫士的 USB 白名单管理界面

图 9-14 所示为 USB 白名单的具体设置界面，该产品会自动识别主机上发现的 USB 设备，将可以使用的 USB 设备添加到右侧列表后，单击"确定"完成配置。

图 9-14　工业主机卫士的 USB 白名单具体设置界面

（3）移动网卡白名单管理

选择"卫士配置" > "移动网卡白名单管理"，如图 9-15 所示，在左侧的 IP 地址列表中单击 $\boxed{+}$，逐个添加移动网卡白名单。

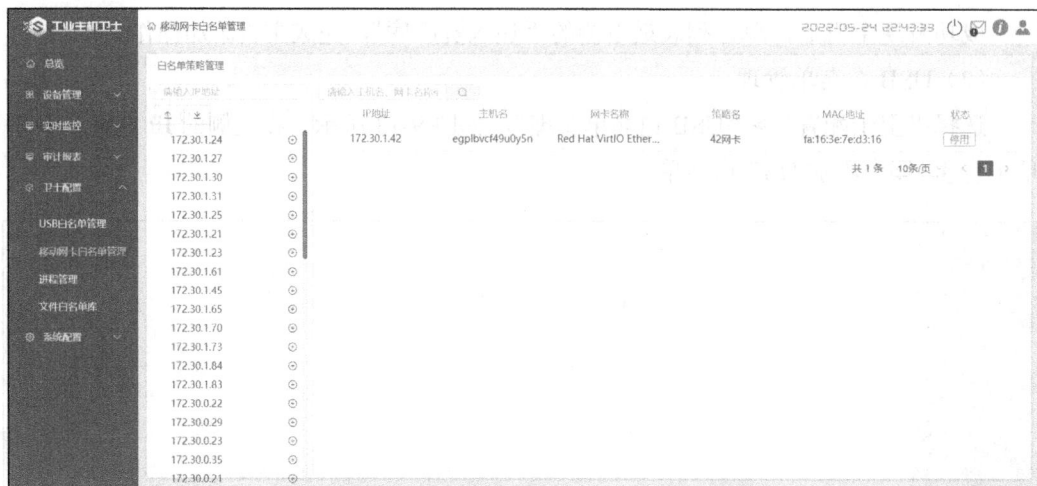

图 9-15 工业主机卫士的移动网卡白名单管理界面

图 9-16 所示为移动网卡白名单的具体设置界面，该产品会自动识别主机上发现的网卡，将正确的网卡添加到右侧列表后，单击"确定"完成配置。

图 9-16 工业主机卫士的移动网卡白名单具体设置界面

（4）进程管理

选择"卫士配置">"进程管理"，如图 9-17 所示，在左侧的 IP 地址列表中单击⊕，逐个添加进程白名单。

图 9-18 所示为进程白名单的具体设置界面，经过路径配置后，该产品会自动识别相关路径下的所有进程文件，并扫描设定为白名单进程。

扫描完成后，会生成主机的进程白名单库，单击 ◉ 后，白名单将正式启用，如图 9-19 所示。

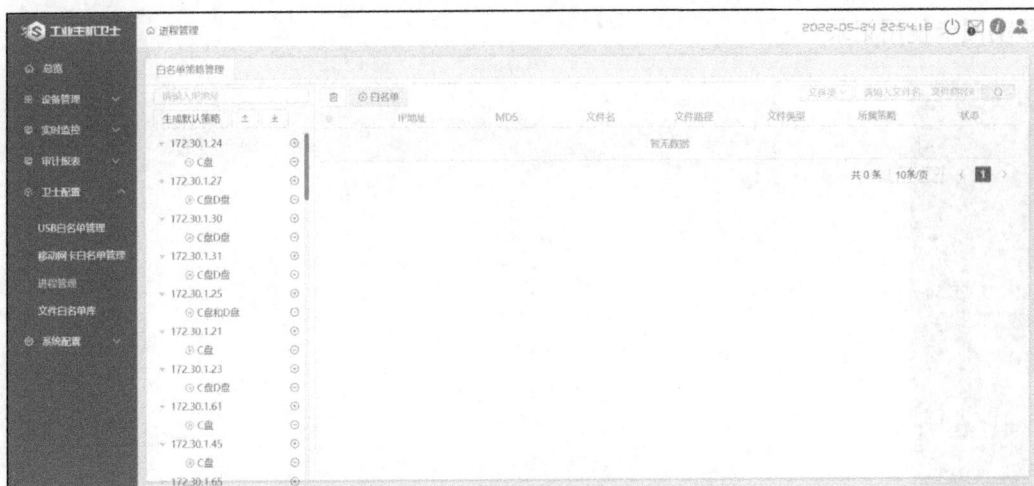

图 9-17　工业主机卫士的进程管理界面

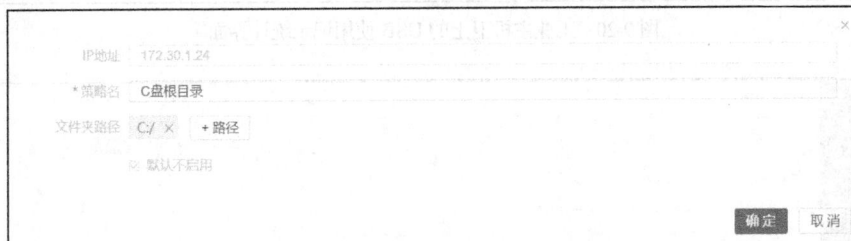

图 9-18　工业主机卫士的进程白名单具体设置界面

IP地址	MD5	文件名	文件路径	文件类型	所属策略	状态
172.30.1.24	0e034c082ef72...	java.exe	C:\landray\dev\...	exe	C盘	启用
172.30.1.24	2aa4bd1fe3a87...	java_crw_demo...	C:\landray\dev\...	dll	C盘	启用
172.30.1.24	23ca536c9a3f2...	javacpl.exe	C:\landray\dev\...	exe	C盘	启用
172.30.1.24	d9793efc36efcc...	javafx-font.dll	C:\landray\dev\...	dll	C盘	启用
172.30.1.24	3419a6c5b560...	javafx-iio.dll	C:\landray\dev\...	dll	C盘	启用
172.30.1.24	018877cd0844...	javaw.exe	C:\landray\dev\...	exe	C盘	启用
172.30.1.24	85cf14f11f65e7...	javaws.exe	C:\landray\dev\...	exe	C盘	启用
172.30.1.24	e93166181295...	jawt.dll	C:\landray\dev\...	dll	C盘	启用
172.30.1.24	369d2ba6a5bf7...	jdwp.dll	C:\landray\dev\...	dll	C盘	启用
172.30.1.24	30ddf879ca533...	jfr.dll	C:\landray\dev\...	dll	C盘	启用

共 42071 条　10条/页　‹ **1** 2 3 4 5 6 … 4208 ›

图 9-19　工业主机卫士的进程白名单列表界面

2．日志查看

（1）USB 统计

选择"审计报表"＞"USB 统计"，进入图 9-20 所示的界面，可查看所有主机的 USB 使用记录。

（2）移动网卡统计

选择"审计报表"＞"移动网卡统计"，进入图 9-21 所示的界面，可查看所有主机的移动网卡使用记录。

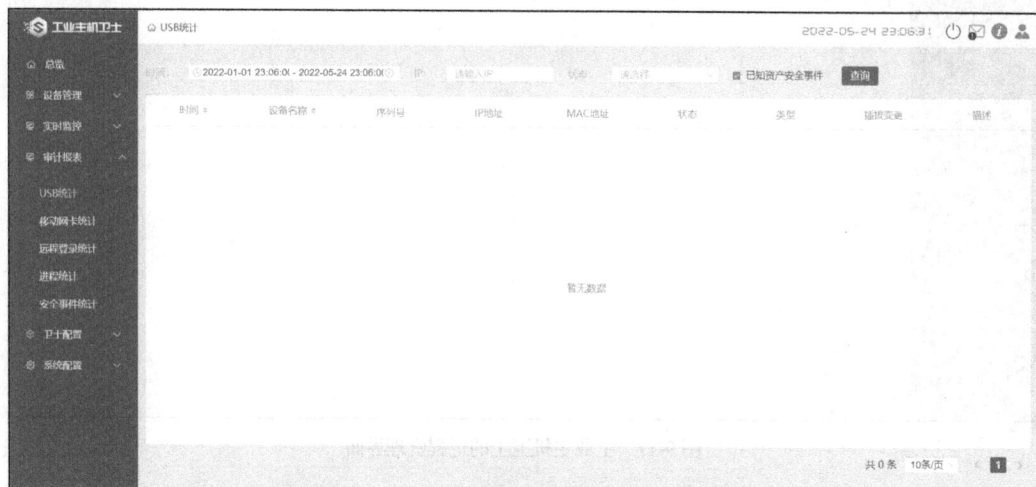

图 9-20　工业主机卫士的 USB 使用记录统计界面

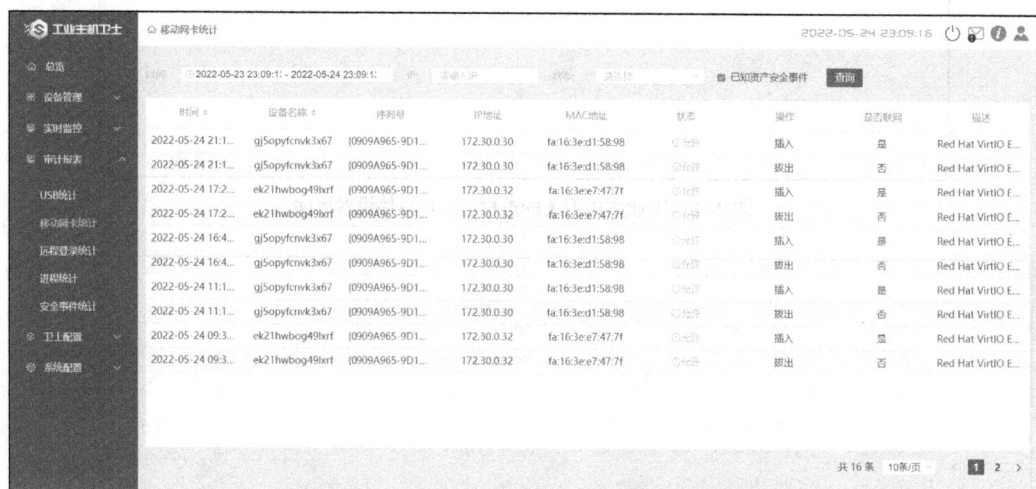

图 9-21　工业主机卫士的移动网卡使用记录统计界面

（3）远程登录统计

选择"审计报表">"远程登录统计"，进入图 9-22 所示的界面，可查看所有主机的远程登录记录。

（4）进程统计

选择"审计报表">"进程统计"，进入图 9-23 所示的界面，可查看所有主机的进程运行记录。

（5）安全事件统计

选择"审计报表">"安全事件统计"，进入图 9-24 所示的界面，可查看所有主机的 Windows 敏感操作日志记录。

图 9-22 工业主机卫士的远程登录记录统计界面

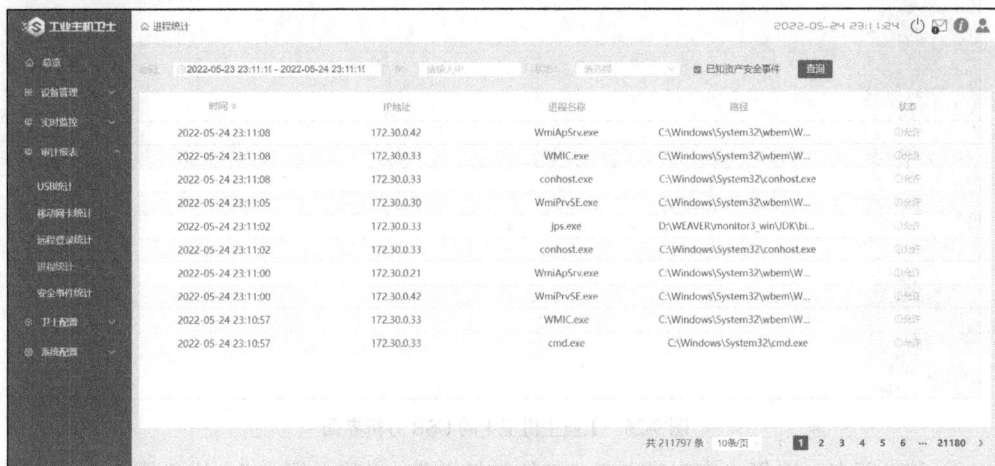

图 9-23 工业主机卫士的进程运行记录统计界面

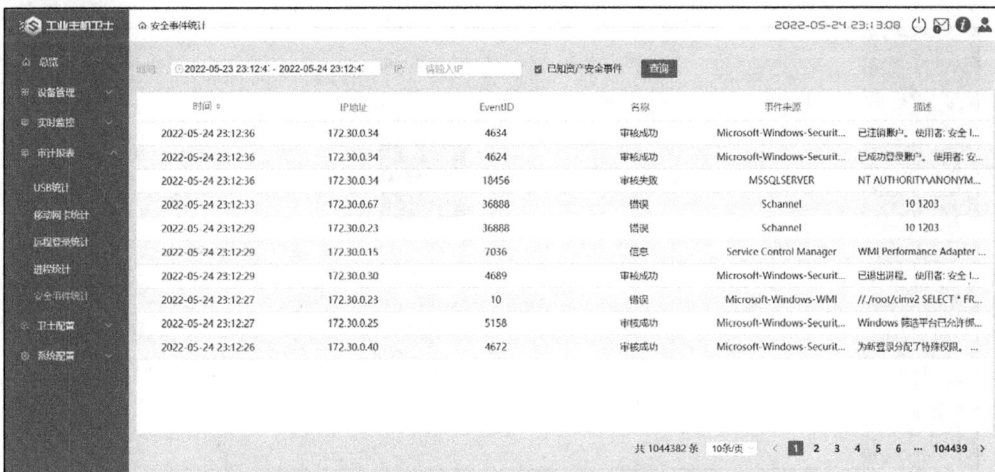

图 9-24 工业主机卫士的 Windows 敏感操作日志记录统计界面

3．异常分析

选择"总览"进入高危资产统计界面，能查看设备事件频次排名前五的主机 IP 地址，如图 9-25 所示，可以将相关 IP 地址作为重点排查的对象。

（1）外部接入

① USB。选择"实时监控"＞"外部接入"＞"USB"，进入图 9-26 所示的界面，可以查看所有针对 USB 使用的分析功能。

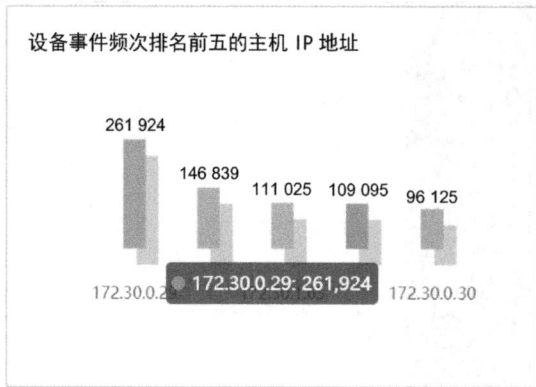

图 9-25　工业主机卫士的高危资产统计界面

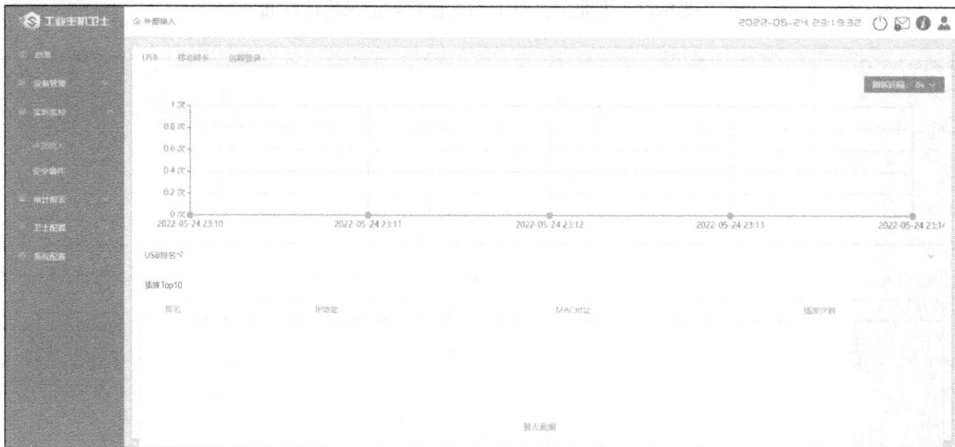

图 9-26　工业主机卫士的 USB 分析界面

② 移动网卡。选择"实时监控"＞"外部接入"＞"移动网卡"，进入图 9-27 所示的界面，可查看所有针对移动网卡使用的分析功能。

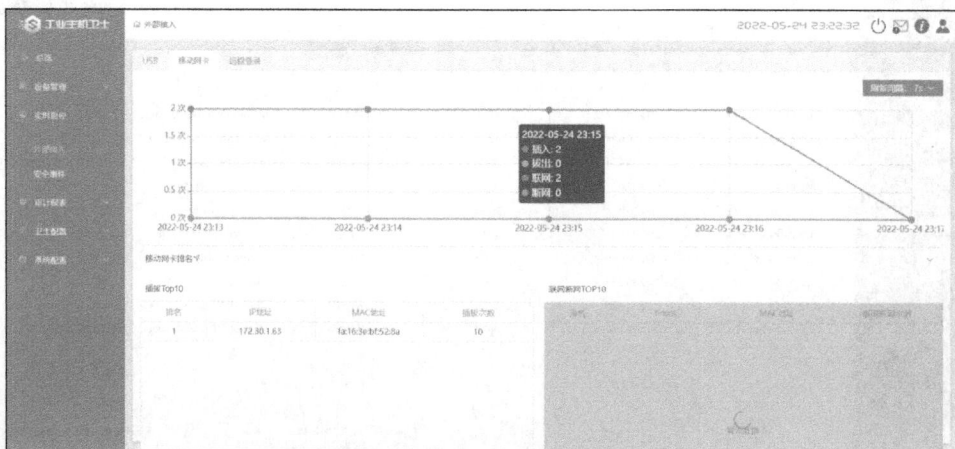

图 9-27　工业主机卫士的移动网卡分析界面

③ 远程登录。选择"实时监控">"外部接入">"远程登录",进入图 9-28 所示的界面,可查看所有针对远程登录使用的分析功能。

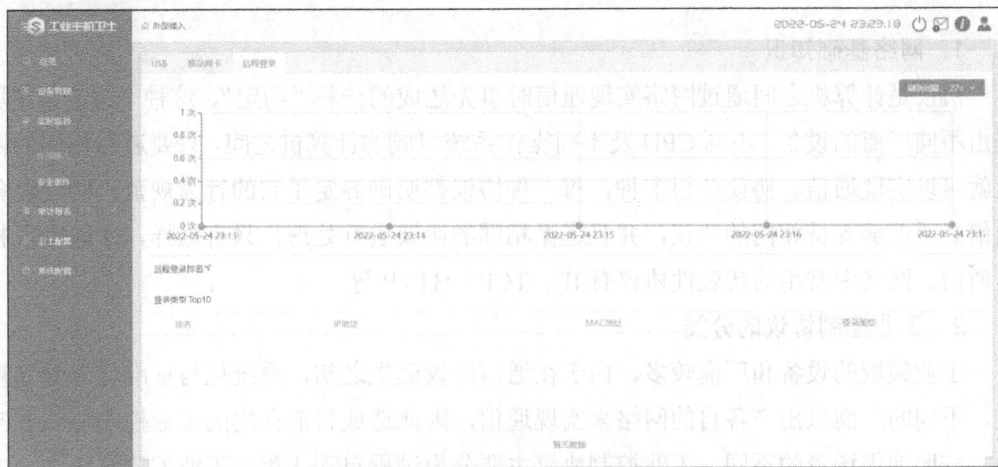

图 9-28　工业主机卫士的远程登录分析界面

（2）安全事件

选择"实时监控">"安全事件",进入图 9-29 所示的界面,可以查看所有针对安全事件的分析功能。

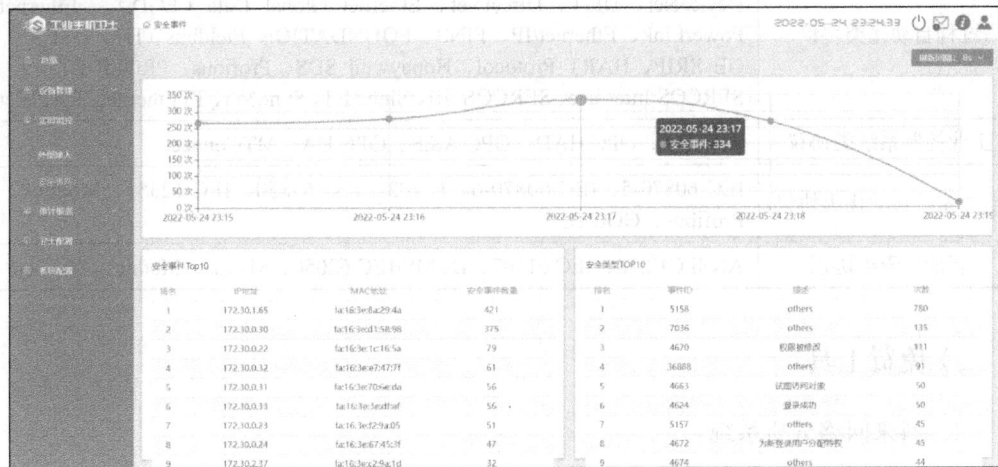

图 9-29　工业主机卫士的安全事件分析界面

根据上述统计分析界面,可以捕捉到异常 IP 地址,帮助开展后续分析。

第二节　工业网络流量分析

本节主要介绍如何使用公开抓包工具或安全产品进行工业网络流量分析,包括分析流量的基础网络知识、免费工具的流量分析方法，以及商业工具的流量分析方法。

（一）分析基础知识

1．网络基础知识

协议是计算机之间通过网络实现通信时事先达成的一种"约定"，这种"约定"使那些由不同厂商的设备、不同 CPU 及不同操作系统组成的计算机之间，只要遵循相同的协议就可以实现通信。协议分很多种，每一种协议都明确界定了它的行为规范：两台设备通信必须能够支持相同的协议，并且遵循相同的协议进行处理，只有这样，才能实现相互通信。网络中常用的代表性协议有 IP、TCP、HTTP 等。

2．工业控制协议的分类

工业领域的设备和厂商较多，由于在通信协议诞生之初，系统化与标准化未受到重视，不同的厂商只出产各自的网络来实现通信，因此造成目前在用的工业控制协议非常多。按照使用场景的不同，工业控制协议主要分为过程自动化类、工业控制系统类、电力系统自动化类、智能电表类 4 类，见表 9-2。

表 9-2　工业控制协议分类

协议类别	工业控制协议
过程自动化类协议	AS-i、BSAP、CC-Link Industrial Networks、CIP、CAN Bus、ControlNet、DeviceNet、DF-1、DirectNet、Ethernet Global Data（EGD）、Ethernet PowerLink、Ethernet/IP、FINS、FOUNDATION Fieldbus（H1、HSE）、GE SRIP、HART Protocol、Honeywell SDS、Profibus、PROFINET IO、SERCOS Interface、SERCOS Ⅲ、Sinec H1、SynqNet、TTEthernet、RAPIEet
工业控制系统类协议	OPC DA、OPC HAD、OPC A&E、OPC UA、MTConnect
电力系统自动化类协议	IEC 60870-5、IEC 60870-6、DNP3、IEC 61850、IEC 62351、Modbus、Profibus、GOOSE
智能电表类协议	ANSI C12.18、IEC 61107、DLMS/IEC 62056、M-Bus、Modbus、ZigBee

（二）免费工具

1．科来网络分析系统

（1）下载并安装

下载地址：科来官网。

该系统主要包括 3 个安装步骤。

步骤 1：双击安装包文件，弹出图 9-30 所示的界面后，单击"下一步"。

步骤 2：选择"我接受协议"，单击"下一步"继续，如图 9-31 所示。

步骤 3：选择安装路径，再次单击"下一步"（如图 9-32 所示），之后全部单击"下一步"默认安装即可。

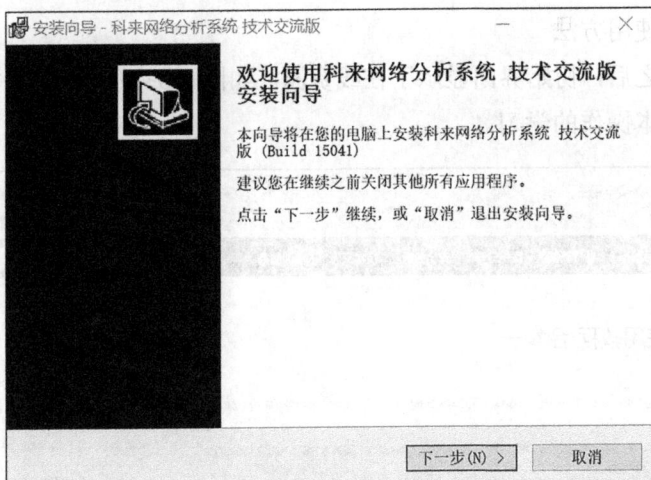

图 9-30 科来网络分析系统安装界面 1

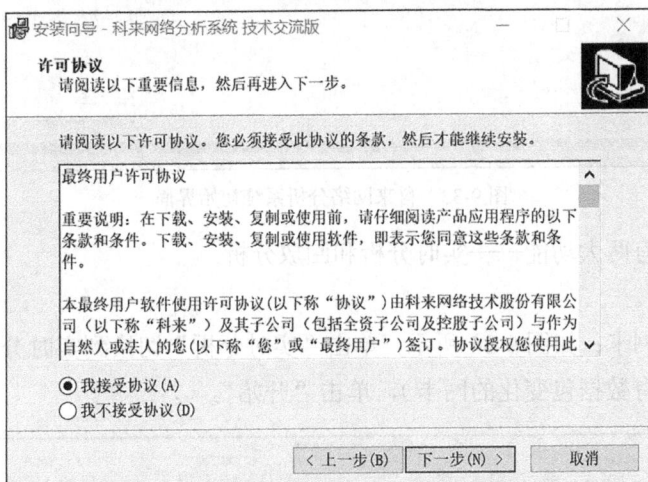

图 9-31 科来网络分析系统安装界面 2

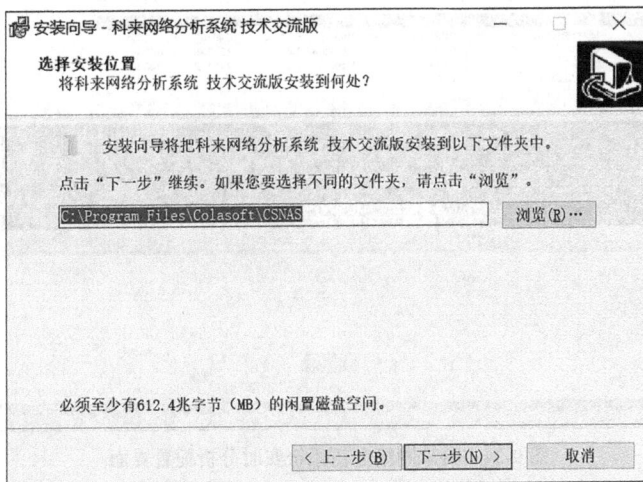

图 9-32 科来网络分析系统安装界面 3

（2）常见的使用方法

打开该工具之后，初始界面显示了在线资源，如图 9-33 所示，可以根据官方发布的教程进行一些基本操作的学习。

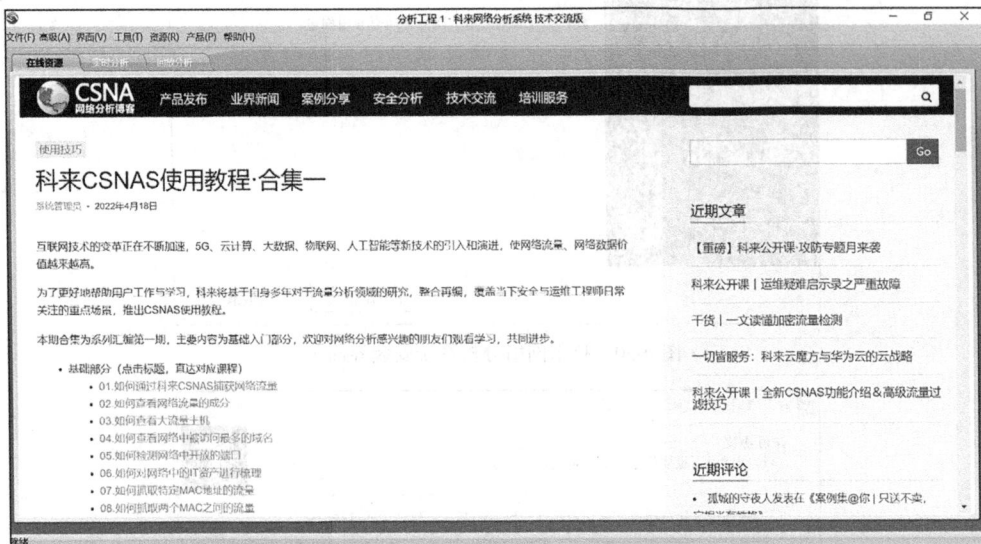

图 9-33　科来网络分析系统初始界面

该工具主要有两大功能——实时分析和回放分析。

① 实时分析。

选择分析的网卡：如图 9-34 所示，单击"实时分析"切换到实时分析界面，选择正在使用的网卡（有数据包变化的网卡），单击"开始"。

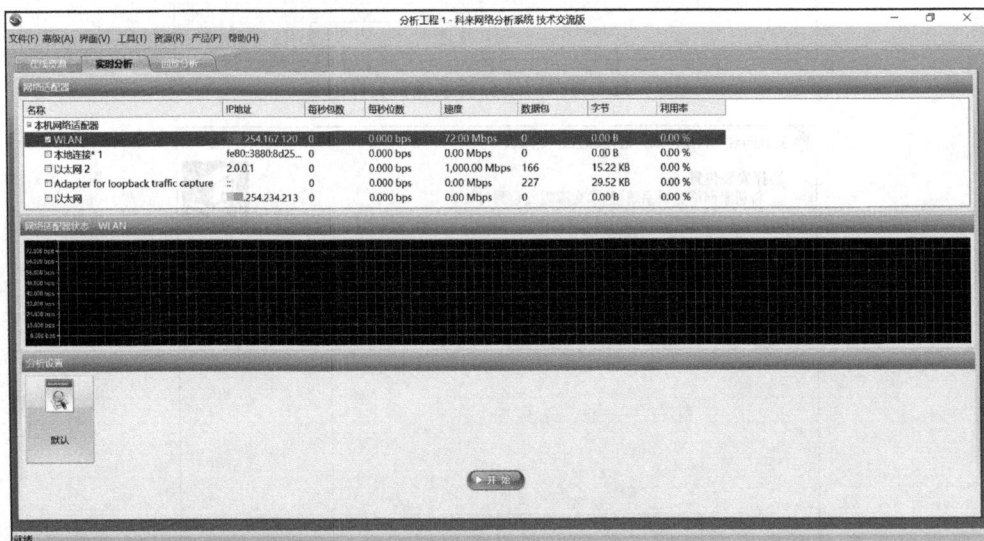

图 9-34　科来网络分析系统实时分析配置界面

开始协议分析：单击"协议"，进入协议分析界面，如图 9-35 所示。

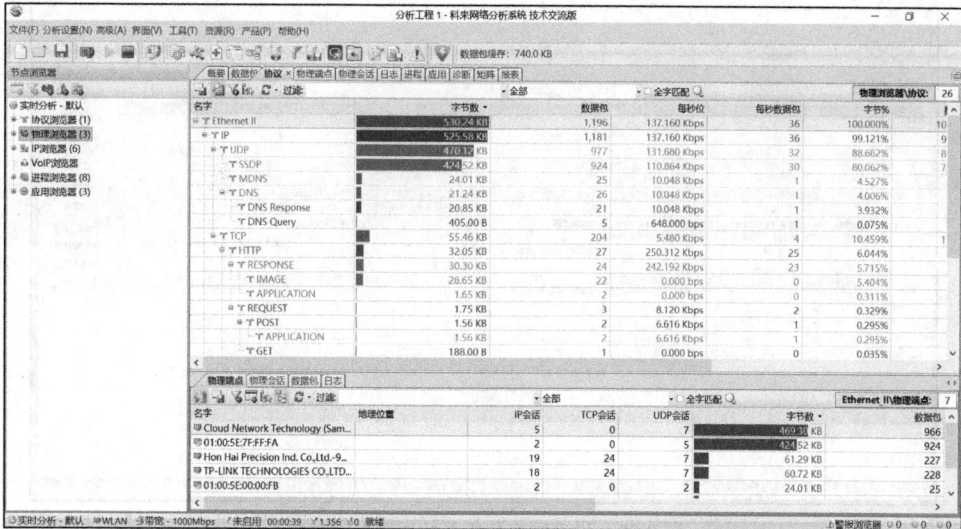

图 9-35　科来网络分析系统实时分析协议界面

进行数据包的保存：单击 ■（停止），然后选择"文件"＞"导出数据包"（如图 9-36 所示），将数据包保存在计算机中，以便今后随时用于分析。

② 回放分析。

数据包回放：如图 9-37 所示，选择"回放分析"，单击"添加文件"，选择好回放的数据包之后，单击"开始"。

图 9-36　科来网络分析系统保存数据包

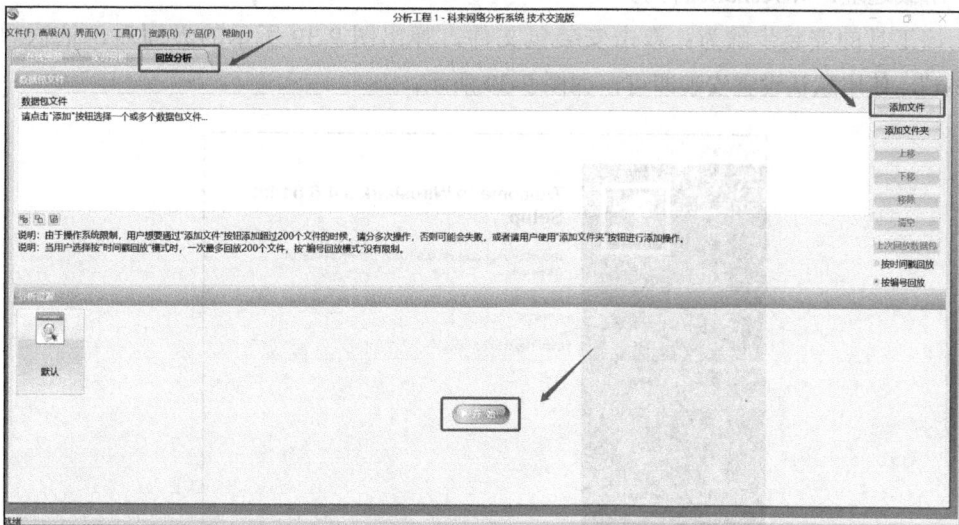

图 9-37　科来网络分析系统数据包回放

接下来可以还原整个过程的网络行为，并重新进行分析，如图 9-38 所示。

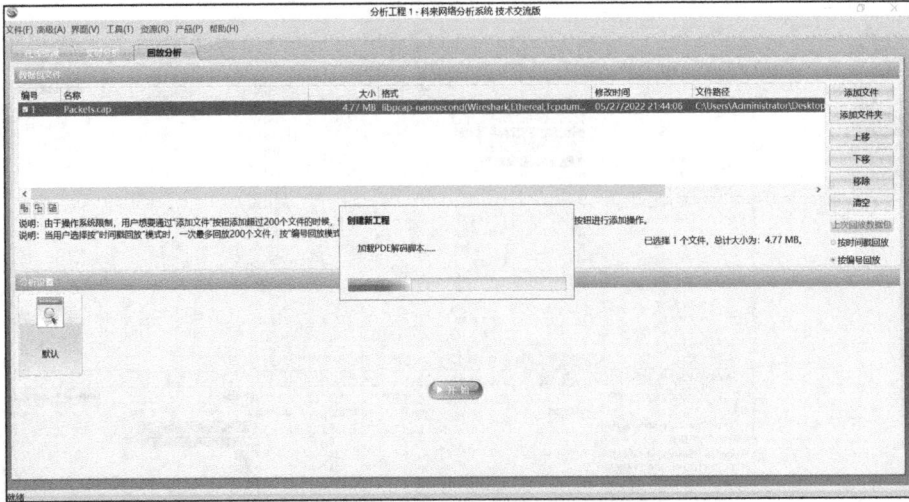

图 9-38 科来网络分析系统回放数据过程

使用时，可以发现实时分析和回放分析的功能是一样的，区别在于：实时分析是数据一直变化的动态分析过程，而回放分析则是静态分析过程。

该工具的优点是可以快速发现网络方面的异常，包括发现大流量主机、访问最多的域名、网络中开放的端口、特定程序产生的流量等。

需要注意的是，该工具主要分析 IP、TCP、用户数据报协议（User Datagram Protocol，UDP）会话等，无法深度解析工业控制协议。

2. Wireshark 网络抓包工具

（1）下载并安装

下载地址：Wireshark 官网。

该工具的安装步骤为：双击安装包文件，弹出图 9-39 所示的界面后，依次单击"Next"，使用默认设置安装即可，如图 9-39 所示。

图 9-39 Wireshark 安装界面

（2）常见的使用方法

该工具主要有两大功能——实时分析和回放分析。

① 实时分析。

网卡选择：打开该工具之后，初始界面是网卡选择界面，选择正在使用的网卡（有趋势图的网卡），如图 9-40 所示。

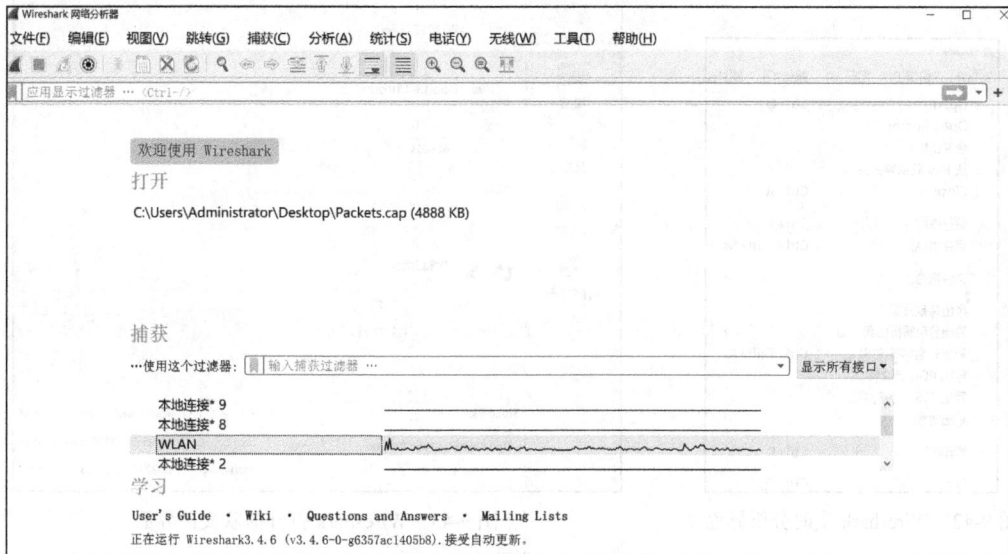

图 9-40　Wireshark 初始界面

实时抓包分析：双击选择的网卡，进入实时分析界面，如图 9-41 所示。

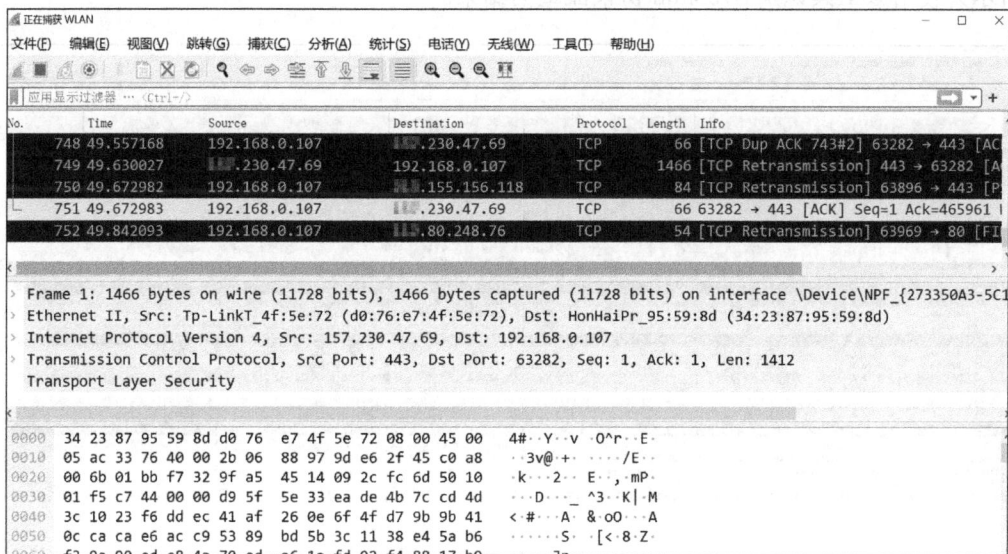

图 9-41　Wireshark 实时分析界面 1

保存数据包：单击图 9-41 中左上角的 ■ ，选择"文件"＞"保存"进行数据包的保存操作，如图 9-42 所示。

②回放分析。选择"文件">"打开"，在弹出的界面中选择需要分析的文件，单击"打开"，如图 9-43 所示。

图 9-42　Wireshark 实时分析界面 2

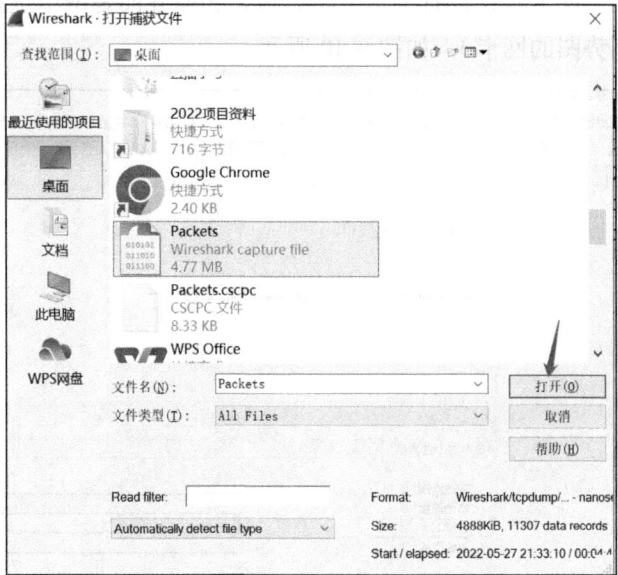

图 9-43　Wireshark 打开捕获文件界面

使用时可以发现，Wireshark 解析数据端的能力比较强，支持工业控制协议的识别，缺点是不便于查看。图 9-44 所示为使用该工具识别 Modbus/TCP 流量的结果，图 9-45 所示为使用该工具识别 S7comm 协议流量的结果。

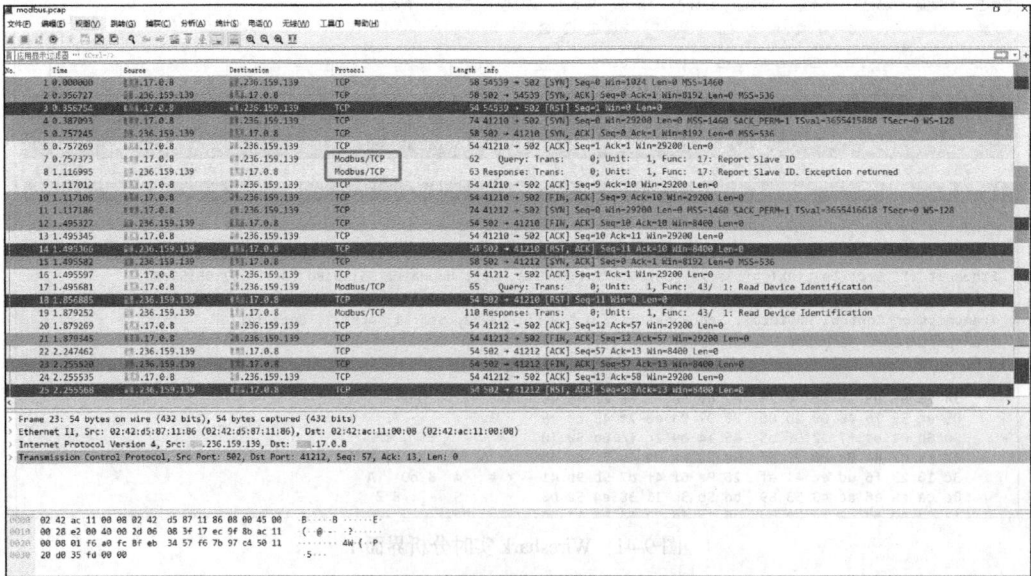

图 9-44　用 Wireshark 识别 Modbus/TCP 流量的结果

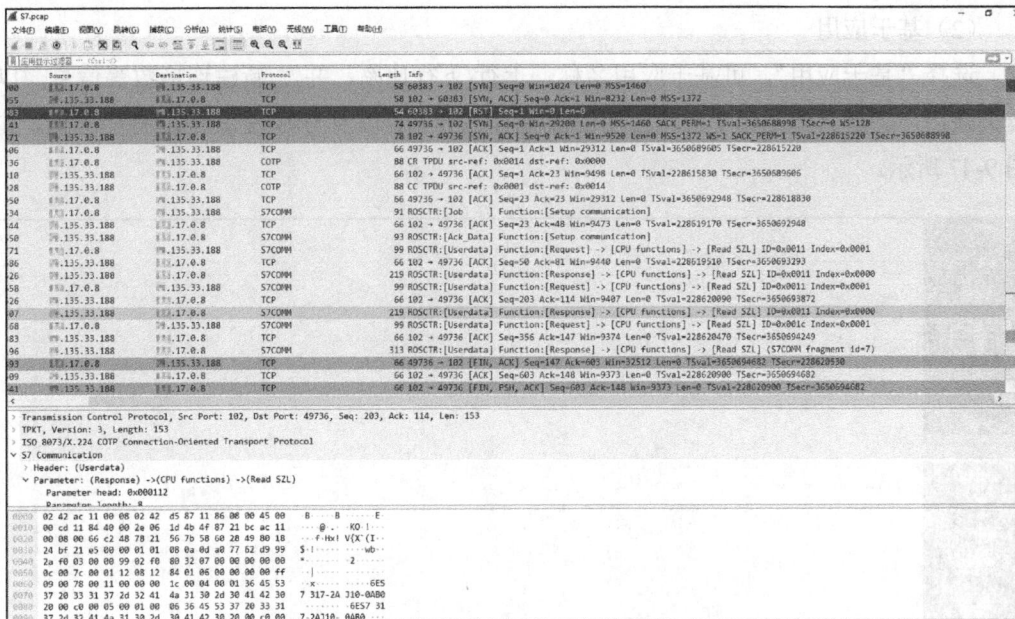

图 9-45　用 Wireshark 识别 S7comm 协议流量的结果

（三）商业工具

1. 实时流量

以某产品为例，进入该产品管理界面后，选择"可视监测">"实时流量"，默认进入实时监控界面。

（1）实时监控

进入实时监控界面后，可以直观查看接口流量趋势图、连接趋势图，Top10 应用、Top10 用户流量排名等信息，如图 9-46 所示。

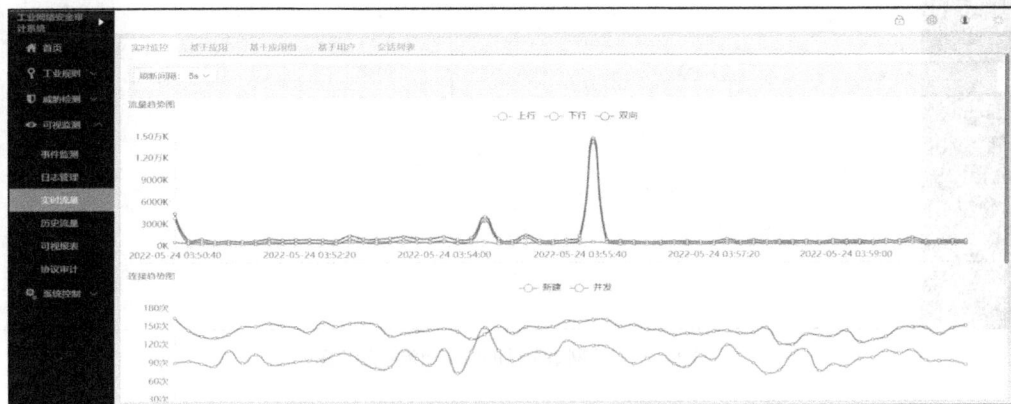

图 9-46　工业网络审计的实时监控界面

当发现流量在某个时刻突增时，可以继续在相关界面进行分析。

（2）基于应用

选择"基于应用"，可基于应用名称、上行/下行速率、并发/新建连接数等信息，以及关联用户了解具体是哪个应用占用的流量存在异常，以及与哪些 IP 地址有相关性，如图 9-47 所示。

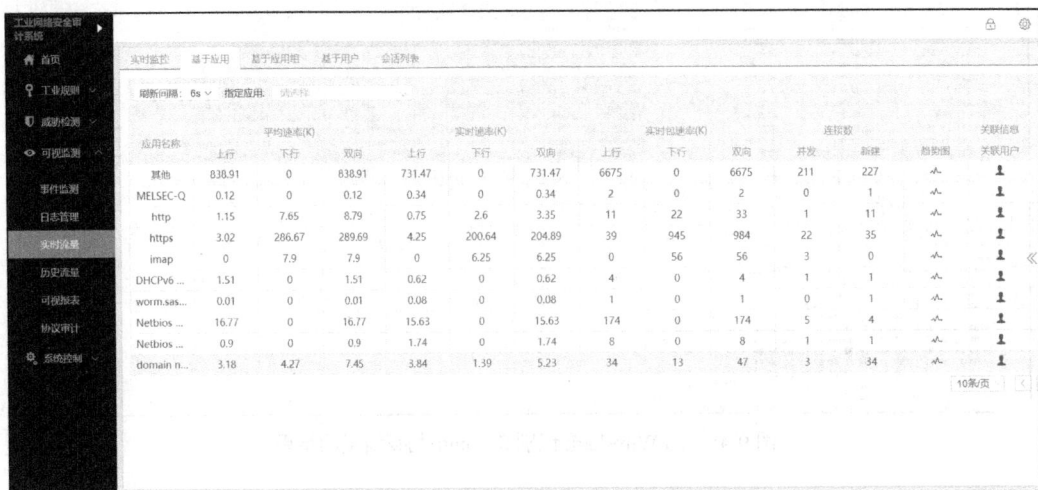

| 应用名称 | 平均速率(K) | | | 实时速率(K) | | | 实时包速率(K) | | | 连接数 | | 趋势图 | 关联信息 |
	上行	下行	双向	上行	下行	双向	上行	下行	双向	并发	新建		关联用户
其他	838.91	0	838.91	731.47	0	731.47	6675	0	6675	211	227		
MELSEC-Q	0.12	0	0.12	0.34	0	0.34	2	0	2	1	1		
http	1.15	7.65	8.79	0.75	2.6	3.35	11	22	33	1	11		
https	3.02	286.67	289.69	4.25	200.64	204.89	39	945	984	22	35		
imap	0	7.9	7.9	0	6.25	6.25	0	56	56	3	0		
DHCPv6 ...	1.51	0	1.51	0.62	0	0.62	4	0	4	1	1		
worm.sas...	0.01	0	0.01	0.08	0	0.08	1	0	1	0	1		
Netbios...	16.77	0	16.77	15.63	0	15.63	174	0	174	5	1		
Netbios...	0.9	0	0.9	1.74	0	1.74	8	0	8	1	1		
domain n...	3.18	4.27	7.45	3.84	1.39	5.23	34	13	47	3	34		

图 9-47　工业网络审计的基于应用界面

（3）基于应用组

选择"基于应用组"进入相关界面，可以基于应用组流量趋势图（如图 9-48 所示）、表格（如图 9-49 所示）、饼图和柱状图等多种形式查看实时流量情况。

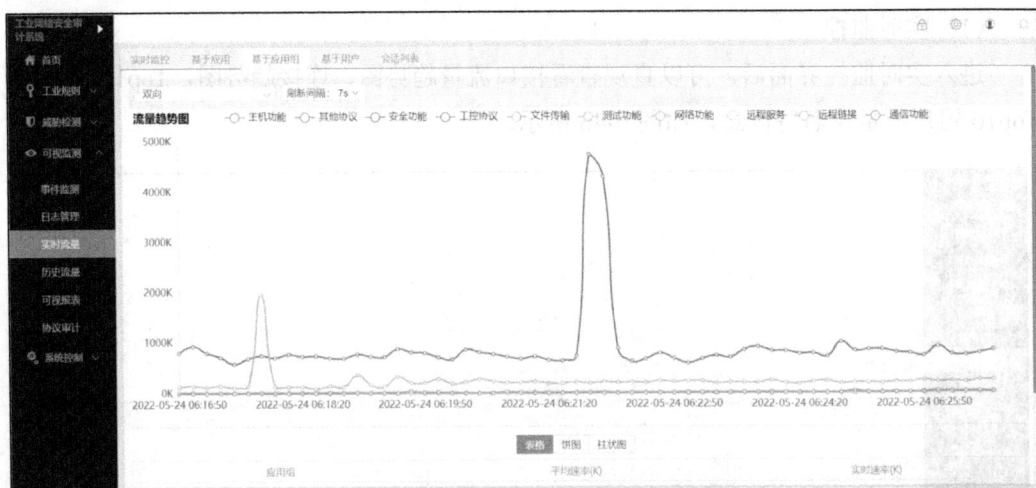

图 9-48　工业网络审计的应用组流量趋势图

（4）基于用户

一旦锁定某个 IP 资产存在问题，可选择"基于用户"进入相应界面，进一步针对单个 IP 地址展开分析，如图 9-50 所示。

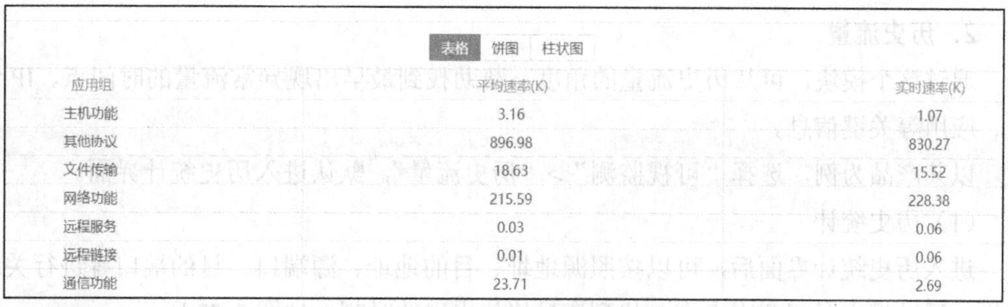

应用组	平均速率(K)	实时速率(K)
主机功能	3.16	1.07
其他协议	896.98	830.27
文件传输	18.63	15.52
网络功能	215.59	228.38
远程服务	0.03	0.06
远程链接	0.01	0.06
通信功能	23.71	2.69

图 9-49　工业网络审计的应用组表格

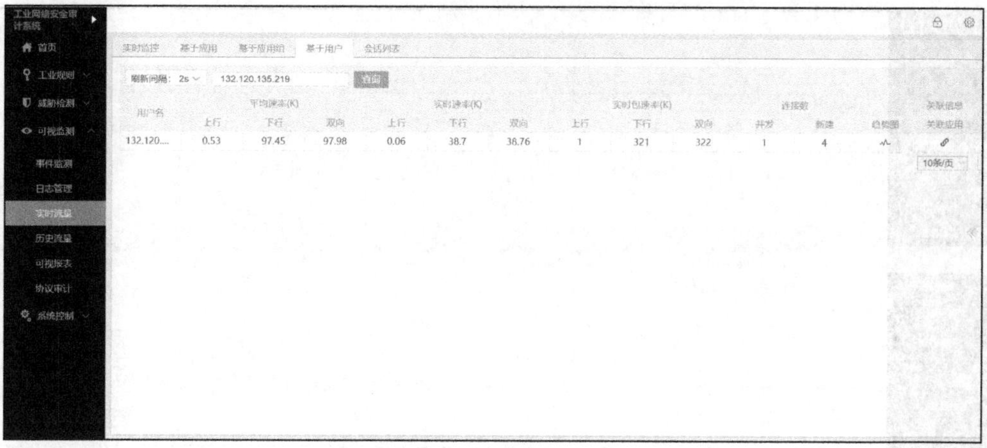

图 9-50　工业网络审计的基于用户界面

（5）会话列表

当不清楚恶意 IP 地址的协议或者暂时无法锁定 IP 地址时，可选择"会话列表"，打开的界面会显示所有内网用户通过工业审计系统上网并已经建立连接的会话信息，包括成功建立会话的源地址、协议、目的地址、源端口和目的端口等信息，可通过条件查询筛选一些高危端口来发现端倪，如图 9-51 所示。

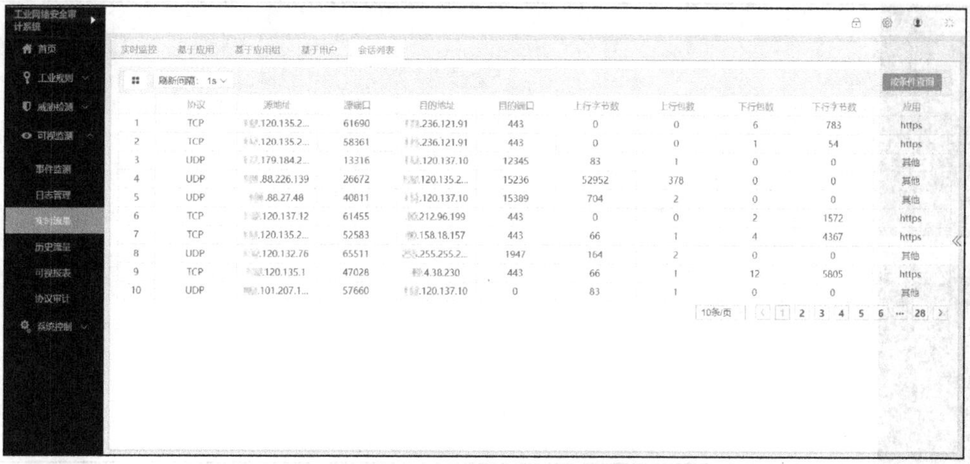

图 9-51　工业网络审计的会话列表界面

147

2. 历史流量

通过这个模块，可从历史流量的角度，帮助找到最早出现异常流量的时间点、IP地址、应用等关键信息。

以某产品为例，选择"可视监测"＞"历史流量"，默认进入历史统计界面。

（1）历史统计

进入历史统计界面后，可以按照源地址、目的地址、源端口、目的端口等进行关联查询，通过设定时间范围查询，找到流量峰值出现的时刻，如图9-52所示。

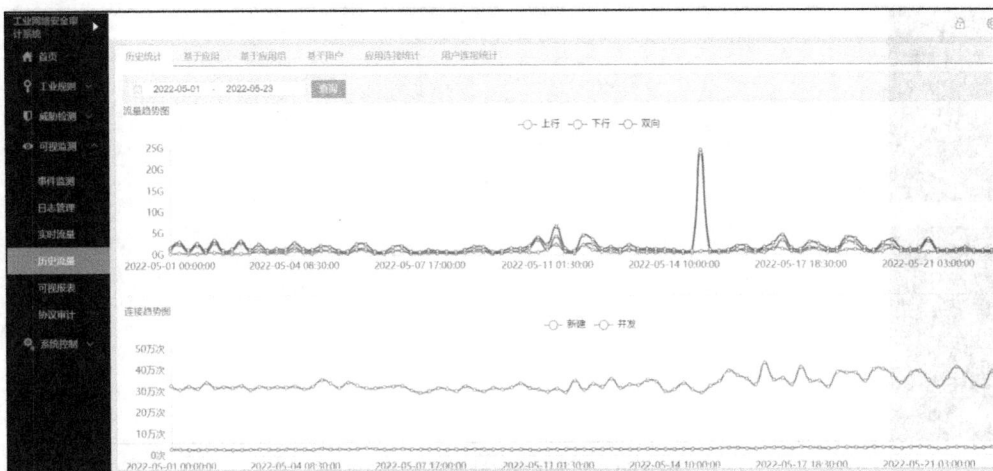

图9-52　工业网络审计的历史统计界面

（2）基于应用

选择"基于应用"进入相关界面后，可以查看不同应用在某时间范围内的上行流量、下行流量和总流量，并可单独查看某个应用的趋势图，了解相关应用具体在何时产生大流量，以推测相关应用对网络产生的影响，如图9-53所示。

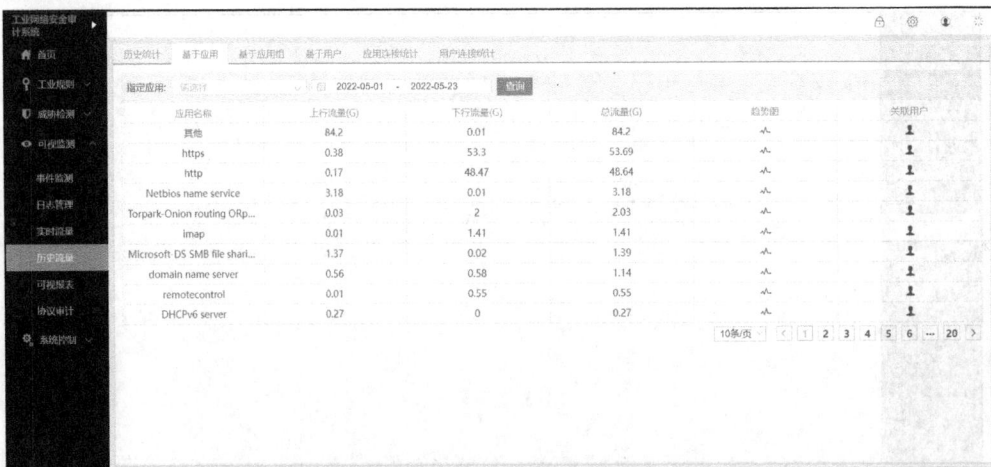

图9-53　工业网络审计的基于应用界面

在异常应用的流量趋势图里锁定存在异常的某个时刻，如图 9-54 所示。

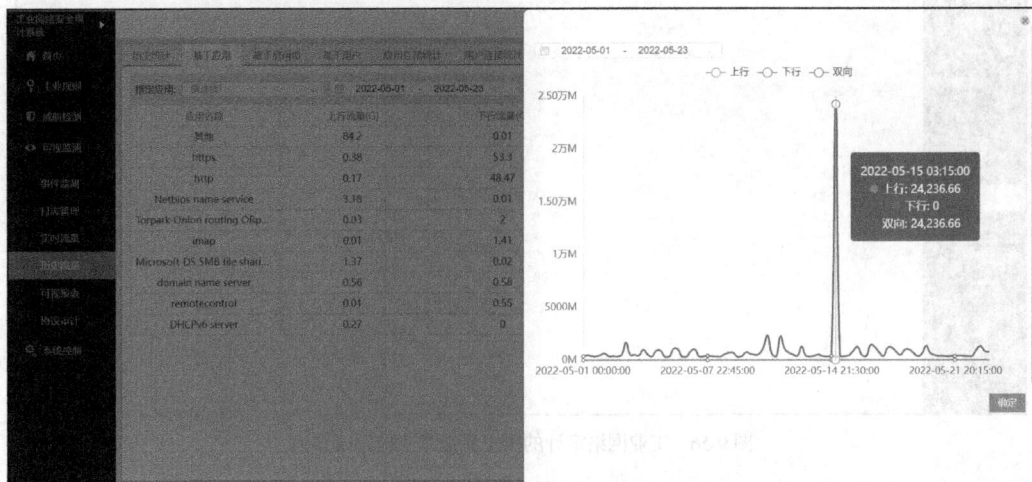

图 9-54　工业网络审计的某个应用的流量趋势图界面

从中挑选出存在异常的 IP 地址，如图 9-55 所示。

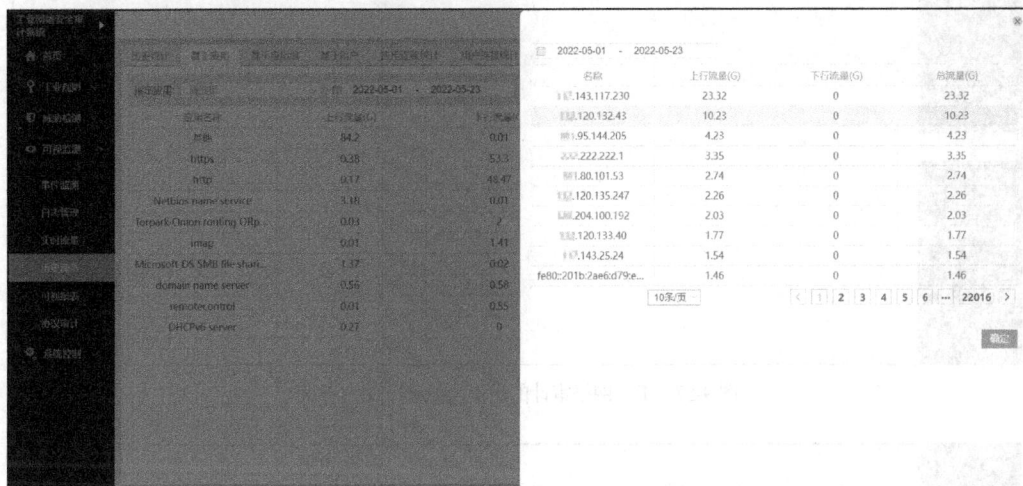

图 9-55　工业网络审计的某个流量对应的 IP 地址界面

（3）基于应用组

选择"基于应用组"，可以基于应用组流量趋势图（如图 9-56 所示）、饼图和柱状图等多种形式查看历史流量情况。

（4）基于用户

选择"基于用户"，可以基于用户流量列表快速找到流量较大的 IP 地址，以便开展进一步分析，如图 9-57 所示。

（5）应用连接统计

选择"应用连接统计"，可以查询每个应用的最大并发、最大新建、平均并发、平均新建等信息及趋势图，以便及时发现异常应用，如图 9-58 所示。

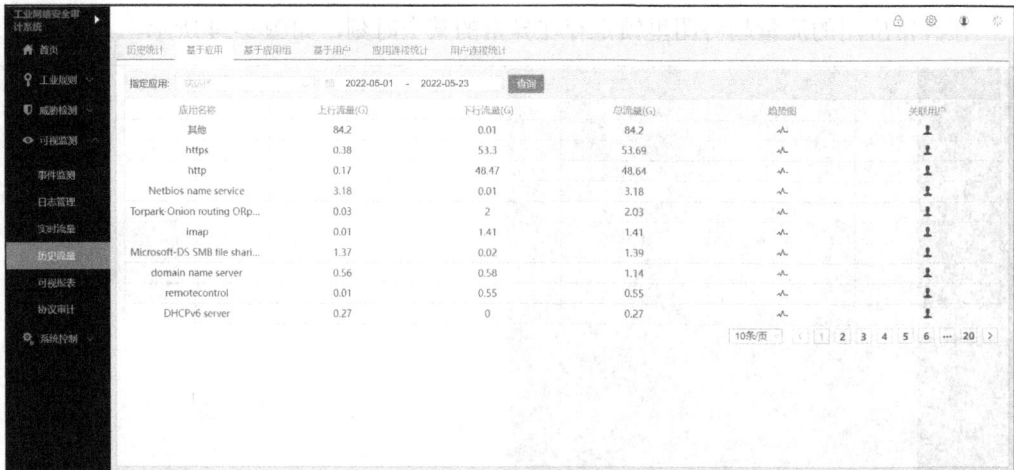

图 9-56　工业网络审计的历史流量基于应用组界面

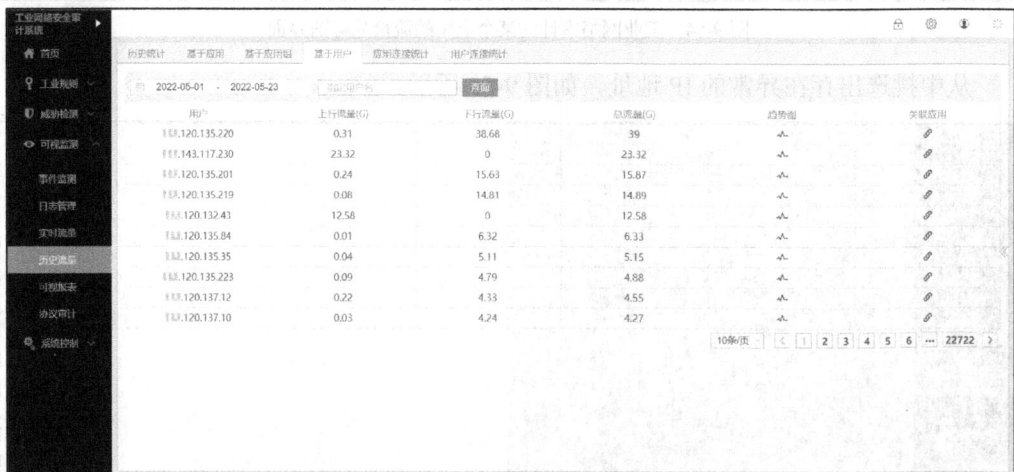

图 9-57　工业网络审计的历史流量基于用户界面

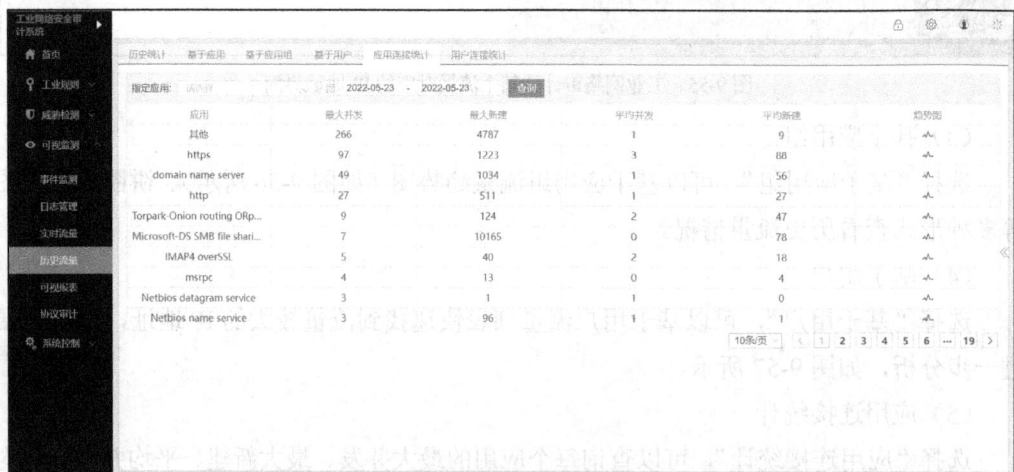

图 9-58　工业网络审计的历史流量应用连接统计界面

（6）用户连接统计

选择"用户连接统计"，可以查询每个用户 IP 地址的最大并发、最大新建、平均并发、平均新建等信息及趋势图，以便及时发现异常用户 IP 地址，如图 9-59 所示。

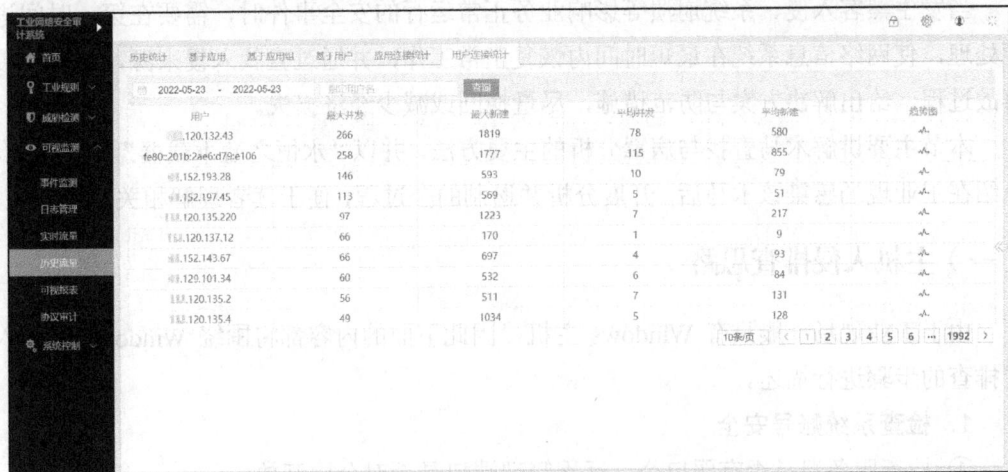

图 9-59　工业网络审计的历史流量用户连接统计界面

3. 协议审计

协议审计中显示所有内网用户通过工业审计系统上网并已经建立连接的会话信息，工业审计系统管理员可随时查看成功建立会话的源地址、协议名称、目的地址、源端口和目的端口等信息，实现对工业审计系统的实时监控。

以某产品为例，选择"可视监测">"协议审计"，进入应用层协议审计界面，如图 9-60 所示。

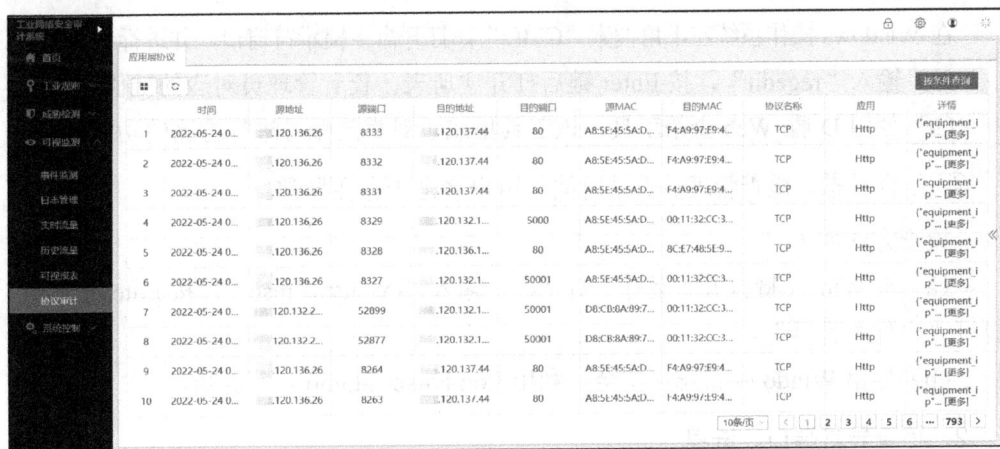

图 9-60　工业网络审计的协议审计界面

单击"按条件查询"，此处可以按照源地址、目的地址、源端口、目的端口等进行关联查询，能更加便利地查询项目协议的内容。

第三节　木马查找与病毒分析

当发生黑客入侵、系统崩溃等影响业务正常运行的安全事件时，需要在第一时间进行处理，使网络信息系统在最短时间内恢复正常工作，并通过查找入侵来源，还原入侵事故过程，给出解决方案与防范措施，尽量挽回或减少经济损失。

本节主要讲解木马查找与病毒分析的主要方法，并以"永恒之蓝下载器"木马为例，介绍在工业现场感染该木马后，开展分析并遏制的全过程，便于读者理解相关理论知识。

（一）主机入侵排查思路

由于工业现场一般只有 Windows 主机，因此下面的内容都将围绕 Windows 主机入侵排查的步骤进行描述。

1. 检查系统账号安全

① 检查服务器是否有弱口令，远程管理端口是否对公网开放。

② 检查服务器是否存在可疑账号、新增账号。

> 检查方法如下。
>
> 在 Windows 操作系统左下角搜索"CMD"，打开命令提示符窗口，输入"lusrmgr.msc"命令并按 Enter 键，查看是否有新增、可疑的账号，如有管理员群组（Administrators）中的新增、可疑账号，请立即禁用或删除。

③ 检查服务器是否存在可疑账号、新增账号。

> 检查方法如下。
>
> 在 Windows 操作系统左下角搜索"CMD"，打开命令提示符窗口，并进行如下操作。
>
> （a）输入"regedit"，按 Enter 键后打开注册表，查看管理员对应的键值。
>
> （b）使用 D 盾_Web 查杀工具，该工具集成了对克隆账号进行检测的功能。

④ 结合日志，检查管理员登录时间、用户名是否存在异常。

> 检查方法如下。
>
> （a）按 Win+R 键打开"运行"对话框，输入"eventvwr.msc"，按 Enter 键运行，打开"事件查看器"。
>
> （b）导出 Windows 日志—安全，利用 Log Parser Studio 进行分析。

2. 检查异常端口、进程

① 检查端口连接情况，看是否有远程连接、可疑连接。

> 检查方法如下。
>
> （a）使用"netstat -ano"命令查看目前的网络连接情况，定位可疑的 ESTABLISHED。

（b）根据"netstat"命令定位 PID，再通过 tasklist 命令进行进程定位：tasklist | findstr "PID"。

② 检查进程。

检查方法如下。

（a）选择"开始">"运行"输入"msinfo32"并按 Enter 键，依次选择"软件环境">"正在运行任务"就可以查看进程的详细信息，如进程路径、PID、文件创建日期、启动时间等。

（b）通过微软官方提供的 Process Explorer 等工具进行排查。

（c）查看可疑的进程及其子进程，可以观察以下内容。

- 没有签名验证信息的进程。
- 没有描述信息的进程。
- 进程的属主。
- 进程的路径是否合法。
- CPU 或内存资源长时间占用过高的进程。

③ 检查 PID。

检查方法如下。

在 Windows 操作系统左下角搜索"CMD"，打开命令提示符窗口，然后进行下列操作。

（a）查看端口对应的 PID：使用"netstat -ano | findstr "port""命令。

（b）查看进程对应的 PID：选择"开始">"任务管理器">"查看">"选择列">"PID"或者使用"tasklist | findstr "PID""命令。

（c）查看进程对应的程序位置：选择"开始">"任务管理器"，选择对应的进程，右键打开文件位置，或者运行输入"wmic"，命令提示符界面输入"process"。

（d）tasklist /svc 进程—PID—服务。

（e）查看 Windows 服务所对应的端口：%system%/system32/drivers/etc/services（一般%system%就是 C:\Windows）。

3. 检查启动项、任务计划、服务

① 检查服务器是否有异常的启动项。

检查方法如下。

（a）登录服务器，选择"开始">"所有程序">"启动"，默认情况下，此目录是一个空目录，确认是否有非业务程序在该目录下。

（b）选择"开始">"运行"，输入"msconfig"并按 Enter 键，查看是否存在命名异常的启动项，若存在，则取消选择命名异常的启动项，并在命令中显示的路径处删除文件。

（c）选择"开始"＞"运行"，输入"regedit"并按 Enter 键，打开注册表，查看开机启动项是否正常，特别注意如下 3 个注册表项：HKEY_CURRENT_USER\software\microsoft\Windows\currentversion\run、HKEY_LOCAL_MACHINE\Software\Microsoft\Windows\CurrentVersion\Run、HKEY_LOCAL_MACHINE\Software\Microsoft\Windows\CurrentVersion\Runonce。

检查右侧是否有启动异常的项目，如有，请删除，并建议安装杀毒软件进行病毒查杀，清除残留病毒或木马。

（d）利用安全软件查看启动项、开机时间管理等。

（e）组策略，运行"gpedit.msc"。

② 检查任务计划。

检查方法如下。

（a）选择"开始"＞"设置"＞"控制面板"＞"任务计划"，查看任务计划属性，便可以发现木马文件的路径。

（b）选择"开始"＞"运行"；搜索"CMD"并按 Enter 键，然后输入"at"，检查计算机与网络上的其他计算机之间的会话或任务计划，如有，则确认是否为正常连接。

③ 检查服务自启动。

检查方法如下。

选择"开始"＞"运行"，输入"services.msc"并按 Enter 键，注意服务状态和启动类型，检查是否有异常服务。

4．检查系统相关信息

① 查看系统版本以及补丁信息。

检查方法如下。
选择"开始"＞"运行"，输入"systeminfo"并按 Enter 键，查看系统信息。

② 查找可疑目录及文件。

检查方法如下。

（a）查看用户目录，新建账号会在这个目录下生成一个用户目录，查看是否有新建用户目录。

Win10 C:\Users\

（b）选择"开始"＞"运行"，输入"%UserProfile%\Recent"并按 Enter 键，分析最近打开的可疑文件。

（c）在服务器的各个目录中，可根据文件夹内的文件列表时间进行排序，查找可疑文件。

（d）查看回收站、浏览器下载目录、浏览器历史记录。

（e）修改时间在创建时间之前的为可疑文件。

③ 得到木马的创建时间后，找出同一时间范围内创建的文件。

检查方法如下。

（a）在正规软件中心下载 Registry Workshop，利用 Registry Workshop 注册表编辑器的搜索功能，可以找到最后写入时间区间的文件。

（b）利用计算机自带的文件搜索功能，指定修改时间进行搜索。

（二）"永恒之蓝下载器"木马排查及处置实例

1. 中毒现象

（1）OPC 服务器经常宕机

某工厂正在进行自动化系统建设工作，多个供应商来到工厂调试。调试几天后，该工厂的 OPC 服务器突然发生不明原因的蓝屏现象。于是，调试厂家对该服务器进行重装，该服务安装的系统是 Windows Server 2016，但是重装并恢复不久后，该服务器再次宕机，如图 9-61 所示。

（2）网络中 SMB 协议流量较高

查看该工厂的工业网络审计产品，发现 SMB（Server Message Block，服务器信息块）协议流量较高，如图 9-62 所示。SMB 协议是微软和英特尔在 1987 年制定的协议，主要作为微软网络的通信协议，在 Windows 2000 及以后

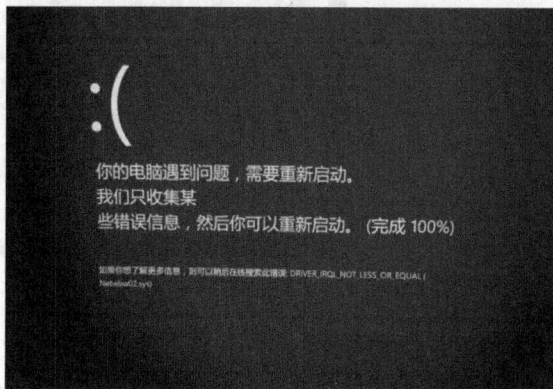

图 9-61 某工厂 OPC 服务器的蓝屏照片

的版本中使用 445 端口通信。近年来，多种病毒利用该协议的漏洞进行传播，如勒索病毒、挖矿病毒、"永恒之蓝"、"永恒之石"等。

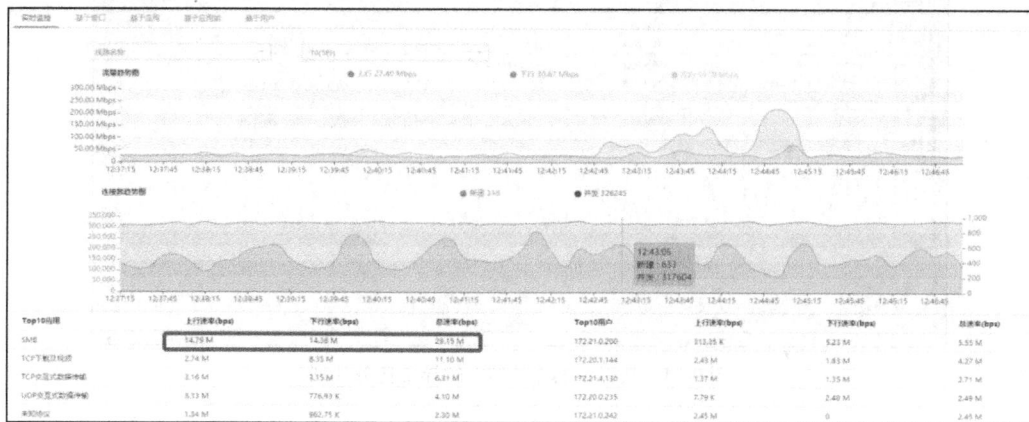

图 9-62 审计产品中显示 SMB 协议流量较高

2．排查步骤

（1）排查任务进程

工控安全服务人员接到该工厂用户通知后，立即来到现场，初步排查 OPC 服务器的任务进程，未发现异常。查看同一局域网中的工程师站计算机，该计算机使用 Windows 10 操作系统，未出现任何蓝屏问题，运行正常，没有卡顿现象，相关任务进程也正常。随后查看局域网中的操作员站，发现多个异常任务进程，将其命名为随机字符，如图 9-63 所示。

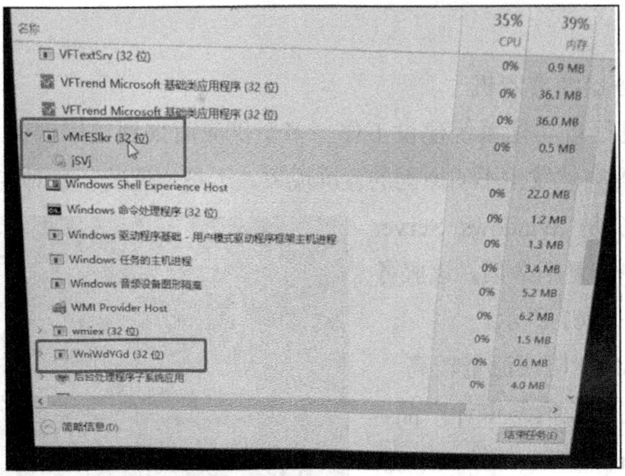

图 9-63　某工厂操作员站上的异常任务进程

（2）排查任务计划

重新排查工程师站上的任务计划，发现多个异常任务计划，其创建时间与 OPC 服务器宕机时间较为匹配，如图 9-64 所示。

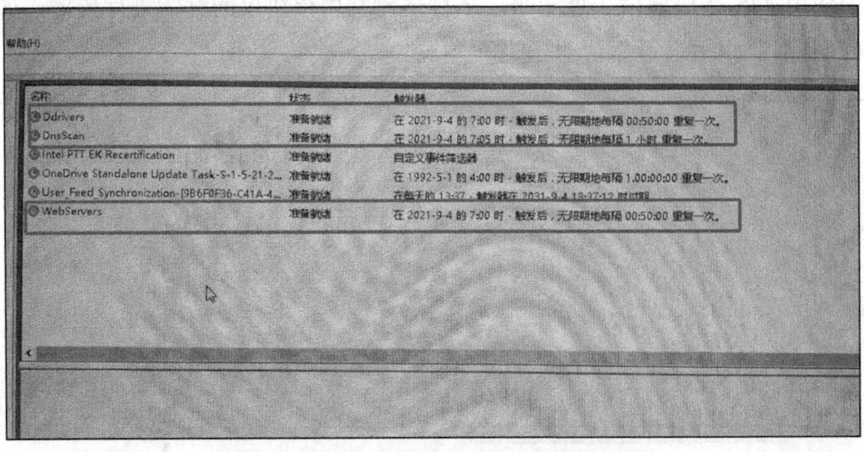

图 9-64　某工厂工程师站上的异常任务计划

（3）查看关联服务

通过查看任务计划的属性信息，发现两个任务计划分别关联到同名称的两个异常服务上，如图 9-65 和图 9-66 所示。

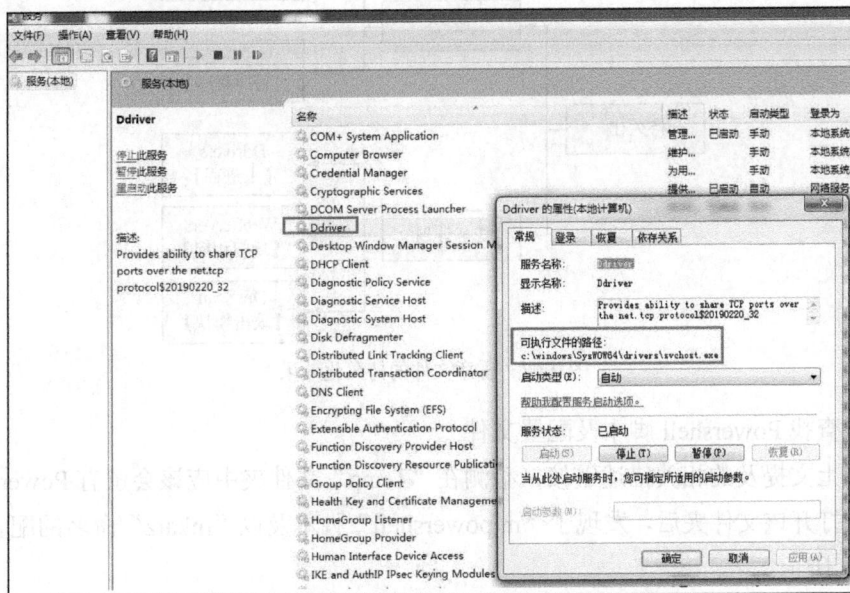

图 9-65 某工厂工程师站上的异常服务 Ddriver

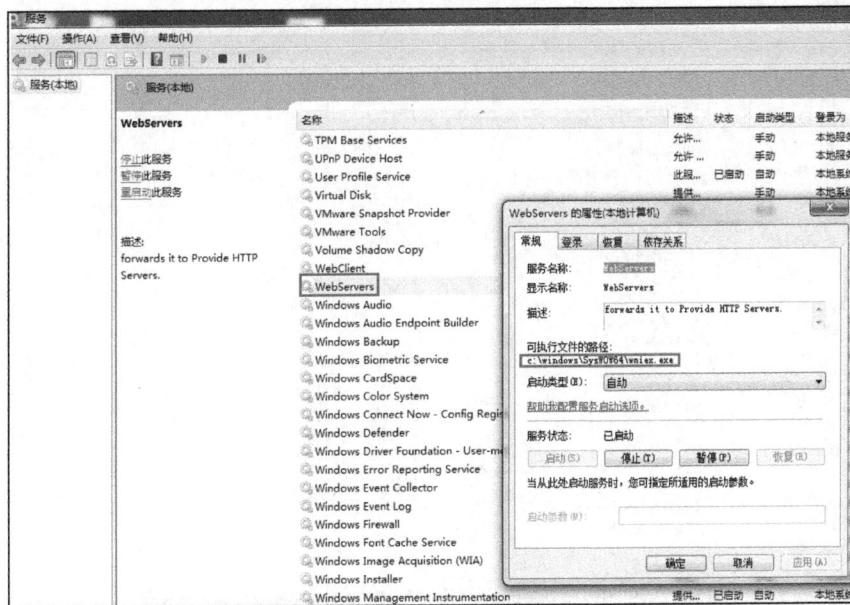

图 9-66 某工厂工程师站上的异常服务 WebServers

（4）备份可疑文件并进行云沙箱研判

根据服务所指向的可执行文件路径，找到名为"wmiex.exe"的文件，备份该文件到 U 盘，接入计算机，联网将其上传到某公开云沙箱工具中进行检验，确认该病毒为"永恒之蓝下载器"木马，该恶意文件的持久化效果如图 9-67 所示。

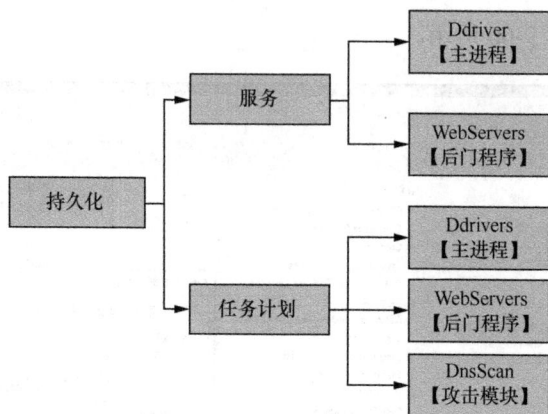

图 9-67　恶意文件的持久化效果

（5）查找 Powershell 脚本及配置文件

根据上文提及的相关描述链接，猜测在"Temp"文件夹中应该会留有 Powershell 脚本文件，打开该文件夹后，发现了"m.powershell"脚本及以"mkatz"命名的配置文件，如图 9-68 所示。

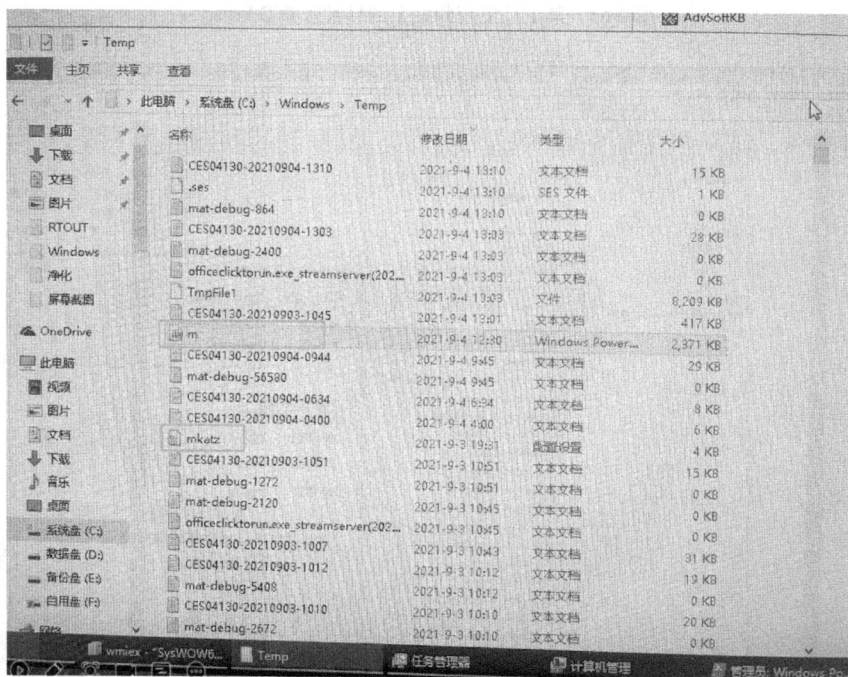

图 9-68　恶意脚本及配置文件

3．分析并制作专杀脚本

（1）分析 Powershell 脚本及"mkatz"配置文件

用记事本打开该脚本文件，研读代码，分析其对系统进行了哪些改动。图 9-69 所示为黑客编制的执行脚本。

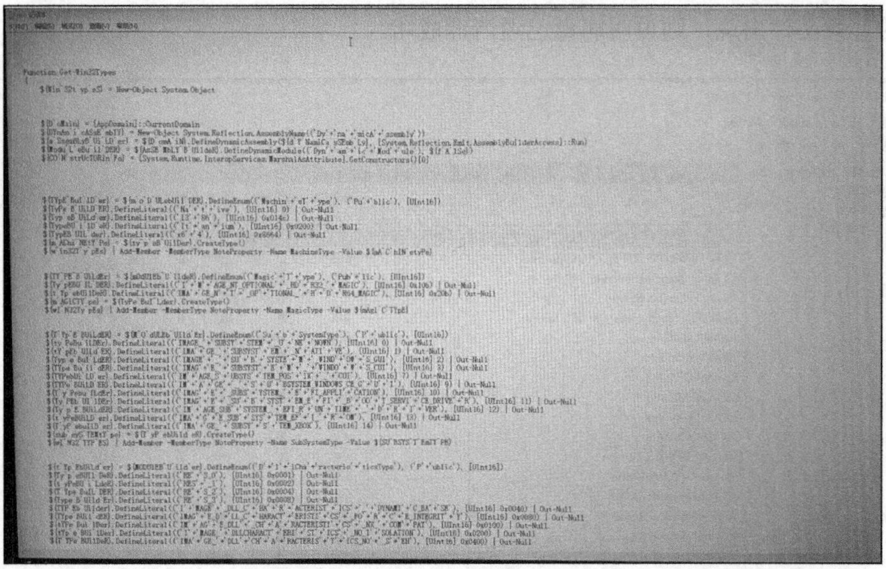

图 9-69 Powershell 脚本的具体内容

打开"mkatz"配置文件可以发现，该文件中记录了相应工程师站的操作系统登录密码，猜测黑客已经破解了该密码。该自动化系统的所有上位机设定的都是相同的密码，破解一个密码就相当于破解了所有上位机的操作系统登录密码。因此，黑客才能使用 Windows 共享文件的功能将病毒自动分发到所有客户端，导致所有客户端均中毒。

（2）编制批处理专杀命令制作临时专杀工具

根据 Powershell 中对系统改动的步骤，新建.txt 文档，反向编制恢复操作的命令，然后将其扩展名改成.bat，设置为批处理文件，如图 9-70 所示。

```
@echo off
schtasks /Delete /TN Ddrivers /f
schtasks /Delete /TN WebServers /f
schtasks /Delete /TN DnsScan /f
schtasks /Delete /TN \Microsoft\Windows\Bluetooths /f

sc stop Ddriver
sc delete Ddriver

sc stop WebServers
sc delete WebServers

taskkill /IM wmiex.exe /f
taskkill /IM svchost.exe /FI "PID ge 2000" /FI "USERNAME eq system" /f
taskkill /IM taskmgr.exe /f

del "c:\Users\Administrator\AppData\Roaming\Microsoft\Windows\Start Menu
\Programs\Startup\run.bat" /f
del C:\Windows\Temp\ttt.exe
```

图 9-70 编制批处理专杀命令

4．遏制病毒传播并恢复业务

（1）阻断局域网传播

由于该病毒主要使用 445 端口进行传播，因此需要在主机防火墙中增加阻断 445 端口传播的入站规则，如图 9-71 所示。

（2）运行专杀脚本清除病毒

运行上文提及的批处理专杀命令，快速将操作系统恢复为正常设置，重启工程师站和 OPC 服务器，检查上文提及的排查步骤，确认是否不再出现恶意文件。

（3）杀毒软件复查

由于工业控制主机一般不能安装杀毒软件，因此可以在卡巴斯基官网下载免安装版的杀毒软件，在工程师站和 OPC 服务器上使用该软件重新进行全盘扫描，确认扫描后没有新的恶意文件出现，则说明病毒已经清理成功。

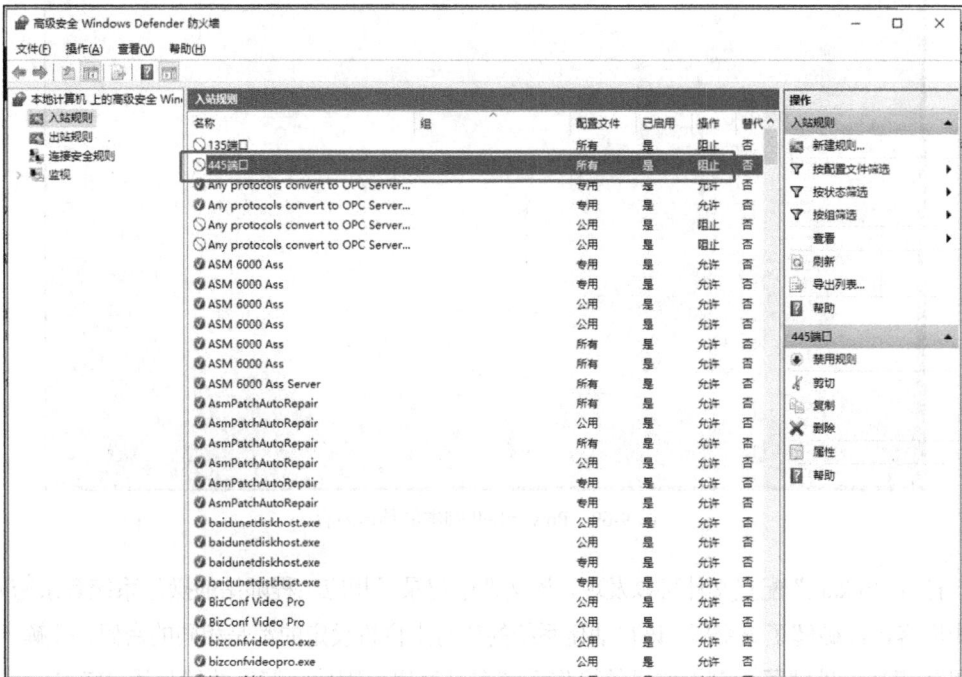

图 9-71　主机防火墙关闭 445 端口操作界面

（4）修改操作系统口令

修改已修复的主机的操作系统口令，并将其设置为复杂口令，增加安全系数。

（5）安装工业主机卫士

在相关的工业控制主机上安装工业主机卫士软件，扫描并形成白名单进程，开启进程和 USB 防护的功能。

（6）恢复业务通信

由于该自动化系统 OPC 服务器和工程师站之间的正常数据通信需要使用 445 端口，因此重新打开该端口。打开该端口后，即便仍然有从未杀毒主机上传播而来的病毒，但由于工业主机卫士能够阻断非法进程的执行，相关恶意传播将无法成功进行，业务也得以恢复正常运行。

第四节　工控安全漏洞发现与修复

（一）漏洞发现

以某产品为例，选择"漏洞扫描"，单击"新建任务"，填写相关被扫描资产的 IP 地址信息，开启扫描任务，如图 9-72 所示。

图 9-72　工业漏洞扫描产品的扫描管理界面

（二）查看并分析扫描报告

选择"统计管理"，下载扫描报告。扫描报告如图 9-73 所示。

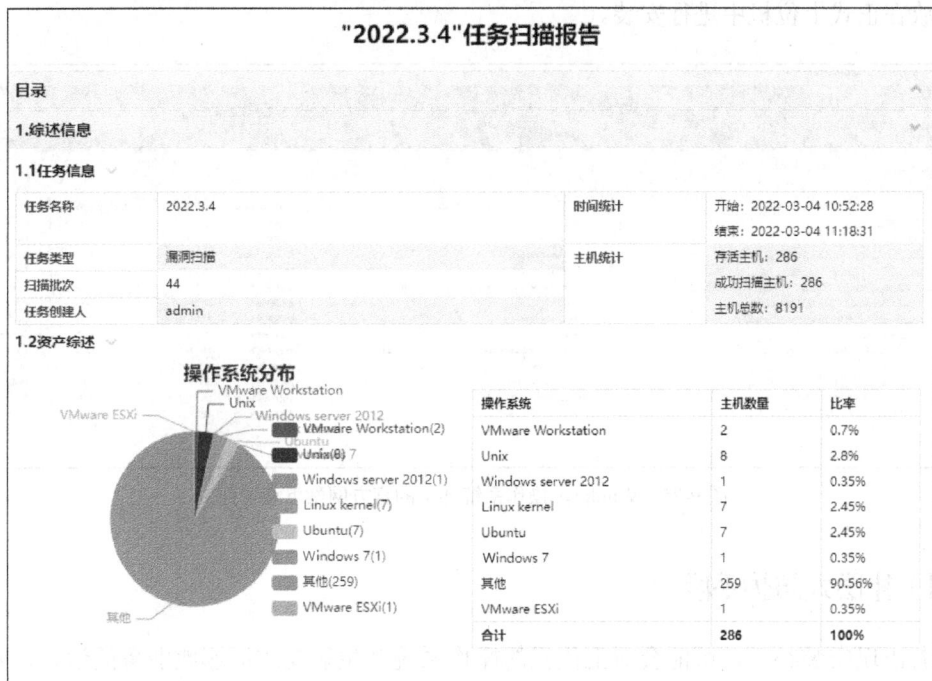

图 9-73　工业漏洞扫描产品的扫描报告

找到相关高危漏洞描述，如图 9-74 所示。

序号	漏洞名称	影响主机数	影响主机百分比	出现次数
1	⊕ Microsoft Windows SMB 远程代码执行漏洞 (CVE-2017-0148) (MS17-010)【原理扫描】	1/1	100%	1
2	⊕ Microsoft Windows SMB 远程代码执行漏洞 (CVE-2017-0143) (MS17-010)【原理扫描】	1/1	100%	1
3	⊕ Microsoft Windows SMB 远程代码执行漏洞 (CVE-2017-0144) (MS17-010)【原理扫描】	1/1	100%	1
4	⊕ Microsoft Windows SMB 远程代码执行漏洞 (CVE-2017-0145) (MS17-010)【原理扫描】	1/1	100%	1
5	⊕ Microsoft Windows SMB 远程代码执行漏洞 (CVE-2017-0146) (MS17-010)【原理扫描】	1/1	100%	1
6	⊖ Microsoft Windows SMB 信息泄漏漏洞 (CVE-2017-0147) (MS17-010)【原理扫描】	1/1	100%	1

图 9-74　工业漏洞扫描产品的高危漏洞列表

（三）漏洞修复

根据漏洞编号确认其修复方法，并在相关的官方网站上进行对应补丁的下载，如图 9-75 所示，将下载后的补丁文件在测试上位机中进行验证。如果安装不影响业务，则将补丁放在正式上位机中进行安装。

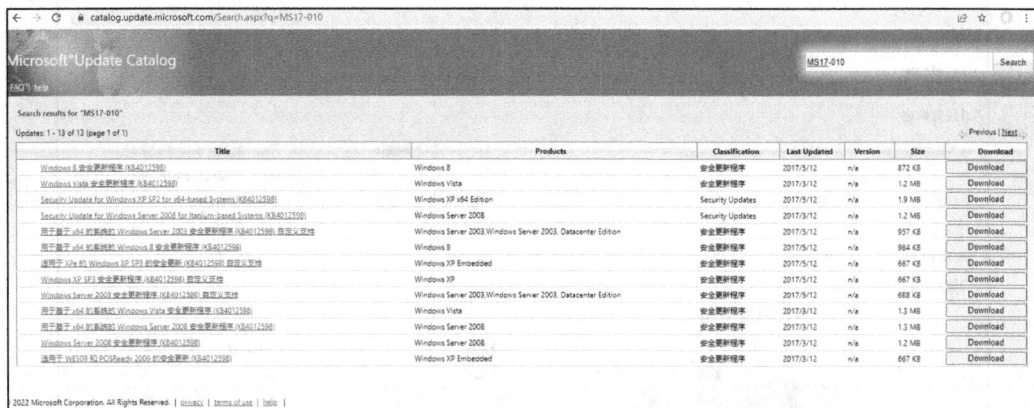

图 9-75　Windows 操作系统补丁的官方网站下载页面

（四）补偿式防护手段

若出现安装补丁，可能会对上位机的操作系统产生影响进而影响业务的运行，那么一般采用安装工业主机卫士的方法，进行进程白名单的固化，以起到防止恶意文件执行的作用。

第十章　工业信息安全加固技术

本章主要围绕工业领域操作系统、基础软件、工业控制系统、工业控制网络等方面，分析工业领域面临的安全风险，重点介绍针对多类风险需采取的安全防御与加固技术，并结合实例分析工业主机系统应急响应与安全加固方法。

第一节　工业信息安全风险分析

（一）操作系统安全风险分析

据统计，工业领域重要信息系统所应用的操作系统高度依赖国外产品和技术，高达96%的操作系统为国外产品，其中操作系统存在的安全风险主要包括如下4个方面。

① 操作系统老旧。

② 补丁程序不更新或者更新不及时。

③ 未进行必要的加固配置。

④ 外围接口使用控制不严，如USB接口、光驱等。

（二）基础软件安全风险分析

美国新思科技（Synopsys）公司发布的《2020年开源安全和风险分析》显示，99%的代码库包含至少一个开源组件，其中开源代码占所有代码的70%。由此可见，开源代码使用在软件开发中占有较大比例，基础软件安全风险广泛存在于工业领域中，具体包括如下3个方面。

① 使用过期和废弃的开源代码的行为非常普遍，而且使用易受攻击开源组件的行为也比较普遍。

② 开源代码和软件安全漏洞收集与管理分散，开源社区对安全漏洞管理的重视度不够高。

③ 无意行为与恶意行为并存。这可能源于开发者粗心的编程或使用不安全的开发工具开发开源项目，并发布在开源社区内。此外，还存在不法分子利用开源平台注入恶意病毒、兜售漏洞信息、利用漏洞开发开源软件或服务。

（三）工业控制系统安全风险分析

从重要的工业控制系统来看，53%的 SCADA 系统、54%的 DCS、99%的大型 PLC、92%的中型 PLC、81%的小型 PLC、74%的组态软件均为国外产品，缺乏自主可控性。此外，工业控制系统还存在如下安全风险。

① 工业控制协议在设计时未考虑信息安全，无安全认证、无加密、无抗重放功能。

② 设备固件/组态软件存在安全漏洞。

③ 设备性能普遍较差。

④ 设备维护依赖厂商，国外品牌设备通常采取远程维护的方式等。

（四）工业控制网络安全风险分析

大量工业控制系统与内部管理网络或公共网络存在物理连接，对访问行为和数据传输管控不严，易被恶意入侵或感染、传播病毒，导致生产调度失灵、系统瘫痪。工业控制网络存在的安全风险主要包括以下 4 类。

① 边界防护不严，访问控制措施不完善。远程维护未建立专用通道，甚至直接面向互联网。

② 缺乏网络审计监控。

③ 网络链路共享，数据混合。

④ 使用不安全的无线等。

第二节　工业信息安全加固技术

安全加固工作的目标是解决在安全评估中发现的技术性安全问题，消减安全风险，使加固对象满足安全基线要求。在安全加固过程中，需要注意避免影响修补加固对象原有的功能和性能。若可能存在影响，则需要预先制订计划，规避相应的风险。安全加固通常采用优化配置、调整安全策略、安装补丁、安装安全软件等方式进行，解决在安全评估中发现的安全问题，修补其中存在的漏洞。安全加固也是组织所制定的安全策略的实施实践，从实践角度检验安全策略的有效性。

本节主要针对第一节所描述的 4 类安全风险，分别介绍对应的安全加固技术。

（一）操作系统安全加固技术

1. Windows 系统安全加固

Windows 系统安全加固一般包括补丁管理、账号口令、授权管理、服务管理、功能优化、文件管理、远程访问控制、日志审计等内容。

补丁管理：使用最新版的补丁，避免系统中的已知漏洞被攻击者利用。

账号口令：梳理系统中正在使用和存在的账号口令，避免使用默认的账号密码或弱口令，如 123456、admin 等。

授权管理：在不影响操作系统软件运行的前提下，将软件的权限设置为所需的最低权限，避免因软件拥有过高权限而被恶意利用。

服务管理：关闭操作系统上所运行的非必要功能或服务。

功能优化：对操作系统上的软件进行安全优化，确保系统的安全性。

文件管理：做好关键文件的权限配置，例如 Windows 文件夹不应该允许被非管理员权限的用户访问。

远程访问控制：如果计算机上开启了远程访问功能，需要对访问的人员进行限制，例如只允许某个 IP 地址或某个网络的人员远程登录，其他的一律拒绝。

日志审计：增强服务器操作系统的日志功能，确保发生安全事件后可以追溯源头。

2. Linux 系统安全加固

Linux 系统安全加固通常包括账户与升级、安全设置、服务设置 3 个方面的内容。

（1）账户与升级

设置密码策略：密码策略包括密码长度、密码复杂度和密码的使用周期。强密码策略需要满足不易猜解、定期更换的原则，能够有效防范针对密码的攻击。

设置账户锁定：当无效登录次数达到规定的次数后，可以选择锁定相应的账户，以有效防御猜解攻击。

设置账户权限：设置应用专用维护账号，锁定/删除无用账号，合理分配相应的用户权限以及组权限，限制关键文件和目录访问权限，设置用户文件默认访问权限，限制 Root 账户远程登录。

软件升级：检查系统的应用软件是否为最新版本，查看相应软件升级公告中的建议和公布的安全漏洞涉及版本，并在测试环境下测试最新版本与现有应用系统及软件的兼容性，以决定是否进行更新。

内核升级：查看已经安装的操作系统内核版本，查看相关内核升级公告中相关版本涉及的安全漏洞，结合本地实际环境进行升级。

（2）安全设置

审核策略安全配置：系统自身具有较强的审核功能，通过安全配置可对内部的各项活动进行审核，便于安全事件审计。

关闭不必要的端口：若系统不需要的网络端口被启用，黑客可以利用这些网络端口对系统进行攻击，获得系统的相关信息或控制计算机等。因此，需要关闭不必要的端口。

安装最新的系统补丁：系统补丁能解决操作系统已发现的漏洞问题，及时更新操作系统补丁有助于保护服务器等主机的安全并更好地防御黑客攻击。

更改使用默认 Root 管理员：若使用默认的系统管理员账户 Root，由于其权限较大，一旦误操作，将对系统产生较大影响。因此，建议一般情况下使用其他账户，在需要高权限管理时，再启用 su-Root 进行 Root 账户的切换。

安全的管理方式：使用 SSH 代替 Telnet 远程登录管理，并设置管理地址限制。

日志审计：开启审计功能，确保系统的时钟信息正确无误，记录用户登录及调用事件，记录并保存系统服务日志、安全日志等，所有应用及中间件开启日志记录。

（3）服务设置

最小化服务：若不需要的服务被启用（如不需要开启的 SMB 服务、FTP 服务组件等），恶意用户可以通过尝试攻击该类服务来入侵系统，而管理员在管理维护过程中通常会忽略不需要的服务，无法及时修补不需要的服务中所存在的安全漏洞，给恶意用户留下更多的攻击途径。因此，应及时关闭不需要的服务。

更改简单网络管理协议（Simple Network Management Protocol，SNMP）服务默认团体字：SNMP 使用默认的 public 团体字，攻击者可以利用默认的 SNMP 团体字取得有关机器的信息。

（二）基础软件安全加固技术

常见的基础软件包括数据库和中间件等，下面主要围绕这两类基础软件进行安全加固技术介绍。

1. 数据库安全加固演示

下面以常见的 Oracle 数据库为例进行分析。

（1）审计与升级管理

开启审计功能：若 Oracle 未启用审计功能，将无法对数据库的访问和操作进行记录。因此需要开启审计功能，记录更多的登录信息，以分析是否有异常连接和登录尝试等。

更新数据库最新补丁：若 Oracle 数据库系统补丁不全，将存在多种安全隐患，如被黑客用于权限提升、获取主机控制权、执行任意代码等，可能造成系统服务停止或数据资产损失。

（2）账户与权限管理

设置适当的密码策略：若 Oracle 数据库用户及密码策略未配置，将可能导致数据库用户及口令存在弱点，例如 Oracle 的管理员账户口令较短，则存在易被破解的风险。

修改数据库默认口令账户：Oracle 本身存在大量的默认用户，而且所有用户均有默认口令。若未禁用默认用户或修改这些账户的口令，非法人员可以利用这些账户进行数据库操作，将对数据库安全造成很大影响。

更改数据库管理员账户的弱口令：Oracle 的管理员账户口令较短，易被破解，因此需要将其及时修改为强口令。

（3）访问控制

限制客户端 IP 地址连接范围：若未在 sqlnet.ora 中配置或采取其他方法限制客户端连接 IP 地址，网络层将可能收到非法连接请求，因此需要对连接范围进行限制，使具有访问数据库系统权限的 IP 地址才能连接数据库。

（4）安全管理配置

更改默认端口：Oracle 数据库默认采用 TCP 1521 端口，由于该端口已公开，攻击者不用花时间搜集端口信息。因此，采用 TCP 1521 为默认端口将为攻击提供方便，若被利用，可能造成拒绝服务攻击。

对监听程序进行安全设置：攻击者可以在没有设置口令的监听程序中插入大量文本，从而导致监听程序终止，造成拒绝服务攻击。因此，需要对监听程序采取设置口令等安全措施。

关闭不需要的服务：Oracle 通常会开启部分不需要的服务，如 XDB 服务等，但多余的服务将给攻击者留下更多的攻击通道，需要及时关闭。

2. 中间件安全加固演示

下面以常见的 WebLogic 应用系统为例进行分析。

（1）更改默认端口

WebLogic 应用系统默认的端口为 7001 和 7002（SSL），需要将其更改为难以猜测的端口。设置方法如下。

"Domain Name" → "Servers" → "Server Name" → "Configuration" → "General" → "Listen Port 和 SSL Listen Port"。

（2）删除 sample 例子程序

① 单击 "Deployment" 文件夹，查看是否有 sample 形式的应用存在。

② 若存在，展开 "Deployment" 子文件夹，查看是否存在 sample 形式的内容。若其 path 中包含 "samples" 目录，则需要删除无用的 sample 例子程序。

（3）日志配置

以管理员身份登录管理控制台。

① 单击域名，在右侧面板选择 "Configuration"。

② 选择 "Logging"，设置域级日志。

③ 单击域名下 "servers" 下的服务器名，在右侧面板选择 "Logging"，单击 "Domain" 标签，查看 "Log to Domain Log file"。

④ 单击域名下 "servers" 下的服务器名，在右侧面板选择 "Logging"，单击 "Server" 标签，配置服务器级日志，查看 "Log to stdout" 等。

⑤ 单击域名下 "servers" 下的服务器名，在右侧面板选择 "Logging"，单击 "HTTP"，选择 "HTTP Log"。

（4）启用 Production Mode

在生产环境下正式运行的系统，需要启动 Production Mode，以提供更加安全、适合生产环境的状态。设置方法如下。

"Domain Name" → "Configuration" → "General" → "Production Mode" 被选中。

（5）SNMP 服务安全

在 WebLogic 中，当不使用 SNMP 服务时，必须确保禁用 SNMP 服务。设置方法如下。

"Domain Name"→"Configuration"→"SNMP"→"Enabled"不选中。

当必须使用 SNMP 服务时，严禁 Community Prefix 值使用默认的"Public"，而必须使用复杂的、难以猜测的字符串。

（6）口令策略

需要在系统中设置口令策略，保证口令长度至少为 8 位。设置方法如下。

"Domain Name"→"Security"→"Compability"→"Minimum Password Length"。

（7）审计配置

对管理变更行为进行审计，其日志记录在"DomainName\DefaultAuditRecorder.log"中。设置方法如下。

"Domain Name"→"Configuration"→"General"→"Configuration Auditing"→"LogAudit"。

（三）工业控制系统安全加固技术

1. 白名单系统

由于工业控制系统的设备和网元的数量相对可控，采用白名单更加高效、实用，因此工业控制系统通常比一般的互联网应用更多地使用白名单技术为其服务。

传统的终端安全防护系统采用的是杀毒软件和各种安全管家，此类安全防护系统的核心技术为病毒特征库，通过特征码的比对来发现恶意程序和恶意行为，但存在以下弊端。

一是特征库的滞后。特征库的更新流程为：当出现新的恶意程序后，用户终端被感染，造成系统中毒，并上报样本到各应急处理中心；然后，病毒分析师分析样本，提取特征码，对特征库进行维护、更新；最后，用户更新本地安全程序，完成对恶意程序的查杀。从恶意程序的发布到安全公司维护、更新特征库，这之间有很大的时间差，这段时间内恶意程序传播的速度是惊人的，因此特征库技术决定了其安全防护永远滞后于病毒感染。

二是耗费资源。病毒和木马等繁衍得越来越多，导致特征库逐渐扩大。当其扩大到一定规模时，特征码的匹配检查将变成异常耗时的工作，这就是终端安装杀毒软件后运行会变得相对缓慢的原因。

三是环境适配问题。特征库需要随时联网更新，但工业控制系统多数处于封闭的工业环境中，与外部互联网物理隔离，无法进行更新，这就造成了无法对最新的恶意程序进行防范。同时，杀毒软件存在误杀的可能，一旦杀毒软件将工业控制系统的组件误认为是病毒，将可能导致生产系统停机，给企业带来重大的经济损失。

　　白名单技术是指创建预先批准或受信任的应用及进程列表，仅允许这些"已知良好"的应用和进程运行，并默认阻止其他一切应用或进程，比黑名单技术能够更好地解决工业环境的安全问题。白名单技术从应用系统的层次保证了系统的安全，实现了系统运行的控制，被誉为"下一代网络安全产品"，可代替杀毒软件进行病毒防护、阻止恶意软件攻击、禁止非授权程序运行等，同时解决了"零日"漏洞攻击和性能问题。

　　白名单系统保证了终端计算机在启动、加载、运行等全生命周期的安全保护，其结构主要分为两部分——白名单环境建立和运行时监控，如图 10-1 所示。

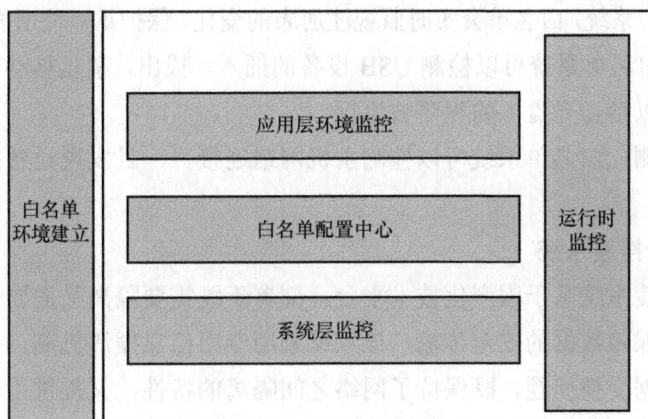

图 10-1　白名单的构成

　　（1）白名单环境建立

　　由于终端环境的复杂性，每个终端的白名单需求并不完全相同，因此需要自动化的白名单构建系统。该系统通过快速查找磁盘上的所有文件及文件夹，自动构建可执行程序、模块脚本（.dll、.ocx 等文件）等基准白名单库。

　　（2）运行时监控

　　应用程序白名单子系统从安全、性能和功能 3 个角度实现了系统加载后的安全防护，其主要从静态监测和动态监测两个方面实现对系统安全的检查防护。

　　① 静态监测。包括 PE 格式监测、脚本监测、驱动服务监测、重点目录监测 4 种监测方式。

　　PE 格式监测：PE 格式文件是 Windows 系统的可执行程序，白名单系统初始运行时，扫描可执行程序、.dll、.sys、.ocx 等所有 PE 格式的文件，采集 PE 格式文件的路径名称、数字证书信息、数字证书完整性、公司名称、版本信息、PE 头信息、文件的 SM3（国密算法）哈希值，并通过这些信息组合的条件校验 PE 文件是否可以被执行。

　　脚本监测：Windows 系统可以运行很多脚本，白名单系统初始运行时会校验这些脚本的 SM3 哈希值，未认可的脚本将不能被执行。

　　驱动服务监测：白名单系统会对操作系统上所有的驱动服务进行监测，防止未授信的服务创建和运行。

重点目录监测：由于工业控制环境具有特殊性，除了可执行程序外，SCADA 系统、DCS 等软件还包含重要的非可执行文件，白名单系统会对这些软件的目录进行监测、保护。

② 动态监测。包括运行时的状态监测、注册表监测、外设监测、网络连接监测 4 种监测方式。

运行时的状态监测：白名单系统会实时扫描系统的运行状态，如果恶意程序通过非可执行程序加载到内存中，白名单系统会根据策略卸载它们。

注册表监测：注册表是 Windows 的重要组件，很多恶意程序通过修改注册表的方式以非进程模式感染系统，白名单会实时监视注册表的变化，保护重点注册表信息不被修改。

外设监测：白名单系统可以检测 USB 设备的插入、拔出，禁止移动存储介质上程序的执行，同时可以禁止光盘上的程序被执行。

网络连接监测：白名单系统可以检测主机网络连接，一旦发现设备接入互联网，就会产生报警。

2．数据安全摆渡系统

数据安全摆渡系统基于国产化技术平台，部署于既需要隔离又需要进行数据交换的网络之间，用于保障数据的安全传输。该系统采用专用信息摆渡机制，有效地避免了网络隔离引起的数据交换问题，既保持了网络之间隔离的特性，又提供了一种安全、有效的数据传输途径。数据安全摆渡系统采用总线连接方式，构建非网络模式的数据交互机制，与目标网络不产生网络连接，并采用非标准协议构成安全隧道，保障了数据传输的安全性。数据安全摆渡系统既保证了外部办公网络对工业控制系统数据的访问，满足了企业的业务需求，又确保了访问形式是安全可靠的，杜绝了因办公网络的接入使工业控制系统感染病毒、木马的可能，消除了安全隐患。数据安全摆渡系统的作用如下。

① 阻断工业控制网络和办公网络之间的物理连接，确保不能通过网络连接从外部网络入侵工业控制网络，同时防止工业控制系统的信息通过网络连接泄露到外部网络。

② 实现非网络连接协议的数据交换，为跨网络的特殊应用提供安全的信息交换通道。

③ 具备地址转换的功能。

④ 支持客户端的 IP 地址白名单。

⑤ 通过配置分布式防火墙系统，采用专用协议配合高强度的加密算法，保障数据的传输安全。通过采用双系统设计及多个物理存储介质，实现信息的隔离存储，防止造成信息泄露和病毒的交叉感染。

（四）工业控制网络安全加固技术

1．分布式工业防火墙

分布式工业防火墙在传统防火墙的功能基础上提供了包括 Modbus、IEC 104、DNP3、PROFINET 等多种工业控制协议的深度解析功能，并通过分布式部署和 AI 分析确保发生事件的网络节点可以迅速地被检测到；同时，其他网络节点会在第一时间收到预警，实现全网联动。

2．工控运维堡垒机

工控运维堡垒机是在特定的工业控制网络环境下，为了保障网络和数据不受来自外部和内部用户的入侵和破坏，运用多种技术实时收集和监控网络环境中各个组成部分的系统状态、安全事件、网络活动，实现风险威胁信息集中报警、记录、分析、处理的技术手段。它可对运维人员的操作权限进行控制、对操作行为进行审计，避免了运维人员权限难以控制的混乱局面，还可以对违规操作行为进行控制和审计，并且由于运维操作本身不会产生大规模的流量，不会成为性能的瓶颈。

工控运维堡垒机通常集成 Windows 远程桌面、VNC（虚拟网络控制台）、Linux X11 远程桌面、Telnet、SSH、SFTP（SSH 文件传送协议）等功能。服务器可将自身的系统用户名、口令、IP 地址、端口等全部交由堡垒机进行管理。管理员通过常规方法以自己的用户口令连接堡垒机平台来管理服务器，但能通过对管理行为的审计、准入等来保护服务器的安全。因此，堡垒机是管理员与服务器之间的安检站，如图 10-2 所示。

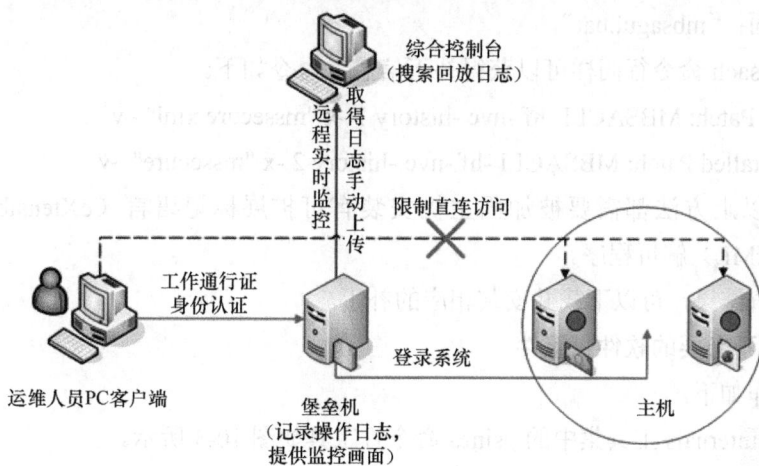

图 10-2　工控运维堡垒机示例

3．工业控制审计系统

工业控制审计系统通过抓取工业控制网络中的数据，对 OPC、Modbus、MMS 等工业控制协议进行审计分析，及时发现工业控制网络中的异常行为，并进行告警。同时将警报上报至工业控制网络安全监管中心，对生产网络实时进行监控，确保生产活动的正常进行。

第三节　工业主机系统应急响应与安全加固

工业主机是工业信息安全防护的重点对象。在工业主机安全加固中，采取的主要思路是：通过工业主机的安全防护，做好安全配置，避免主机权限被轻易获取、不必要的端口被用于传输恶意程序或指令、高危漏洞被利用，做好安全防护设备的应用，避免未授权的程序或服务运行、未授权的外设带入恶意程序等。

本节主要介绍工业主机 Windows 操作系统的安全加固实操，并围绕工业领域常见的病毒类别，通过应急响应实例分析工业主机入侵排查流程。

（一）Windows 操作系统安全加固

1. 安装系统补丁

微软基线安全分析器（Microsoft Baseline Security Analyzer，MBSA）是简单易用的工具，能帮助中小型企业根据微软的安全性建议确定其安全性状态，并根据结果提供具体的修正指南。因此，可以使用 MBSA 检测常见的安全性错误配置和计算机系统遗漏的安全性更新，改善安全性管理流程。具体操作如下。

使用 MBSA（命令行或 GUI 方式）检查。

命令行：脚本目录中的"mbsacheck.bat"。

GUI 界面："mbsagui.bat"。

使用 mbsacli 命令行同样可以获得补丁信息，命令如下。

Installed Patch: MBSACLI -hf -nvc -history 1 -x "mssecure.xml" –v

NOT Installed Patch: MBSACLI -hf -nvc -history 2 -x "mssecure" –v

注意，以上方法都需要被加固主机安装有可扩展标记语言（eXtensible Markup Language，XML）解析程序。

根据检查结果，可以下载并安装相应的补丁。

2. 卸载不必要的软件或组件

具体操作如下。

微软 sysinternals 工具集中的 psinfo 命令行工具如图 10-3 所示。

```
psinfo -h -d -s
System information for \\VENUS-2K-SRV:
Uptime:                     0 days 1 hour 52 minutes 1 second
Kernel version:             Microsoft Windows 2000, Uniprocessor Free
Product type:               Server
Product version:            5.0
Service pack:               0
Kernel build number:        2195
Registered organization:    venus
Registered owner:           venus
Install date:               2005-5-13, 10:15:06
Activation status:          Not applicable
IE version:                 5.0100
System root:                C:\WINNT
Processors:                 1
Processor speed:            1.5 GHz
Processor type:             Intel(R) Pentium(R) M processor
Physical memory:            256 MB
```

图 10-3　psinfo 命令行工具

使用 psinfo 命令行工具：psinfo -h -s。

其中，-h 表示已经安装的 hotfix；-s 表示已经安装的软件。

确定已安装的软件中是否有不需要的软件或组件，如果有，则将其卸载。

3. 关闭不需要的系统服务

具体操作如下。

使用 net start 命令，列出已经启动的服务。

使用微软 sysinternals 工具集中的 "psservice.exe" 命令列出所有服务及状态。

查看已经启动的或者手动状态的服务，查看不必要的服务（如 Alerter、Remote Registry Service、Messenger、Task Scheduler）是否已启动；停止不需要的服务，并将其禁用或者改成手动状态。有些手动状态的服务则可能需要改成禁用。

通常需要的服务设置及服务功能如下。

COM+事件服务—手动—允许组件服务的管理。

DHCP 客户端—自动—更新动态 DNS 中的记录所需。

分布式链接跟踪客户端—自动—用来维护 NTFS 卷上的链接。

DNS 客户端—自动—允许解析 DNS 名称。

事件日志—自动—允许在事件日志中查看事件日志消息。

逻辑磁盘管理器—自动—用来确保动态磁盘信息保持最新。

逻辑磁盘管理器管理服务—手动—用来执行磁盘管理操作。

Netlogon—自动—加入域时设置。

网络连接—手动—网络通信时设置。

性能日志和警报—手动—收集计算机的性能数据，向日志中写入或触发警报。

即插即用—自动—Windows 标识和使用系统硬件时设置。

受保护的存储区—自动—用来保护敏感数据，如私钥。

远程过程调用（RPC）—自动—Windows 中的内部过程所需。

安全账户管理器—自动—存储本地安全账户的信息。

系统事件通知—自动—在事件日志中记录条目时设置。

Windows 管理规范驱动程序—手动—使用"性能日志和警报"实现性能警报时设置。

Windows 时间服务—自动—用来保证 Kerberos 身份验证有一致的功能。

工作站—自动—加入域时设置。

此外，需要注意服务间的依存关系，不能影响正常应用服务的启用。

4. 关闭系统共享

具体操作如下。

在命令提示符窗口中输入 "net share"。

用 "net share" 命令可查看详细的共享信息。

用命令 "net share driver$ /delete," 可删除默认共享，并修改注册表取消默认共享和空连接。

打开"注册表编辑器"窗口。使用命令"REGEDIT HKEY_LOCAL_MACHINE\

SYSTEM\CurrentControlSet\Services\lanmanserver\parameters",在窗口右侧建立一个名为"AutoShareServer"的 DWORD 键,设置其值为 0;若安装的是个人专业版操作系统,则需要建立一个名为"AutoShareWks"的 DWORD 键,设置其值为 0,关闭 Server 服务(如图 10-4 所示)。

图 10-4　关闭 Server 服务

需要注意的是,虽然打开默认共享可以方便管理,但会带来安全问题。

5. 删除或禁用系统中无用的用户

具体操作如下。

用户列表:在命令提示符窗口中执行"net user"列举出所有用户。

每个用户的属性:net user 用户名。

for /f "eol=- skip=3 tokens=1,2,3" %%u in ('net user') do if not '%%u'=='命令成功完成.'net user %%u

通过与管理员确定哪些账号是无用的,检查 Guest 账号是否被禁用,并删除或禁用无用的账号。

6. 重命名管理员账号和 Guest 账号

具体操作如下。

在命令提示符窗口中输入"secpol.msc",然后按 Enter 键。

打开"本地安全设置"窗口,依次选择"本地策略">"安全选项"。

在重命名系统管理员账户中修改超级管理员的名称。通常可以再增加一个普通的 administrator 用户以迷惑攻击者,如图 10-5 所示。

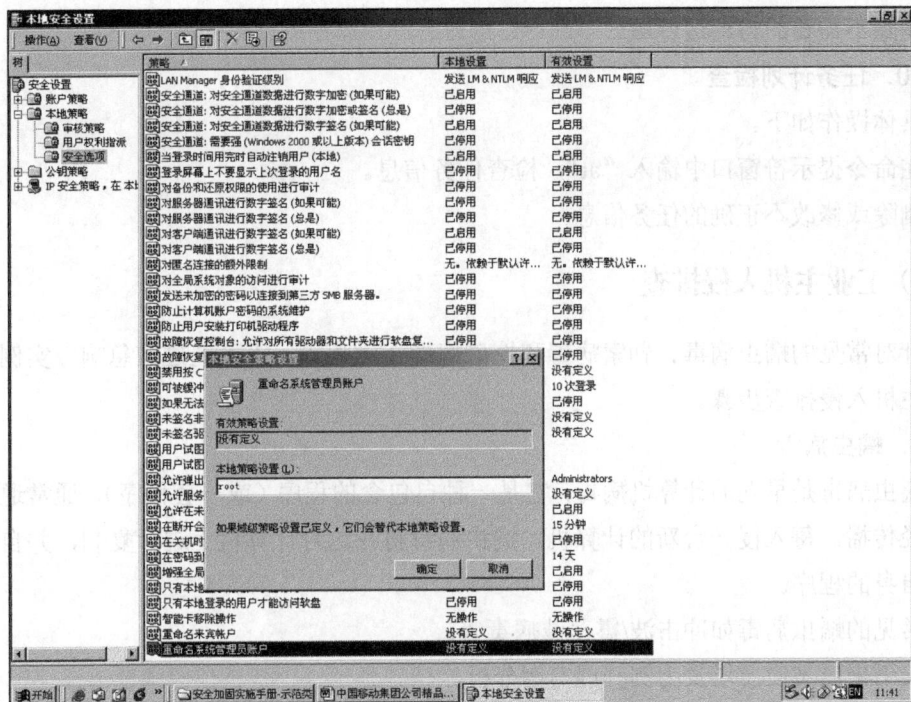

图 10-5 重命名

需要注意的是，重命名系统管理员账户后，administrator 将没有超级管理员的权限，因此要牢记修改后的超级管理员用户名。

7. 设置强壮的系统用户账户的密码

具体操作如下。

管理员密码要包含字母、数字和特殊符号，长度不少于 8 位，必要时使用账号口令破解工具或暴力破解测试，如 L0phtCrack 等工具。

8. 设置账号策略

具体操作如下。

设置最小密码长度：8 位或 10 位。

密码最长期限：不长于 42 天。

密码最短期限：不短于 2 天。

强制执行密码历史记录：24 小时。

账户锁定时间：30 分钟。

账户锁定阈值：5 次无效登录。

复位账户锁定计时器：30 分钟。

9. 自动运行检查

具体操作如下。

运行 autorunc 工具获取系统自动运行项和自动加载项。

删除不需要的自动运行项。

10.任务计划检查

具体操作如下。

在命令提示符窗口中输入"at",检查任务信息。

删除或修改不正确的任务信息。

（二）工业主机入侵排查

针对常见的蠕虫病毒、勒索病毒和挖矿病毒 3 类病毒，下面通过应急响应实例介绍工业主机入侵排查步骤。

1.蠕虫病毒

蠕虫病毒是早期的计算机病毒，它是一种自包含的程序（或一套程序），通常通过网络途径传播。每入侵一台新的计算机，蠕虫病毒将在这台计算机上进行复制，并自动执行它自身的程序。

常见的蠕虫病毒如冲击波/震荡波病毒等。

接下来以某应急场景为例开展实例分析。

（1）事件背景

某天早上，管理员在出口防火墙处发现内网服务器不断向境外 IP 地址发起主动连接，内网环境无法连通外网。

（2）事件分析

在出口防火墙处查找内网服务器的 IP 地址，首先将感染病毒的主机从内网断开，然后登录相应的服务器，打开 D 盾_web 查杀工具查看端口连接情况，发现本地向外网 IP 地址发起大量的主动连接，如图 10-6 所示。

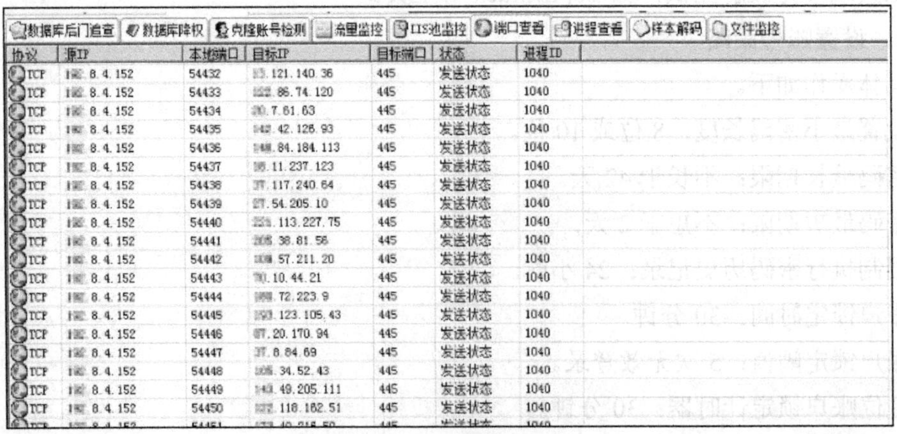

图 10-6 网络流量情况

因此，推测系统进程被病毒感染，并使用某病毒查杀工具对全盘文件进行查杀，发现"C:\Windows\system32\qntofmhz.dll"文件异常，如图 10-7 所示。

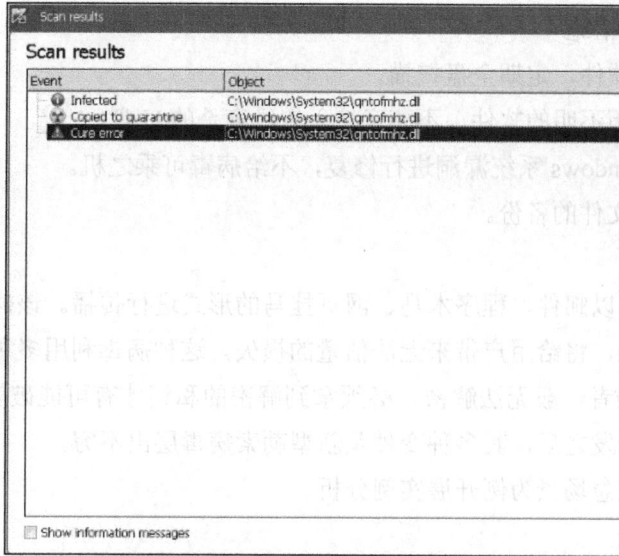

图 10-7　杀毒软件告警

使用多引擎在线病毒扫描工具对该文件进行扫描。

确认服务器感染 Conficker 病毒，下载 Conficker 病毒专杀工具对服务器进行清查，成功清除病毒，如图 10-8 所示。

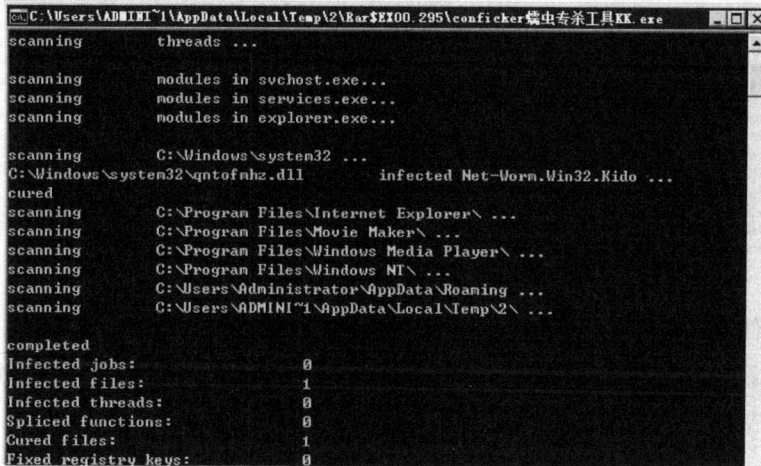

图 10-8　Conficker 病毒专杀工具的使用

大致的处理流程如下。

发现异常：查看出口防火墙、本地端口连接情况，发现服务器主动向外网发起大量连接。

病毒查杀：使用杀毒工具全盘扫描，发现异常文件。

确认病毒：使用多引擎在线病毒扫描工具对异常文件进行扫描，确认服务器感染 Conficker 病毒。

病毒处理：使用 Conficker 病毒专杀工具对服务器进行清查，成功清除病毒。

（3）预防处理措施

- 安装杀毒软件，定期全盘扫描。
- 不使用来历不明的软件，不随意接入未经查杀的 U 盘。
- 定期对 Windows 系统漏洞进行修复，不给病毒可乘之机。
- 做好重要文件的备份。

2. 勒索病毒

勒索病毒主要以邮件、程序木马、网页挂马的形式进行传播。该病毒性质恶劣、危害极大，一旦感染，将给用户带来无法估量的损失。这种病毒利用多种加密算法对文件进行加密，被感染者一般无法解密，必须拿到解密的私钥才有可能破解。自 WannaCry 勒索病毒在全球爆发之后，其多种变种及新型勒索病毒层出不穷。

接下来以某应急场景为例开展实例分析。

（1）事件背景

某天早上，网站管理员打开 OA 系统，发现首页访问异常，显示乱码如图 10-9 所示。

图 10-9　乱码

（2）事件分析

登录网站服务器进行排查，在站点目录下发现所有的脚本文件及附件都被加密为以 ".sage" 结尾的文件，每个文件夹下都有一个 "!HELP_SOS.hta" 文件，如图 10-10 所示。

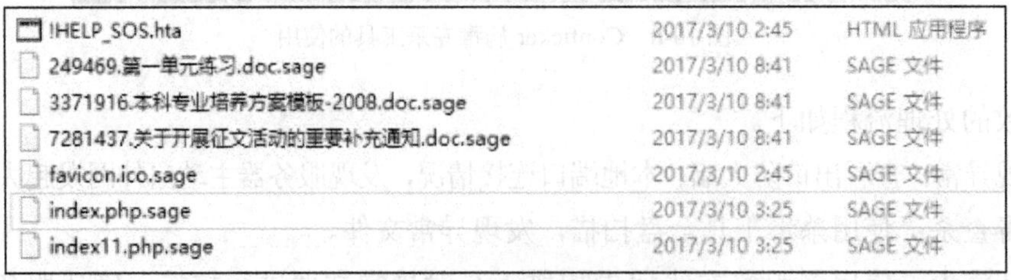

图 10-10　被加密的文件

打开 "!HELP_SOS.hta" 文件，显示内容如图 10-11 所示。

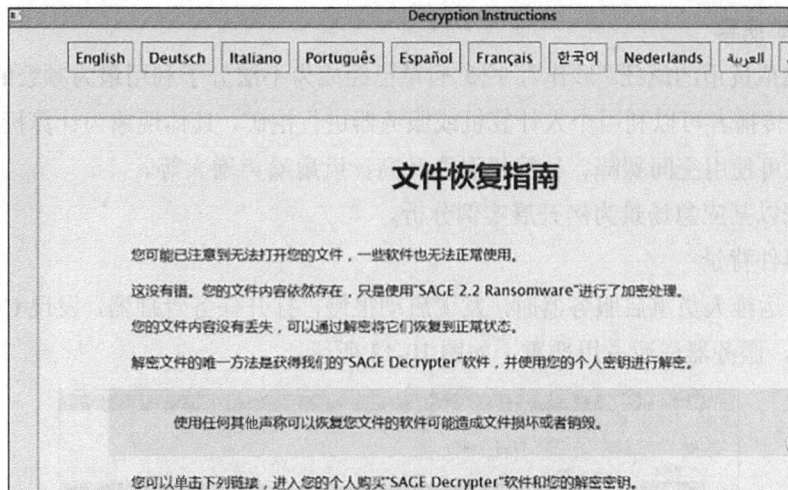

图 10-11　显示内容

由文件内容可确认是服务器感染了勒索病毒，上传样本到勒索病毒搜索引擎进行分析，如图 10-12 所示。

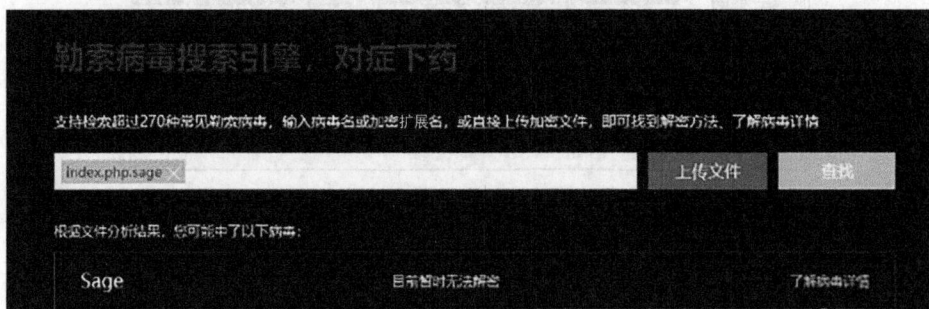

图 10-12　勒索病毒搜索引擎

由于绝大多数勒索病毒是无法解密的，一旦被加密，即使支付赎金也不一定能够获得解密密钥。因此，在平时的运维工作中，应积极做好备份工作，做到数据库与源代码分离（类似 OA 系统的附件资源也很重要，同样需要备份）。

（3）防范措施

一旦感染勒索病毒，文件将会被锁死，没有办法正常访问，给用户带来极大的困扰。为了防止这样的事情发生，需要预先做好如下防范措施。

- 安装杀毒软件，保持监控开启，定期全盘扫描。
- 及时更新 Windows 安全补丁，开启防火墙临时关闭端口，如 445、135、137、138、139、3389 等端口。
- 及时更新 Web 漏洞补丁，升级 Web 组件。
- 做好备份。重要的资料一定要备份，谨防资料丢失。
- 增强网络安全意识，不打开陌生链接和陌生邮件，不下载陌生文件。

3．挖矿病毒

随着虚拟货币的疯狂"炒作"，挖矿病毒已经成为不法分子利用最为频繁的攻击方式之一。病毒传播者可以利用个人计算机或服务器进行挖矿，具体现象为计算机 CPU 使用率高、C 盘可使用空间骤降、计算机温度升高、风扇噪声增大等。

接下来以某应急场景为例开展实例分析。

（1）事件背景

某日，运维人员重启服务器时，发现启动很慢，打开任务管理器，发现 CPU 使用率接近 100%，服务器资源占用严重，如图 10-13 所示。

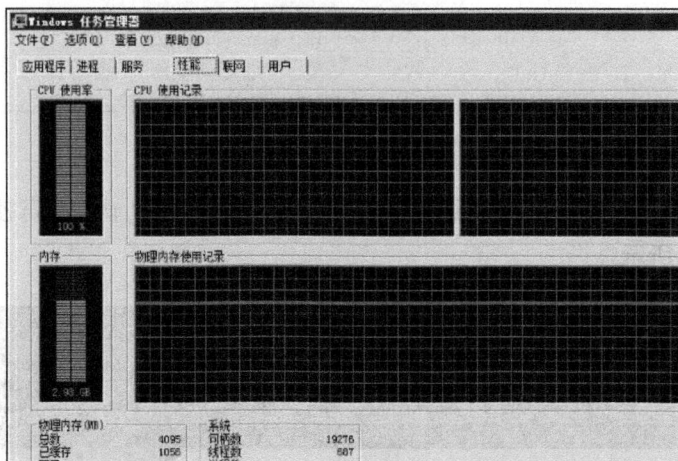

图 10-13　系统 CPU 使用率

（2）事件分析

登录网站服务器进行排查，发现存在多个异常进程，如图 10-14 所示。

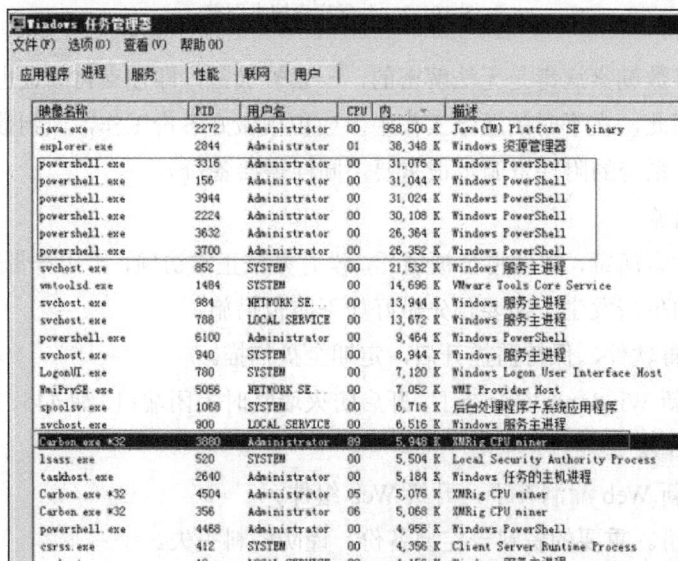

图 10-14　异常进程运行情况

接下来分析进程参数，如图 10-15 所示。

wmic process get caption,commandline /value >> tmp.txt

图 10-15 异常进程参数

在 Windows 中查看某个运行程序（或进程）的命令行参数可使用下面的命令：wmic process get caption,commandline /value。

如果想查询某个进程的命令行参数，可使用下列命令：wmic process where caption= "svchost.exe" get caption,commandline /value。

这样就可以得到进程的可执行文件位置等信息。

访问图 10-16 中的链接可以发现公网存在可疑 URL。

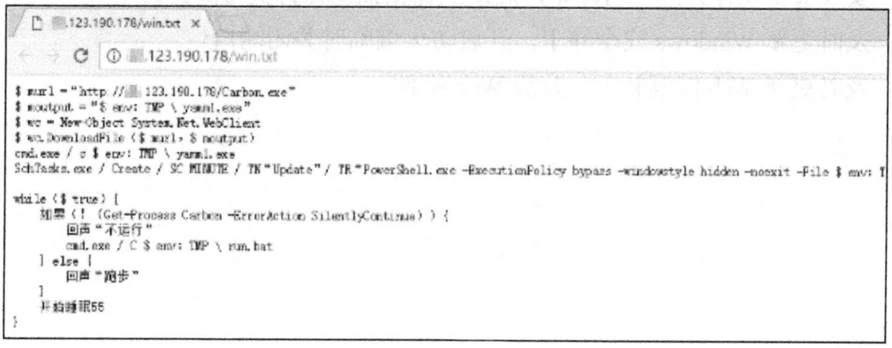

图 10-16 公网可疑 URL

在"Temp"目录下发现了"Carbon.exe""run.bat"挖矿程序文件，如图 10-17 所示。

清除挖矿病毒可采取的措施有：关闭异常进程、删除 C 盘"Temp"目录下的挖矿程序文件。

可以采取的临时防护方案如下。

根据实际环境路径，删除 WebLogic 程序的下列 WAR 包及目录。

rm -f /home/WebLogic/Oracle/Middleware/wlserver_10.3/server/lib/wls-wsat.war

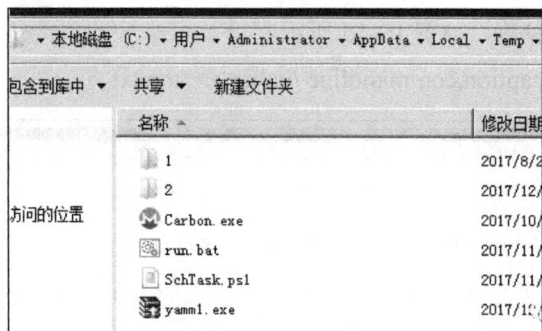

图 10-17　可疑文件

rm -f /home/WebLogic/Oracle/Middleware/user_projects/domains/base_domain/servers/AdminServer/tmp/.internal/wls-wsat.war

rm -rf /home/WebLogic/Oracle/Middleware/user_projects/domains/base_domain/servers/AdminServer/tmp/_WL_internal/wls-wsat

重启 WebLogic 或系统后，确认以下链接的访问结果是否为 404：http://x.x.x.x:7001/wls-wsat。

（3）防范措施

新的挖矿攻击展现出了类似蠕虫病毒的行为，并结合高级攻击技术，以提高对目标服务器感染的成功率。通过利用"永恒之蓝"、Web 攻击等多种漏洞，如 Tomcat 弱口令攻击、WebLogic WLS 组件漏洞、JBoss 反序列化漏洞、Struts2 远程命令执行等，可以导致大量服务器被感染挖矿病毒的现象发生。针对挖矿攻击，可采取的防范措施如下。

- 安装安全软件并升级病毒库，定期全盘扫描，保持实时防护。
- 及时更新 Windows 安全补丁，开启防火墙临时关闭端口。
- 及时更新 Web 漏洞补丁，升级 Web 组件。

第十一章　工业信息安全实训

第一节　工业信息安全实训靶场介绍

（一）中台安全靶场

第三篇　实训平台

工业信息安全实训平台对于锻炼实战技能具有明显的促进作用。本篇选取了 3 类典型的实训平台，重点介绍实训平台的功能和基于实训平台可开展的实践教学内容。

其中，从实训平台使用的技术来看，既包括采用实物仿真技术，直接接入以真实工业控制设备为主的实训靶场；又包括采用实物仿真、容器仿真、虚实结合等技术，同时涵盖实际工业控制设备和虚拟设备的虚实结合仿真系统；还包括采用虚拟机仿真、建模仿真等技术，通过虚拟方式部署工控组态软件、操作系统等的虚拟化实训平台。从模拟的工业生产过程来看，实训平台涵盖电力输送、石油化工、智能制造等典型场景。

通过对本篇的学习，读者能够了解常见的工业生产流程及其可能面临的网络攻击类型，并掌握应对常见攻击的安全防御和处置措施。

第十一章　工业信息安全实训靶场

第一节　工业信息安全实训靶场简介

（一）平台开发背景

党的十八大以来，以习近平同志为核心的党中央高度重视国家网络安全人才的培养。《网络安全法》明确提出"国家支持企业和高等学校、职业学校等教育培训机构开展网络安全相关教育与培训，采取多种方式培养网络安全人才，促进网络安全人才交流"。在工业信息安全人才教育培养方面，目前高校的工控安全、工业互联网安全等相关专业的课程内容偏向基础教学，缺少实训课程，培养出来的人才在解决实际问题方面能力较弱，难以满足工业信息安全产业对人才的需求。

工业信息安全实训靶场（以下简称"实训靶场"）集成工业控制网络安全基础教学、综合能力实训和工业信息安全场景业务仿真等功能，助力培养满足产业需求的高素质工业信息安全技术技能人才队伍。

（二）主要内容简介

实训靶场是集"学、练、测、评"于一体的实战训练平台，能支撑工业领域企业提升自身的网络安全能力、培养具备实操能力的工业信息安全人才。实训靶场由工业信息安全实训靶场系统和工业信息安全实验设备组成。工业信息安全实训靶场系统是一套针对工业设备、控制、网络、数据、应用进行模拟仿真的集成软件平台，工业信息安全实验设备为数台便携式工业信息安全实验柜或实验箱。

（三）实践教学意义

实训靶场以 PLC、触摸屏、MES、工业互联网平台等软硬件设备来构建典型的工业互联网与业务应用场景，并将工业信息安全解决方案融入其中，实现工业信息安全防护展示及培训功能。实训靶场配合完善的工业信息安全教学课程体系，可满足工业信息安全技术与管理人员的培训与研究需求。

① 实训靶场建设中采用"基础课程+实验",帮助学员理解工业控制系统基本知识,增强工业控制系统信息安全防护意识。

② 安全防护理论和实践应用高度融合,通过工业控制网络攻击、防护、网络监测和异常行为分析等典型实验内容帮助学员掌握工业信息安全技术。

③ 可模拟典型的工业互联网现场环境,并融合工业控制网络安全防护和安全审计解决方案,通过实验进行工业互联网安全防护测试、方案制定及技术研究。

④ 实训靶场集成了病毒、参数篡改、漏洞利用、拒绝服务等多种攻击工具,能完整复原典型工业信息安全事件的攻击过程,让学员从攻击者角度分析事件并提升防护能力。

第二节　工业信息安全实训靶场环境

（一）平台环境概述

实训靶场分为机柜式和箱体式,涵盖油气开采、智能制造和钢铁冶金三大实训环境。实训靶场示意如图 11-1 所示。

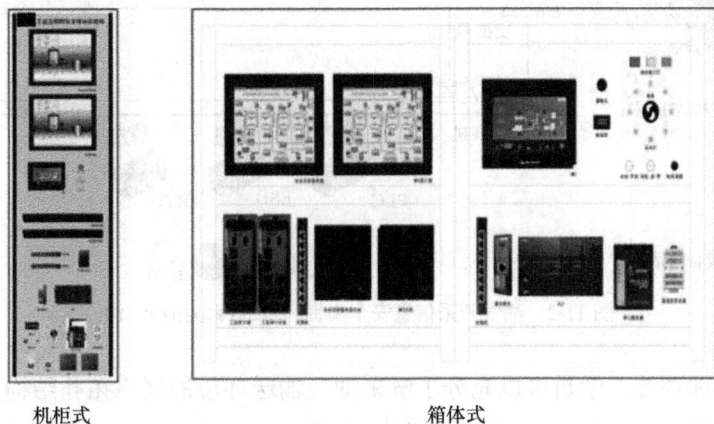

机柜式　　　　　　　　　　　　　　　　　箱体式

图 11-1　实训靶场示意

实训靶场的硬件部分包括 12 类设备:PLC;触摸屏 HMI;工业防火墙等工业保护产品;工控安全审计等工业监测产品;工业交换机及无线路由器;攻击个人计算机及显示器;MES 主机及显示器;电子沙盘通信网关模块(选配);工业 Wi-Fi 服务器(选配);云平台智能网关(选配);智能摄像头;仪表传感器、变频电机、转换开关、发光二极管(Light Emitting Diode,LED)指示灯、调速开关、蜂鸣器、电流表、黄绿红带灯按钮等。

硬件设备内置的组态软件共有 6 套:PLC 编程软件、HMI 组态软件、主机安全防护软件、工业互联网平台应用、MES 软件、攻击软件套包。

（二）油气开采信息安全实训环境

实训靶场采用海上油田开采作为油气开采模拟场景，自动控制总体设计方案如下。

油气开采信息安全实训环境的仪表选型以电动仪表为基础，采用以微机为核心的集散装置分级控制和管理，模拟大规模海上油田的自动化管理和无人值守平台。

对实训靶场上独立性较强或自成体系的工艺和公用系统均设置现场控制盘。这些现场控制盘大多由基地式盘装和架装仪表及断电器组成，负责对本系统的温度、压力、液位、流量等参数的指示和控制，以及对本系统的突发性事故或人为误操作进行应急保护。现场控制盘接收中控盘的关断指令，同时把状态信号、公共报警信号发送给中控盘。

本实训环境主要包括现场各种探测器、传感器的使用及维护，中央控制系统、PLC系统、组态软件、应用的故障分析及排除，井口控制盘及井下安全阀、地面安全阀的工作原理及故障判断，火灾控制盘的控制原理及日常维护，自动控制执行机构、各种阀、气—电/电—气转换器的使用及日常维护等。其网络拓扑结构如图11-2所示。

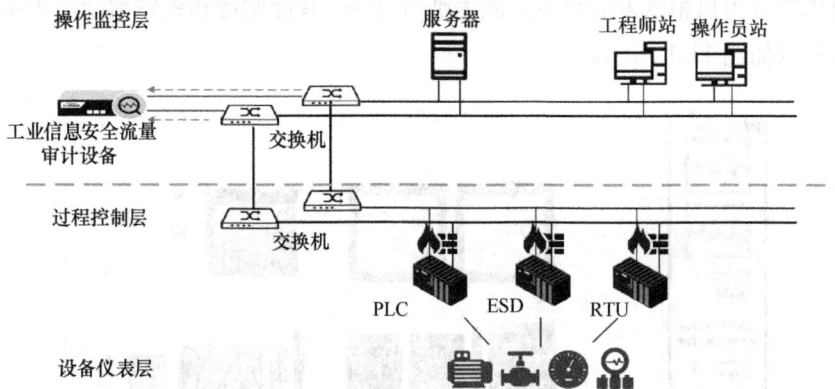

图11-2　油气开采信息安全实训环境的网络拓扑结构

基于该实训环境，学员可以充分了解采油及输送环境的网络拓扑结构以及网络风险点。系统内置了WannaCry、"永恒之蓝"、远程代码执行等测试场景，通过对测试产生的威胁流量信息进行安全分析，能够发现组态软件、PLC等设备中的漏洞。然后利用漏洞信息进行攻击设计，并通过安全产品配置策略实现攻击拦截，使学员了解针对采油及输油系统的攻击手段、攻击路径和攻击结果。

另外，学员可以锻炼安全防护能力，例如启动主机层面的主机防护设备，并有针对性地进行安全策略配置；根据审计情况，对防火墙等进行安全策略配置等。

（三）智能制造信息安全实训环境

智能制造信息安全实训环境采用应用于生产流水线的顺序控制和温度控制的电气控制系统，其网络拓扑结构如图11-3所示。

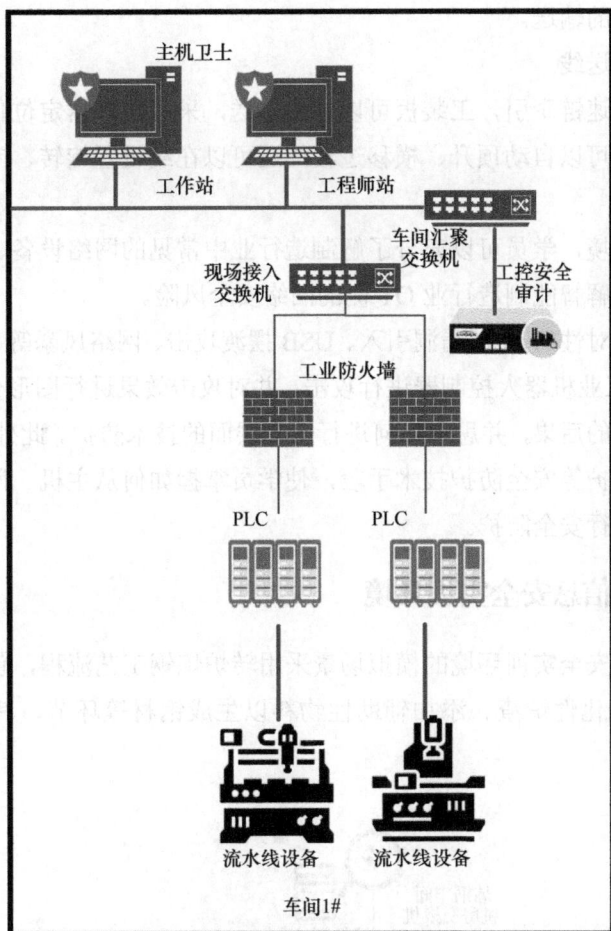

图 11-3 智能制造信息安全实训环境的网络拓扑结构

工业流水线是工业生产中广泛使用的产品加工生产线，由众多不同的流水线生产设备组成，如链板输送线、滚筒输送线、皮带输送线、倍速链输送线等。这些生产设备的使用特点如下。

（1）链板输送线

特点：承载的产品比较重；和生产线同步运行，可以实现产品的爬坡；生产的节拍不是很快；以链板面作为承载，可以实现产品的平稳输送。

（2）滚筒输送线

特点：承载的产品类型广泛，受限制少；与阻挡器配合使用，可以实现产品的连续、节拍运行以及积放的功能；采用顶升平移装置，可以实现产品的离线返修或检测而不影响整条流水线的运行。

（3）皮带输送线

特点：承载的产品比较轻，形状限制少；和生产线同步运行，可以实现产品的爬坡、转向；以皮带作为载体进行输送，可以实现产品的平稳输送，噪声小；可以实现轻型物料或产品较长距离的输送。

（4）倍速链输送线

特点：采用倍速链牵引，工装板可以自由传送，采用阻挡器定位使工件自由运动或停止，工件在两端可以自动顶升、横移过渡，还可以在线设置旋转、专机、检测设备、机械手等。

基于该实训环境，学员可以充分了解制造行业中常见的网络设备、生产设备及其网络拓扑结构，并理解智能制造行业 OT 侧的网络安全风险。

通过采用有针对性的 PLC 漏洞引入、USB 摆渡攻击、网络风暴等手段，对制造行业中常见的 PLC 及工业机器人控制器进行攻击，并对攻击效果进行图形化展示，使学员充分理解攻击所产生的后果，并思考如何进行安全层面的技术防护。此外，通过审计记录、边界防护、主机防护等安全防护技术手段，使学员掌握如何从主机、网络、系统等各个层面对生产业务进行安全防护。

（四）钢铁冶金信息安全实训环境

钢铁冶金信息安全实训环境的模拟场景采用转炉炼钢工艺流程，包括铁水氧化、添加石灰料以生成氧化性炉渣、添加辅助性物料以生成钢材等环节，其网络拓扑结构如图 11-4 所示。

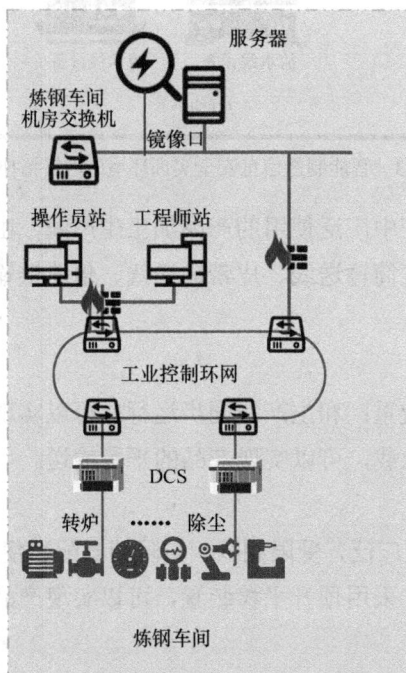

图 11-4　钢铁冶金信息安全实训环境的网络拓扑结构

基于该实训环境，学员能充分了解钢铁冶金行业炼钢工艺中常见的网络设备、生产设备及其网络拓扑结构，并充分理解钢铁冶金行业的网络安全风险。

第三节　工业信息安全应急实战

（一）工业信息安全基础训练

1．PLC 编程训练

PLC 编程训练包括了解 PLC 原理、设备组成、编程通信指令、编程指令、PLC 与现场仪表的连接和控制实现等内容，可以使学员理解 PLC 硬件设备的各种组成结构和模块、如何实现控制逻辑和达成控制效果，有助于学员理解针对 PLC 的攻击行为及防护手段。

2．HMI 组态训练

HMI 组态训练包括了解 SCADA 系统、DCS 等上位机监控系统的组成、画面组态、系统与控制器的通信等，帮助学员理解工业控制系统的业务架构、网络架构、通信协议，以及上位机、通信协议的风险点和脆弱性。

3．工业控制系统协议分析与工业控制系统渗透训练

工业控制系统协议分析与工业控制系统渗透训练包括针对 Modbus、S7comm、DNP3、FINS、Ethernet/IP、OPC、OPC UA 等常用的工业控制协议，开展工业控制协议值域级别的分析，并对工业控制协议的第 2～7 层架构进行分析；针对工业控制系统的网络架构、开放端口、开放服务、协议漏洞等进行密码猜测、权限升级等渗透测试教学，让学员充分理解工业控制系统的脆弱点，以及可能被利用的漏洞。

4．实例分析

基于实训靶场能够开展如下实例分析。

（1）PLC 漏洞脚本检测

攻击方式：利用西门子 PLC 的已知漏洞发起攻击。

攻击路径：在无防护的情况下，黑客通过有线网络渗透接入工业控制系统，并运行针对西门子 PLC 漏洞的攻击脚本。

攻击效果：被攻击的 PLC 停止工作，导致传输系统停止运行，报警指示灯闪烁。

安全防护：接入防火墙，开启已知漏洞攻击防护后，同样的攻击路径和手段不会影响业务运行。

分析目的：该分析针对所有存在已知漏洞的工业控制设备，一旦网络被入侵、设备被攻击，就会对正常的业务产生影响，工业防火墙的已知漏洞防护功能可以抵御攻击，并记录有关攻击行为的详细日志。

（2）上位机木马病毒攻击

攻击方式：植入木马病毒控制上位机，非法篡改设备层数据。

攻击路径：在无防护的情况下，黑客控制感染木马病毒的上位机，对底层设备写入

非正常范围的值。

攻击效果：由于排水系统的部分控制仪表被写入非法值，水位升高，最终影响油井下的正常工作，并威胁到井下工作人员的人身安全。

安全防护：接入防火墙，开启白名单防护后，不在白名单内的数据无法被写入，同样的攻击路径和手段不会影响业务正常运行。

分析目的：帮助学员理解防火墙的白名单管理功能，白名单可以有效阻止上位机病毒感染事件的发生，且任何违反白名单规则的操作都会被详细记录到日志中。

（3）病毒 U 盘攻击

攻击方式：带病毒的 U 盘破坏工作站。

攻击路径：在无防护的情况下，带病毒的 U 盘在工作站上被用于发起单点攻击。

攻击效果：被攻击的工作站瘫痪，无法操作。

安全防护：工作站安装可信客户端后，插入带病毒 U 盘后，病毒无法运行。

分析目的：帮助学员理解可信产品对主机的防护能力。任何白名单以外的可执行文件都无法运行，同时在审计系统上会有详细的日志记录。

（4）网络风暴攻击

攻击方式：在网络上产生网络风暴，使整体网络瘫痪。

攻击路径：在无防护的情况下，入侵工业控制网络，接入其中的二层设备，如交换机等，产生风暴报文。

攻击效果：整个被攻击的网络中的所有设备都处于瘫痪状态，无法正常工作，导致正常的业务数据无法上传或下发。

安全防护：在网络中部署防火墙，通过防火墙的攻击防范管理功能来抑制风暴报文，恢复网络的正常功能。

分析目的：帮助学员理解防火墙的攻击防范能力。防火墙可抑制多种类型的风暴攻击，并能记录日志。

（二）工业信息安全攻击防御

针对内部网络的攻击方法有很多，其中常见的包括拒绝服务攻击、SQL 注入、缓冲区溢出攻击和会话劫持攻击等。这些攻击技术都是先抓取目标主机的数据包，然后分析敏感数据，针对目标主机发送大量欺骗报文或异常控制报文，以控制内部网络。

实训靶场支持针对常见的攻击场景开展研究。

（1）病毒类场景

通过测试机引入蠕虫、木马等病毒，并在边界和主机层面进行安全防护策略配置，对病毒类场景进行模拟演练。

（2）协议漏洞场景

通过对主流 PLC 协议（包括 Modbus、DNP3、S7comm、S7-Plus、OPC 等协议）中

的关键字段进行篡改，模拟协议漏洞攻击，同时通过审计、防火墙等网络设备对关键字段和关键协议行为进行针对性防护，进行协议漏洞场景模拟演练。

（3）协议欺骗场景

通过中间人攻击方式，劫持工业控制协议流量，并采用重放、欺骗等攻击手段，对操作员站与控制器之间的通信进行网络攻击，进行协议欺骗场景模拟演练。

（4）PLC 漏洞场景

通过充分利用国内外主流工控漏洞库等公布的 PLC 漏洞信息，制作 PoC（Proof of Concept）攻击验证脚本，对 PLC 进行模拟攻击；同时，采用有针对性的漏洞修复以及漏洞防护策略，阻断 PLC 漏洞利用行为并进行系统安全防护。

（5）系统弱口令场景

通过构建弱口令字典，进行自动化密码猜测攻击，基于对协议的分析以及威胁特征库的诊断，为网络安全设备设置弱口令防护策略。

（6）主机 USB 自动执行恶意代码场景

在 USB 中植入勒索病毒，并在主机中安装主机防护系统，对 USB 接入自动执行等操作进行安全策略设置，实现主机 USB 自动执行恶意代码场景的模拟。

（7）主机操作系统漏洞场景

通过充分利用国内外主流工控漏洞库等公布的操作系统漏洞信息，制作 PoC 攻击验证脚本，对主机操作系统进行模拟攻击；同时，采用有针对性的漏洞修复以及主机、网络防护策略。

（8）拒绝服务场景

利用多台大流量测试设备，对主要的控制设备（如控制器）进行网络风暴攻击，采用 SYN、UDP、因特网控制报文协议、Ping of Death、WinNuke、Smurf、TearDrop、Fraggle、TcpFlag、LAND 等进行攻击。

（9）SQL 注入场景

利用 SQL 及协议自动生成设备，并制作 PoC 攻击验证脚本，实现针对服务器的 SQL 注入攻击；同时，采用有针对性的网络审计、入侵检测及网络防护策略，对服务器进行安全防护。

针对上述常见的攻击场景，可以基于实训靶场开展防护演练。实训靶场通过部署在离线平台中的安全设备开展安全防护研究，具体包括如下场景。

（1）针对主机的安全防护

通过主机卫士白名单策略进行安全防护和效果展示。

（2）针对工业控制网络的安全防护

通过工业防火墙的基础防火墙策略、黑名单和白名单等策略进行安全防护和效果展示。

（3）针对攻击路径的监控

通过部署在网络中的工控监控审计系统对流量的分析，实现对离线平台攻击过程的展示和溯源。

（三）工业信息安全应急处置

实训靶场能够为用户搭建实操应急演练环境，为工业企业的应急桌面推演、预案管理、演练评估工作提供一整套解决方案，从应急管理实际应用层面为企业管理人员提供强有力的辅助手段。基于实训平台可开展如下应急处置环节。

（1）应急启动

对实训靶场仿真环境的工业控制系统进行网络攻击，若仿真环境中的安全设备出现安全事件告警，或在管理系统中监测到业务中断，此时启动应急响应。电子沙盘上同步展示业务系统的实时现状及安全攻击导致的系统瘫痪模拟效果。

（2）应急监测

模拟应急监测流程，对仿真环境中的资产、威胁、拓扑、网络互联、网络外联、安全事件告警、生产工艺和实时操作进行监控。结合监控信息，对安全事件进行评估和分析，制定应急恢复方案。

（3）应急抑制

模拟应急抑制流程，采取隔离瘫痪系统区域或部署安全防护措施的方式抑制安全事件，恢复业务系统。电子沙盘上同步展示业务现状。

（4）应急根除及业务恢复

模拟应急根除及业务恢复流程，排除监控系统及网络安全问题，恢复业务系统。

第十二章　工业信息安全应急演练仿真系统

第一节　工业信息安全应急演练仿真系统简介

（一）平台开发背景

近年来，工业领域面临的网络威胁日益增加，攻击手法日益复杂、多样和隐蔽，工业信息安全事件更加频发，可能造成工厂停产、环境污染、人员伤亡、社会动荡等灾难性后果。随着国家层面、行业层面对工业信息安全愈加重视，以及网络攻击技术不断迭代发展，工业领域不再满足于采购标准化的工业信息安全产品或服务，更重视加强工业信息安全人才培养与技术积累，着力以坚实的人才支撑保障工业信息安全防护体系建设。

工业信息安全应急管理人才是开展应急准备、应急处置等工作的重要力量，相关人员实战技能的强弱直接影响能否快速、高效地应对突发工业信息安全事件，而锻炼实战技能离不开实训环境。依托工业信息安全应急演练仿真系统开展实战演练，不仅是落实《国家网络安全事件应急预案》《工业控制系统信息安全事件应急管理工作指南》等政策要求的重要手段，还能有效锻炼相关人员的实战实操技能。

工业信息安全应急演练仿真系统为虚实结合仿真系统，通过模拟典型的工业信息安全事件，能够提高高等院校相关专业学生等待就业人员、企业相关从业人员对工业信息安全事件应急处置流程的熟悉程度，有效增强相关人员的安全意识与应急协调处置能力，最大限度地减小突发工业信息安全事件造成的损失和影响，为增强相关我国的工业信息安全应急保障能力提供坚实的人才保障。

（二）主要内容简介

工业信息安全应急演练仿真系统能在虚实结合组网的情况下快速自动化复现工业控制网络仿真环境，是工业信息安全应急演练、测试验证的重要载体。由于石油化工、电力、制造等关系国计民生的典型行业的工业控制系统的组成架构千差万别，所面临的安全风险有所不同，相应的安全防护手段或策略也不尽相同，但不同的行业又有相同的漏洞、风险、防范场景，甚至部分控制组件也是相同的。综合考虑典型行业的共性及特性，工业信息安全应急演练仿真系统实现了共性组件、资源的调度和跨网络、跨架构的应急演练。此外，工业信息安全应急演练仿真系统还支持接入全系列或主流工业控制系统或产品及工业信息安全领域相关检测工具，助力相关从业人员研发安全检测、评估、验证工具及标准规范。

（三）实践教学意义

工业信息安全应急演练仿真系统通过虚实结合技术及仿真技术重现真实的工业控制网络节点及链路，包含工业控制层、过程监控层、企业管理层等工业控制网络层级。接入环境后，学员可反复演练网络攻击渗透手段、网络作战战术、防护加固策略等，满足其在工业控制网络防护能力验证、工业信息安全防护体系建设、工业产品检测评估等方面的需求，具体如下。

① 工业信息安全应急演练仿真系统涵盖辅助推演系统，提供所需的演练环境和流程模板，为学员开展工业信息安全事件桌面推演、预案管理、演练评估等提供一整套解决方案，从应急管理实际应用层面为学员提供强有力的辅助手段，帮助学员掌握必备的应急管理技能，提升安全防护体系建设能力。

② 面向参与工业信息安全技能比赛的学员，提供丰富的基础技能培训和有针对性的赛前技能培训，如基于工业信息安全应急演练仿真系统提供较新、热门的安全漏洞利用技术和相关的漏洞修复方法教学，提升学员的安全防护技术能力。

③ 面向工业企业安全运维人员，基于工业信息安全应急演练仿真系统提供的工业控制网络虚拟仿真环境，重点培养学员的工业信息安全运维能力。

④ 打造网络武器装备测评和软件测评服务平台，面向专业的安全学员，提供工业信息安全领域的"零日"漏洞测试、勒索病毒测试、软件测评服务等，支撑学员开展创新技术研究。

第二节　工业信息安全应急演练仿真系统环境

（一）平台环境概述

工业信息安全应急演练仿真系统选取了丙烯酸甲酯生产、智慧城市、智能制造（食品制造）、水力发电、火力发电、电力输送等典型场景，分别构建相应的仿真环境，模拟各场景中的业务流程，并通过声、光、电等形式展示安全事件及其处置流程。演练场景关键组件包含搭建工业控制场景的主要设备，如 PLC、执行机构、仪器仪表及主要装置等，见表 12-1。

表 12-1　关键组件清单

序号	场景名称	PLC	其他关键组件
1	电力输送	菲尼克斯 lnline 系列	电阻负载、熔断丝（300W）等
2	丙烯酸甲酯生产	西门子 S7-1200 系列	精馏塔、304 储罐、304 管道、关断阀、温度变送器等
3	智慧城市	和利时 LE 系列	列车模型、轨道等
4	食品制造	台达 AS 系列	3 轴同步带模组滑台、机械臂、传送带等
5	水力发电	欧姆龙 CP 系列	驱动电机、发电电机、负载等

　　工业信息安全应急演练仿真系统的仿真沙盘实物如图 12-1 所示。

图 12-1　仿真沙盘实物

　　工业信息安全应急演练仿真系统还包括应急演练模拟仿真管控平台，平台采用虚拟资源进行搭建，还包括场景仿真沙盘内实物微缩模型、仪器仪表等。沙盘内各类装置上连接控制器，通过设备动作展现应急演练过程中的攻击、防护效果。其中，过程监控层、现场控制层由真实工程师站、HMI、控制设备等组成，上连应急演练模拟仿真管控平台，下连现场设备。应急演练模拟仿真管控平台如图 12-2 所示。

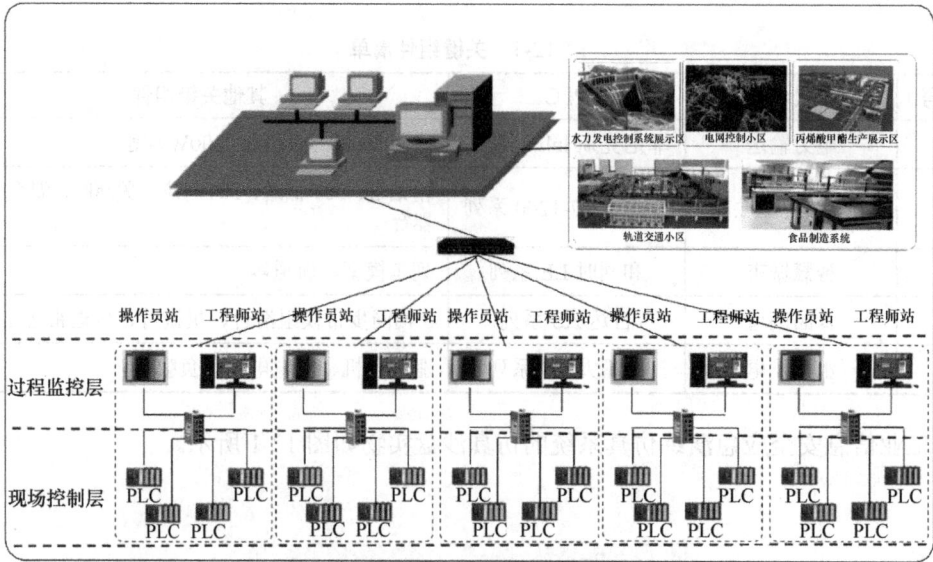

图 12-2　应急演练模拟仿真管控平台

（二）丙烯酸甲酯生产信息安全应急演练环境

化工行业依赖工业控制系统进行化学品生产控制与调节，如温度、压力控制是化工装置控制系统中的重要环节，常减压塔需恒温、恒压，以保证精馏过程稳定，回流比稳定。

针对丙烯酸甲酯生产，采用化工领域常用的 DCS 和安全仪表系统（Safety Instrumented System，SIS），搭建丙烯酸甲酯生产仿真环境，模拟丙烯酸甲酯生产场景中的主物料工艺流程，如图 12-3 所示。整个仿真环境采用沙盘、控制系统和软件模拟（仿真系统）形式，沙盘运用立体管路连接空间分布的酯化反应器、丙烯酸分馏塔、醇萃取塔、醇回收塔、醇拔头塔、酯提纯塔、成品罐等丙烯酸甲酯生产设备模型，模拟丙烯酸甲酯生产现场；并通过由 PLC 控制的阀门等，模拟生产过程中的控制装置。沙盘采用 DCS 及 SIS 作为工业控制系统，生产过程中的相关状态数据由仿真系统依据真实情况模拟生成。在此基础上，沙盘通过附加的声、光、电效果模拟丙烯酸甲酯的具体生产过程（包括反应、精馏、萃取、醇回收、醇拔头、酯精制等），实现包括正常开、停车在内的全工况动态模拟。

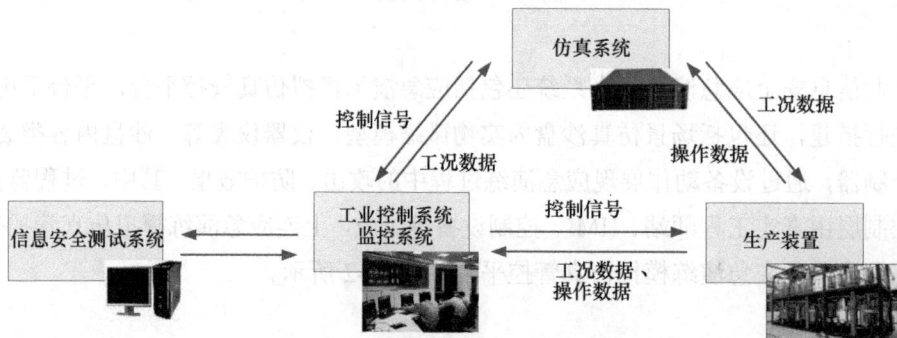

图 12-3　丙烯酸甲酯仿真系统工艺流程

丙烯酸甲酯生产系统仿真环境如图 12-4 所示。

图 12-4 丙烯酸甲酯生产系统仿真环境

该仿真环境支持针对丙烯酸甲酯生产的工业信息安全应急演练，模拟丙烯酸甲酯生产环境中特定的工业控制设备遭到网络攻击，如攻击者利用漏洞和攻击技术对工业控制系统实施攻击，获取 HMI 操作站的操作系统权限，更改温度控制系统配置，使塔顶温度低于 65 摄氏度、塔底温度高于 80 摄氏度，造成塔顶气球膨胀爆炸、沙盘精馏塔底部的红色 LED 闪烁。

由学员模拟进行针对上述攻击的应急处置操作，包括更换 PLC、更新设备固件、更换配置，通过该仿真系统预置的虚拟工业防火墙、网闸等防护设备对工业控制网络安全区域之间进行逻辑隔离安全防护，对组态软件进行加密权限设置等，锻炼学员的工业信息安全应急响应与恢复能力。

（三）智慧城市信息安全应急演练环境

针对智慧城市场景，以常见的智能轨道交通为仿真对象，采用多款应用于轨道交通的主流 PLC 及相关组态软件，以沙盘和软件形式模拟列车运行监控过程。智能轨道交通仿真环境如图 12-5 所示。

该仿真模型采用双轨道（具有变轨路段）、双列车形式。列车从车站或停车库出发根据设定的方向运行，一般为外圈列车顺时针运行，内圈列车逆时针运行。运行过程中，通过位置感应器检测列车的位置，由 PLC 操作道岔及信号灯变换，实现列车变轨并继续运行。当运行一段时间后，列车依次入库。

整个仿真系统分为现场控制层和过程监控层。现场控制层根据监控中心指令和列车运行位置信息，控制道岔切换及区间内信号灯指示变化。过程监控层负责远程监控，工程师站可控制道岔及信号灯变换，操作员站可监控列车运行全过程。操作员站和工程师站分别具有各自的权限，经授权后可实现控制方式的切换和道岔/信号灯的远程操作。

图 12-5　智能轨道交通仿真环境

该仿真环境支持开展智能轨道交通工业信息安全事件应急演练，可采用灯光颜色、速度变化、道岔状态、列车相撞情况等模拟列车运行过程中特定的工业控制设备遭到攻击造成的异常现象。如通过预制可攻击点，包含篡改组态画面、破坏工艺流程、破坏控制流程等，以及预制主机漏洞及 PLC 漏洞，实现以下攻击效果：获取组态软件修改权限；获取控制系统 PLC 设备的权限，通过 PLC 编程软件远程连接设备并上载控制程序；破坏控制系统及继电保护系统，使列车变道时脱离跑道，导致城市路灯熄灭，过车指示灯全部为绿色。学员可针对上述攻击场景模拟开展应急处置，直至仿真环境恢复正常状态。

（四）食品制造信息安全应急演练环境

针对智能制造，选取食品加工基本流程作为仿真对象，采用多款应用于食品加工的主流 PLC 及相关组态软件，建设食品加工控制系统仿真环境，模拟乳制品自动灌装及入库场景，如图 12-6 所示。整个仿真环境采用沙盘和软件模拟形式，在沙盘中部署供料站、输送通道、灌装流水线、分拣平台、库房等模型，并通过电机等设备进行控制。仿真环境采用食品加工领域的主流 SCADA 系统，接收生产指令，实时采集生产运行状态参数，并控制生产设备的运行状态，完成乳制品自动灌装及入库的一系列操作。该仿真环境在沙盘和 SCADA 系统的协作下，通过附加的声、光、电效果模拟根据生产计划主管下达的生产指令，将乳制品等物料通过供料站输送到灌装车间，以流水线形式完成乳制品的自动灌装作业，随后通过分拣平台将灌装完毕的乳制品运送到库房的不同区域。

图 12-6　食品加工控制系统仿真环境

该仿真环境支持开展食品加工领域工业信息安全事件应急演练，采用灯光颜色、流水灯速度变化等模拟食品加工场景中特定的工业控制设备遭受网络攻击造成的异常现象，如 PLC 漏洞被攻击者利用发起攻击，造成放料机械臂将物料扔到加工区域以外、传送带往相反方向转动等。基于该仿真环境，重点锻炼智能制造领域工业信息安全人员的应急处置能力。

（五）水力发电信息安全应急演练环境

水力发电控制系统是电力系统的重要组成部分，其能否正常稳定运行关系到电网的安全，因此做好发电站安全监控和安全防护意义重大。

针对水力发电控制系统，选取坝后式水电站为研究对象，搭建坝后式水电站仿真环境，采用多款应用于水利工程的主流 PLC，保留整体水利工程的处理环节，模拟水力发电场景中关键的引水发电流程。水力发电控制系统结构如图 12-7 所示。整个仿真模型采用沙盘和软件模拟形式，在沙盘中部署水坝及坝式进水口、压力管道、主厂房和安装间、副厂房、尾水闸室及尾水渠等水电站建筑模型，并通过由 PLC 控制的阀门、电机等，模拟发电流程中的核心装置。沙盘在模拟的引水发电组态软件的控制下，采用附加的声、光、电效果模拟引水发电的具体流程：具有水头的水力进入坝式进水口，经管道或隧洞后推动水轮机转动，并通过尾水系统排出；发电机在水轮机的带动及调速器的调节下产生电能。

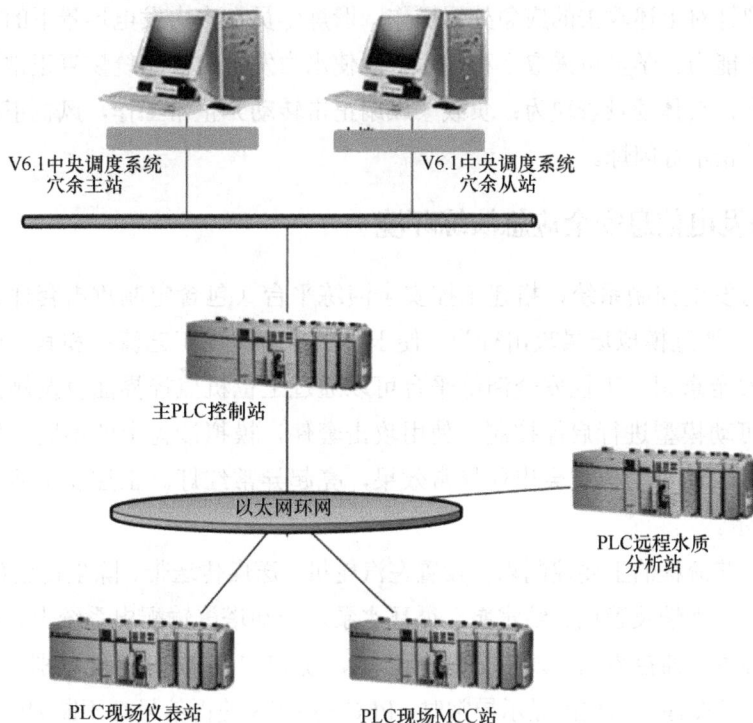

图 12-7 水力发电控制系统结构

水力发电控制系统仿真环境如图 12-8 所示。

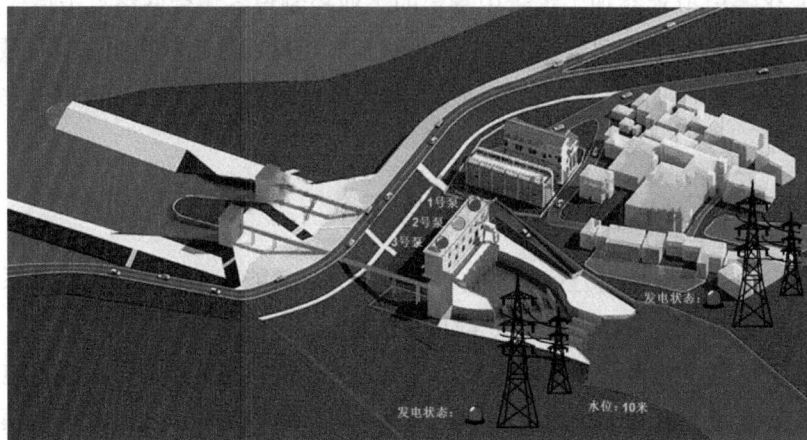

图 12-8　水力发电控制系统仿真环境

该仿真环境支持模拟引水发电场景中特定设备遭到攻击造成的异常现象。通过预制不同的攻击点，包含获取主机权限、破坏工艺流程、破坏控制流程等，以及预制主机漏洞及 PLC 漏洞，实现以下攻击效果：获取 HMI 操作站的操作系统权限；使 2 号泵启动，水位高液位；攻击发电机，使发电电压大于负载额定电压，造成负载烧毁；将 3 个水泵同时关闭，无水流动；设备范围灯闪烁，模拟供电异常。

通过模拟针对上述攻击的应急处置操作，锻炼学员在水力发电场景下的应急响应能力和安全防护能力。学员可采取多种技术手段使水力发电控制系统恢复正常运行，发电机组正常发电，具体场景表现为：负载（风扇正常转动）正常工作，风机正常转动，线塔之间的红色指示灯闪烁。

（六）火力发电信息安全应急演练环境

基于火力发电控制系统，搭建工控安全演练平台（包含定制攻击套件、沙盘模型和仿真平台），通过模拟场景攻击行为，便于学员了解火电工艺流程和其中的多种攻击行为，增强安全意识。工控安全演练平台可以通过上位机监控界面以及触摸屏监控界面对沙盘的可动模型进行启停控制；使用攻击套件；模拟沙盘上的不同模块遭到攻击后的现象，沙盘的可动模型会出现异常效果，亮起异常红灯。工控安全演练平台展板如图 12-9 所示。

火电厂工艺流程的主要控制点位设置在汽轮机、送煤传送带、除尘传送带、引风机、送风机、烟囱、锅炉及管道、给水泵、循环水泵及冷却塔、输配电系统上。通过上位机监控界面或触摸屏监控界面下发指令到 PLC 上，使 PLC 与 DCS 都能分别控制沙盘可动模型的启停。当设备受到攻击显示异常时，PLC 与 DCS 使得信号灯不断闪烁（代表异常状态）。火电厂工艺流程示意模型和图示分别如图 12-10 和图 12-11 所示。

图 12-9　工控安全演练平台展板

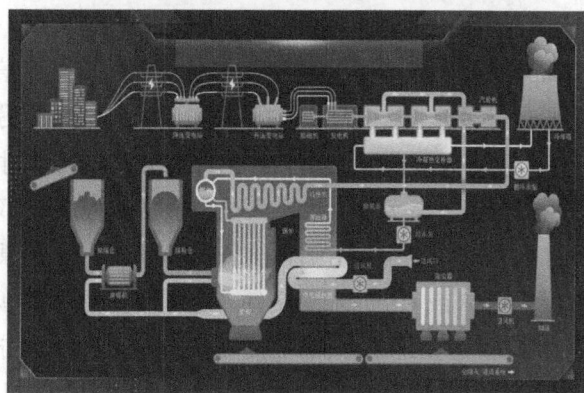

图 12-10　火电厂工艺流程示意模型

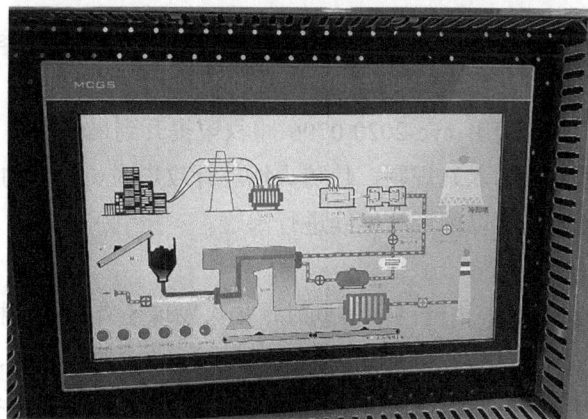

图 12-11　火电厂工艺流程

火力发电信息安全应急演练环境主要包含招聘人员操作机、堡垒机、财务系统、火电展板等，拓扑结构如图 12-12 所示。

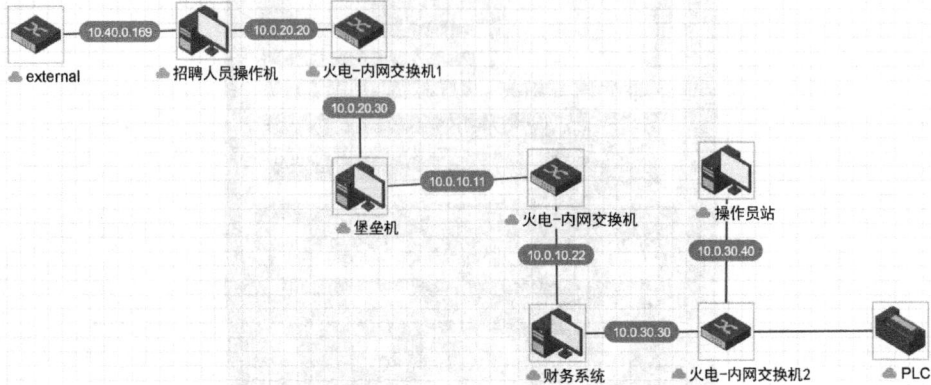

图 12-12　火力发电信息安全应急演练环境拓扑结构

基于该应急演练环境设计的攻击流程如下。

（1）外网打点及钓鱼获取主机权限

攻击人员通过 Nmap、oneforall 等工具收集受害单位的所有资产信息，发现外网存在大量的 WAF，很多漏洞也已经修复，找不到漏洞利用的思路，只能另寻他路。随后，通过官网公开的联系方式，攻击人员获取公司邮件的命名方式，并针对其独特的命名方式设计一个独有的邮件字典。基于该字典，攻击人员直接多线程爆破邮件对应的账号与密码，获取使用弱口令的漏网之鱼，并使用邮箱给公司客服、人力资源专员等发送钓鱼邮件，在其中放置可以上线 MSF 或 CS 的木马文件。这里需要受害者单击攻击人员发送的恶意程序，攻击人员一般使用免杀和一些社工技巧来诱骗受害者单击并运行恶意程序，当受害者运行攻击人员发送的恶意程序之后，攻击人员即可获取主机权限。

（2）权限提升

攻击了受害者机器之后，攻击人员发现其没有最高权限。通过 tasklist 命令，可判断主机有没有安装杀毒软件。使用 systeminfo 命令，可得知系统的版本（如 Windows 10），查看已经安装的补丁，并使用 cve-2020-0796 将权限提升到最高权限 system。随后，攻击人员可修改防火墙策略的入站规则，使防火墙放行攻击人员设置的端口和程序，并添加一个影子用户作为后门，以便后续继续进行渗透。

（3）内网代理及横向

攻击人员使用 fscan 扫描内网网段信息时，如果发现还有其他主机 IP 地址，可使用 FRP 代理这台主机的流量（也可以使用其他代理工具，如 NPS、EW、MSF 自带的代理工具等），然后逐个判断 IP 地址的信息（端口以及开放的服务），寻找突破点。通过 IP 端口和 Web 网页信息，以及一些指纹的识别工具，找到一台可以利用的堡垒机，通过搜索引擎查找堡垒机相关的 exp，然后逐个尝试，直到成功获取到主机的最高权限。攻击人员拿到堡垒机主机的权限之后，进入其容器，使用内置的 Python 脚本，添加管理员的账号密码（不建议修改密码）。登录到后台，在 Web 终端中可以发现堡垒机上有财务系统的连接记录，可以直接登录财务系统。连接财务系统之后，搜索整个盘符，发现在某个用户的文件夹下面存在一些账号、密码的文件，里面记录了财务系统的登录账号、密码等信息，还有一些其他的密码也记录在其中。

（4）接管 PLC

在攻下的某个主机中，通过 ipconfig 发现还存在其他路由，其与火电展板处于相同网段。因此，攻击人员使用同样的横向手段，通过弱口令爆破破解出操作员站主机的账号、密码，最后在操作员站上发现控制 PLC 相关的工具软件，它们是 S7-300 PLC。通过恶意修改、写入、删除、停止等控制 PLC 关键运行状态的协议控制指令，可以直接导致整个火电厂机器无法正常运行，损失不可估量。

（5）总结

通过该应急演练环境可以有效地增强学员的安全意识，包括理解使用强密码、增强钓鱼邮件防范意识、及时修补已知漏洞等的重要性。模拟攻击的学员可以学习到流量代理、IP 地址信息收集、指纹识别、漏洞利用、横向移动手法等技术，以提升安全防御能力。

（七）电力输送信息安全应急演练环境

输配电系统的工作流程包括"发、输、变、配、用"五大环节，其作用是分配和汇集电力。输配电系统的稳定和安全是电力输送的关键。

针对输配电系统，选取关键的交流输电为研究对象，搭建输电网络仿真环境，采用多款输电网络常用的 RTU、PLC，模拟交流输电流程。整个仿真模型采用沙盘和软件模拟形式，在沙盘中部署升压变电站、AC220V 输电线、输电塔、降压变电站等输电网络模型，并通过由 PLC 控制的 110/35V 变压器等模拟交流输电过程中的核心装置。作为主控的 SCADA 系统负责采集仿真环境中的各类实时数据，并控制电网的调度、输送过程。利用附加的声、光、电效果，整个沙盘在 SCADA 系统的控制下，模拟交流输电的具体流程：电能通过变电站升压后，经断路器等控制设备接入不同方向的架空输电线路，向不同的负荷中心进行传输；到达相应的负荷中心后，经变电站降压后，进入配电设备，如图 12-13 所示。

电力输送信息安全应急演练环境能够支持针对电力输送的工业信息安全应急演练，模拟交流输电场景中特定设备遭到攻击造成的异常现象，实现以下攻击效果：获取 HMI 操作站的操作系统权限；获取组态软件工程修改权限，在组态软件工程画面上添加参赛队名；攻击沙盘模型，切断居民区、工厂供电，使灯光熄灭；攻击输配电系统，改变配电负载，使其配电系统超负荷，电线变红；攻击输配电系统，使电线负荷增大，超出电线可承受电流，导致电线熔断。模拟针对上述攻击的应急处置操作，锻炼学员的应急处置能力，并直观展示该环境在处置操作下的状态变化，直至其恢复正常状态。

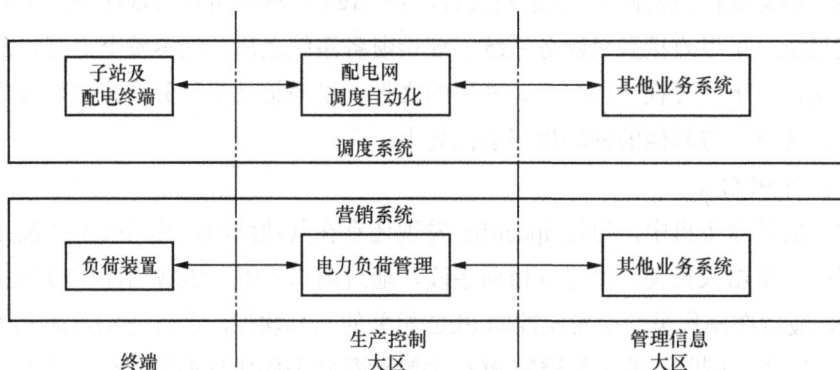

图 12-13　输配电系统示意

例如，基于电力输送信息安全应急演练环境，搭建新能源光伏场站生产现场的仿真平台，实现对真实设备、系统的还原，如图 12-14 所示。可以通过与实体物理沙盘、自动攻击套件系统、工控审计平台和工控安全防火墙等产品联动，复现光伏发电的典型工控场景，还原新能源光伏场站的生产流程。

图 12-14　电力输送信息安全应急演练环境联动设备展板

新能源光伏场站的实体物理沙盘（如图 12-15 所示）内，各工艺段都有可操作控制点，可操作控制点与 PLC 相连，由 PLC 进行相应的动作，通过不同的动作内容对比模拟仿真环境正常工作与遭到攻击所造成的现场影响。

图 12-15　新能源光伏场站的实体物理沙盘

　　新能源光伏场站的实体物理沙盘按照光伏发电场站的真实环境定制，接入输配电系统由控制设备进行控制，还加入了 5 种场景，分别模拟晴空、黑夜、阴雨、风雪、沙尘。用户可以通过触摸屏按钮切换场景，与实体物理沙盘联动，展示具体场景的模拟效果。沙尘场景的数字沙盘触摸屏和晴空场景的数字沙盘触摸屏分别如图 12-16 和图 12-17 所示。

图 12-16　沙尘场景的数字沙盘触摸屏

　　仿真平台展板可与应急演练环境联动，获取工控安全监测系统的设备数据，直观了解攻击事件发生的过程，从而深入理解工控安全事件可能带来的严重后果。

　　设计的电力输送信息安全应急演练环境（如图 12-18 所示）包含天气预报系统、故障诊断系统、光伏管理系统、智能清洗系统、智能检修系统、数据库服务器、光功能预测系统、智能功率控制系统、工业交换机、上位机综合自动化系统等。

图 12-17　晴空场景的数字沙盘触摸屏

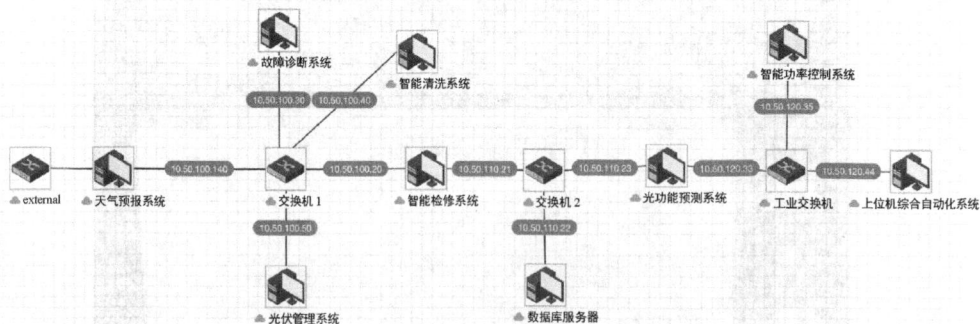

图 12-18　电力输送信息安全应急演练环境

整个攻击流程如下。

（1）外网 XSS 获取主机权限

外网系统为天气预报系统，在发现天气预报系统存在存储型 XSS 漏洞时，攻击人员通过构造恶意负荷来获取管理员的 Cookie，利用管理员的 Cookie 登录后台。在后台个人资料的图片上传处，因为后台代码没有对上传文件的内容和扩展名做更多的限制，导致攻击人员可以直接上传 Webshell（该机器安装了一些杀毒软件，需要对 Webshell 进行免杀）。

（2）MSF 上线、内网代理及信息收集

攻击人员使用蚁剑管理 Webshell，然后上传免杀的.exe 木马上线 MSF，通过命令 tasklist 和 systeminfo 了解到系统为 Windows Server 2016，且安装了某杀毒软件。Windows

Server 2016 自带的 Windows Defender 也在使用，要绕过杀毒软件提权难度比较大，而且 Windows Server 2016 获取不到明文密码，获取最高权限需要花费大代价，收益也不高，所以放弃该提权方式。随后，通过自动添加路由模块，攻击人员发现存在下一层路由，利用 MSF 自带的代理模块添加代理，使用 arp -a 命令可以发现有很多的 IP 通信记录，使用 ProxyChains 代理 Nmap 分别扫描 IP 地址对应的端口以及服务，然后利用其服务相关的漏洞获取权限，在同网段发现了其他主机。其中，两台主机的系统为 Linux，使用弱口令爆破工具可以爆破相应的密码，可以登录该主机，不过没有下一层路由，也没有过多的信息。另一台主机是使用若依来搭建的，存在 Shrio 反序列化漏洞。

（3）横向移动

攻击人员通过上述信息收集过程发现，下一层 Linux 可以使用弱口令登录，Windows 的服务器有 Web 服务，是使用若依来搭建的，可以利用工具爆破其密钥。然后，攻击人员使用蚁剑来管理 Webshell（使用 MSF 的代理才能连上），蚁剑连接之后，在本地做一个免杀的.exe 木马，上传到要攻击的机器，MSF 设置好监听，在蚁剑上运行.exe 上线，后面的几层也使用同样的横向手段逐步攻破，利用的漏洞分别为 thinkphp5.0.23 rce、confluence wiki 远程代码执行。

（4）接管 PLC

在横向移动的过程中，攻击人员发现上位机密码和前面某个主机密码一样，使用 SMB 文件共享来连接，挂载上位机的盘符，后做一个计划任务上线 MSF，权限为 system，也可以使用 PsExec 工具来操作。在获取 system 权限之后，攻击人员开启主机的远程桌面、更改防火墙策略等，登录上位机之后，扫描同网段信息，识别到某个 PLC，根据其版本信息等判断其为西门子 PLC。随后，使用网上已有的 exp，利用该漏洞远程访问受保护的内存区域并获取不受限制和未被检测到的代码执行，并通过修改西门子 PLC 代码重新编程工业控制系统，使其停止工作，直接切断 PLC 控制的整个电网。

在整个流程中，学员可了解 XSS、ThinkPHP、Wiki 等漏洞的利用技术，以及内网代理、服务识别、密码爆破等技术，以更好地了解攻击人员可能利用的薄弱环节，并做好安全防护工作。

第三节 工业信息安全应急演练仿真

（一）工业信息安全实战演练

基于工业信息安全应急演练仿真系统能够演示各类攻击行为，让学员更直观地了解网络攻击对工业生产造成的影响，使其能够深刻认识到工业企业生产网络面临的信息安全风险，并进一步提高风险防范意识。同时，工业信息安全应急演练仿真系统作为可拓展性极强的平台环境，支持同步更新漏洞、技术及相关演练环境，模拟典型的工业信息安全事件发生、发现、响应、处置等应急流程，支撑学员开展工业信息安全事件应急演练，锻炼实战技能。

基于工业信息安全应急演练仿真系统具备的典型场景开展实战演练，学员能掌握一系列应急处置技能和安全防护技能，如更换 PLC、更新设备固件、更换配置；将弱口令更改为强口令，安装漏洞补丁；安装应用程序白名单软件，只允许经过工业企业自身授权和安全评估的软件运行；加强边界防护，通过工业信息安全应急演练仿真系统预置的虚拟安全网闸设备，将虚拟安全网闸部署到 PLC 与组态软件之间，起到安全隔离的作用；关闭 HTTP、FTP、Telnet 等高风险通用网络服务等。

工业信息安全应急演练仿真系统支持配置、创建、回收包含多种工业控制网络软硬件、组件的演练环境；支持创建不同流程的演练剧情，为学员提供基础攻击网络环境；攻击演练业务流程子系统支持多人同时进行攻击对抗，通过记录学员在演练任务中的操作流程、过程数据等支撑系统自动评分，可视化学员演练实效，并支持数据查询，为学员开展实战演练总结等提供数据支持。

例如，在工业信息安全应急技能提升方面，基于工业信息安全应急演练仿真系统可开展工控勒索病毒感染事件应急处置、工业信息安全事件应急演练等培训。

（1）工控勒索病毒感染事件应急处置

工控勒索病毒感染事件的网络拓扑结构如图 12-19 所示，其应急处置场景主要模拟：恶意攻击者攻击暴露在公网上的 ThinkPHP 的 Web 网站，利用 Nday 漏洞成功控制外网的主机；然后通过横向移动的方式探测内网资产，最终确认内网的升压站工控工程师站存在 MS16-010 "永恒之蓝" 漏洞；接着在工程师站中投放勒索病毒，工程师站的所有文件被加密，而且病毒在内网扩散，最终导致整个内网的脆弱主机悉数被攻陷，造成巨大的损失。

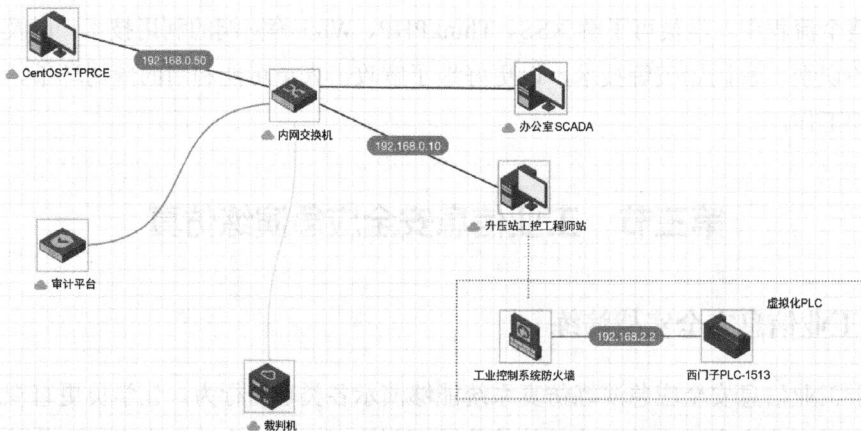

图 12-19　工控勒索病毒感染事件的网络拓扑结构

通过工控勒索病毒感染事件应急处置，学员可以学习内网加固和外网漏洞修复的技能，而且能够对一些简单的勒索病毒进行还原，学习编写解密脚本进行解密。同时，学员可以通过该场景学习内网隔离和防火墙、入侵检测系统的重要性，并学习如何配置安全防护设备。

（2）工业信息安全事件应急演练

在本应急演练中简单模拟一个公司的内网和生产网拓扑结构（如图 12-20 所示），其中外网服务器存在漏洞，攻击者利用外网服务器的漏洞，逐步攻击到内网和工业控制网络的环境中。

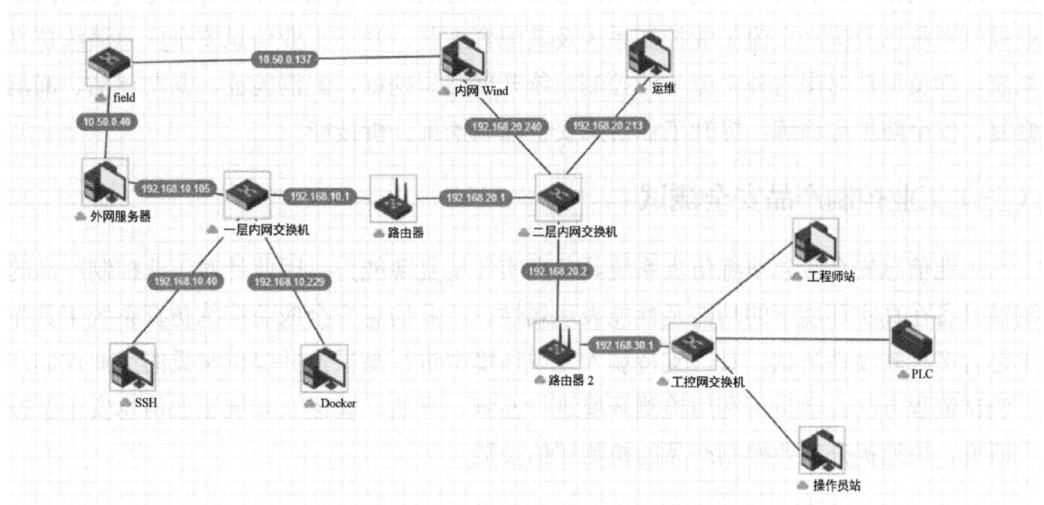

图 12-20 工业信息安全事件应急演练场景的拓扑结构

攻击流程如下。通过外网服务器的信息收集，直接使用 SSRF+XXE 的手段来获取低权限的用户，然后通过本地的信息收集来提权获取 Root 最高权限，并针对当前主机的内网进行横向渗透。针对该内网中同网段的主机进行主机发现以及探测扫描操作，对于扫描到的同网段主机，进行 SSH 爆破以获得主机权限。再利用内网中另一台主机的 Docker API 未授权漏洞获取到宿主机的权限；通过外网服务器中登录过的主机，针对该主机同网段进行信息收集，扫描到一台内网服务器，该服务器存在漏洞，并通过漏洞利用来获取主机权限。接着，通过信息收集得到工控网段的主机，针对工控网段中的工程师站和操作员站分别进行攻击以获取权限，最终控制 PLC。

通过模拟公司的网络管理员发现内网主机中存在异常行为，分别对每台内网主机进行应急响应操作，如查看当前主机的本地用户、主机已经开启的服务，以及当前主机中的计划任务和启动项、主机登录信息、Windows 和 Linux 的一些敏感目录、Windows 和 Linux 安全日志等。通过各种应急手段来逐步删除后门用户或危险文件，最终通过相应的方案对整个网络进行安全加固。

（二）工业信息安全漏洞挖掘分析

开展工业信息安全漏洞挖掘分析，有助于学员掌握漏洞利用技术、熟悉漏洞利用流程，并实施有针对性的漏洞补救措施，进而加强工业信息安全防护。若采用真实环境开展漏洞挖掘分析，不仅硬件成本巨大，漏洞利用过程中可能造成物理设备损坏，还存在物理设备的配置操作烦琐导致漏洞研究效率不高的问题。

工业信息安全应急演练仿真系统能有效解决上述问题，其通过建设工业热数据、背景流量、前景流量及攻击流量，快速复现工业现场生产状况，为学员提供开展工业信息安全漏洞挖掘分析的仿真环境。工业信息安全应急演练仿真系统覆盖行业主流市场的工业控制系统以及国产主流工业控制系统及其配套工艺。基于工业信息安全应急演练仿真系统，学员可针对国内外主流工业控制系统开展漏洞挖掘、漏洞验证、漏洞评估、漏洞修复、安全防护等训练，提升工业信息安全漏洞挖掘分析技能。

（三）工业控制产品安全测试

工业信息安全应急演练仿真系统具备真实环境复现能力，因此针对工业控制产品的测试具备在真实环境下的功能及性能表现属性。工业信息安全应急演练仿真系统工具库中包含多种软硬件测试工具，支持调入复现环境中进行测试，并提供常见的工业控制产品测试流程方法，学员可利用检测环境进行检测、评估、验证及开展工业信息安全新技术研究，快速提升工业控制产品的检测评估技能。

第十三章　工业信息安全虚拟化实训平台

第一节　工业信息安全虚拟化实训平台简介

（一）平台开发背景

工业是国民经济的支柱产业。随着工业化和信息化深度融合，工业领域对工业信息安全人才的需求更加旺盛。因此，工业信息安全人才是国家安全和社会经济安全发展的重要保障。近年来，以美国为首的信息化发达国家大力推进工业领域网络安全人才队伍建设。对比之下，当前我国的工业信息安全保障工作更加紧迫，建设工业信息安全专业人才队伍更加刻不容缓。

2015 年 6 月，国务院学位委员会和教育部决定增设"网络空间安全"一级学科，为网络空间安全人才培养提供了强大的支持。2019 年 1 月 24 日，国务院印发《国家职业教育改革实施方案》，启动实施中国特色高水平高等职业学校和专业建设计划（简称"双高计划"），提出建设一批引领改革、支撑发展、中国特色、世界水平的高职学校和骨干专业（群），带动职业教育持续深化改革；2019 年 3 月 29 日，教育部、财政部印发《教育部 财政部关于实施中国特色高水平高职学校和专业建设计划的意见》，提出重点支持一批优质高职学校和专业群率先发展，引领新时代职业教育实现高质量发展。其中，加强实践教学、培育技能型人才是职业教育高质量发展的重要方向。

网络空间的竞争，归根到底是人才的竞争。随着工业领域的网络攻击愈演愈烈，工业信息安全人才培育的重要性更加凸显。近年来，我国高度重视技能型人才培养，并将实训靶场作为培育技能人才的重要抓手。如《网络安全产业高质量发展三年行动计划（2021—2023 年）》明确提出"建成一批网络安全人才实训基地、公共服务平台和实训靶场，创新型、技能型、实战型人才培养力度显著加大，多层次网络安全人才培养体系更加健全，网络安全人才规模质量不断提高"。

借助工业信息安全虚拟化实训平台在近似实网环境下开展教学、演训，使学员能够熟练掌握典型场景下的安全防护、溯源追踪、应急响应等技能，培养保障工业信息安全的复合型技能人才。

（二）主要内容简介

工业信息安全虚拟化实训平台可用于科研与试验保障环境，是融合了传统网络安全和工业信息安全仿真环境的平台。工业信息安全虚拟化实训平台提供近似真实的仿真环境，通过网络将超大规模的计算与存储资源整合起来，并将计算任务分布在这些资源池中，支持按需获取计算、存储和网络等信息服务。

实训开始前，可动态创建虚拟机以满足试验所需要的节点数量，并通过对虚拟机的灵活部署和动态迁移，构建所需的网络拓扑结构。实训过程中，所有的实训内容都基于虚拟的靶标场景展开，对真实系统和企业业务没有任何影响，避免真实物理设备因被攻击而出现故障或损坏的情况。实训结束后，可动态挂起或销毁虚拟机，释放分配的试验资源，由平台完整回收并供下次试验使用。学员可以非常方便地在平台中部署各种不同的场景，反复学习不同的防御手段。

工业信息安全虚拟化实训平台通过对市面上主流的信息系统、工业控制系统（PLC、组态软件、主机系统等）的虚拟化，能迅速改变虚拟机的网络拓扑结构，实现在短时间内组建新的工控业务系统而不用另外采购硬件，解决了传统训练过度依赖实物硬件所带来的不便利问题。具体而言，工业信息安全虚拟化实训平台适用于以下工业信息安全人才培训场景。

（1）工业信息安全教学实训

依托工业信息安全虚拟化实训平台能进行精品课程开发、课程资源库建设、教学方案制定、物理场景定向授课、演练题库更新等一系列的教学资源建设服务，通过搭建各种拟真业务环境，可完成安全威胁评估、安全加固方案验证、工业业务环境应急演练、系统运维等各种教学任务。

（2）工业信息安全技能竞赛

依托工业信息安全虚拟化实训平台开展工业信息安全技能竞赛，促进安全技术交流，推动工业信息安全人才培养，不仅能提高人才的实战能力，还能选拔出技术能力突出的尖端人才，助力工业信息安全人才梯队建设。

（3）工业信息安全技术研究

依托工业信息安全虚拟化实训平台提供技术孵化环境，支撑高校、产业界等开展工业信息安全漏洞挖掘、仿真验证、渗透等技术研究，积累在漏洞利用研究、重点事件安全防护、目标网络仿真模拟等工业信息安全技术领域的研究成果。

（三）实践教学意义

工业信息安全虚拟化实训平台的所有实训资源在云端部署，通过 Web 可一键登录实训平台，启动云端实训环境，具有很高的灵活性、自主性，能解决机房受限、实验时间受限等难题。通过对工业生产环境的全虚拟化，平台能够以全面真实的工业信息安全环境为关键支撑，以丰富的脚本知识库为基础资源，融合传统实验教学、演练竞赛等环境，实现线上选拔、夺旗争霸等多种不同类型的安全实训，帮助学员深入了解工业信息安全技术的本质，体验防御实践过程。

依托工业信息安全虚拟化实训平台，可开展系列实践教学工作。如联合高校打造优势学科建设基地，以工业信息安全虚拟化实训平台为核心建设实验室，为学生提供工业信息安全实战实训环境。基于工业信息安全虚拟化实训平台的竞赛服务功能定期举办技能赛事，通过模拟典型行业的复杂工业控制场景过程等，以赛代练，打造工业信息安全人才生态圈。基于工业信息安全虚拟化实训平台定期举办技术交流沙龙，如复现备受关注的典型工业信息安全事件，邀请行业专家进行技术讲解，为中高端工业信息安全技术人员提供自由的技术交流和分享平台，助力提高相关人员的实战能力等。

第二节 工业信息安全虚拟化实训平台环境

（一）平台环境概述

工业信息安全虚拟化实训平台是以孪生仿真技术为基础、以威胁模拟生成为手段、以推演验证为目标的一体化综合仿真训练平台。平台仿真内容覆盖制药、石油化工、核电、风电等重点行业的工业互联网场景；支持对站控系统、上位机、SCADA 系统、PLC 设备等工业组件的仿真，同时支持对智能终端、路由器、交换机、防火墙等网络组件的仿真。控制器工控机虚拟化库几乎包括西门子、施耐德、Allen-Bradley、三菱等工控厂商的全系列 PLC 产品；平台还包括数十种工控组态软件（Intouch、Ifix、WinCC、KingView 等）；在平台场景中支持实时传输真实的工业控制协议，包括但不限于 Modbus TCP、S7comm、EtherNet/IP（CIP）、OPC DA、OPC UA 等。

（二）制药信息安全实训环境

制药信息安全实训环境通过仿真制药企业的智能生产网络来实现，结合制药企业的网络架构、工艺制造流程、物料管理及仓储管理等方面进行工业控制网络的整体安全分析，尽可能还原行业中真实工业控制网络的结构及系统，让学员清晰了解工业控制网络的拓扑结构及业务流程。在设备选用上，工业信息安全虚拟化实训平台选择了工业控制网络中实际使用的主流设备，如西门子、施耐德的 PLC 及相关的安全类设备产品。在场景设计上，工业信息安全虚拟化实训平台基于 OWASP Top10 相关漏洞开展工业信息安全学习和研究。其中，攻击方可以基于企业官网的 Web 系统漏洞渗透到过程监控层、信息管理层一直到现场控制层的执行器；防守方可以通过优化安全设备策略和基于"蜜罐"部署以阻止攻击。

制药信息安全实训环境的功能如下。

① 能够仿真制药企业的典型架构，包含信息层、厂区监控网、办公网、核心业务服

务区、制药生产车间网以及安全防护等。

② 信息层能够模拟非军事区（Demilitarized Zone，DMZ）的常用功能，提供信息发布、企业客户端服务、邮件服务、采购信息发布、市场咨询等服务模拟。

③ 厂区监控网能够提供企业各区域的视频监控，包括道路交通、化工提炼车间、药品灌装车间、废液处理车间等区域的模拟视频数据。

④ 办公网能够提供多网络、多系统的应用服务，以及科室办公、业务办理区域主机终端的模拟。

⑤ 核心业务服务区能够提供服务器集群、数据库、应用监测的模拟。

⑥ 制药生产车间网能够模拟 SCADA 系统的运行、生产数据，并提供自动化的化工提炼、药品灌装、废液处理的生产工艺。

⑦ 安全防护提供蜜罐系统、终端防护等虚拟安全软件。

⑧ 仿真场景可使用针对典型制药企业的攻击手段，包含信息收集、主机渗透、Web渗透、Web 提权、服务器提权、内网渗透、防护绕过、生产工艺篡改等攻击手段。

⑨ 支持超过 10 种的攻击手法，涵盖的工业协议不少于两种，内置安全防护虚拟设备不少于两类，提供 10 种以上的常见典型漏洞、CVE 漏洞形式。

制药信息安全实训环境的内容拓扑结构如图 13-1 所示。

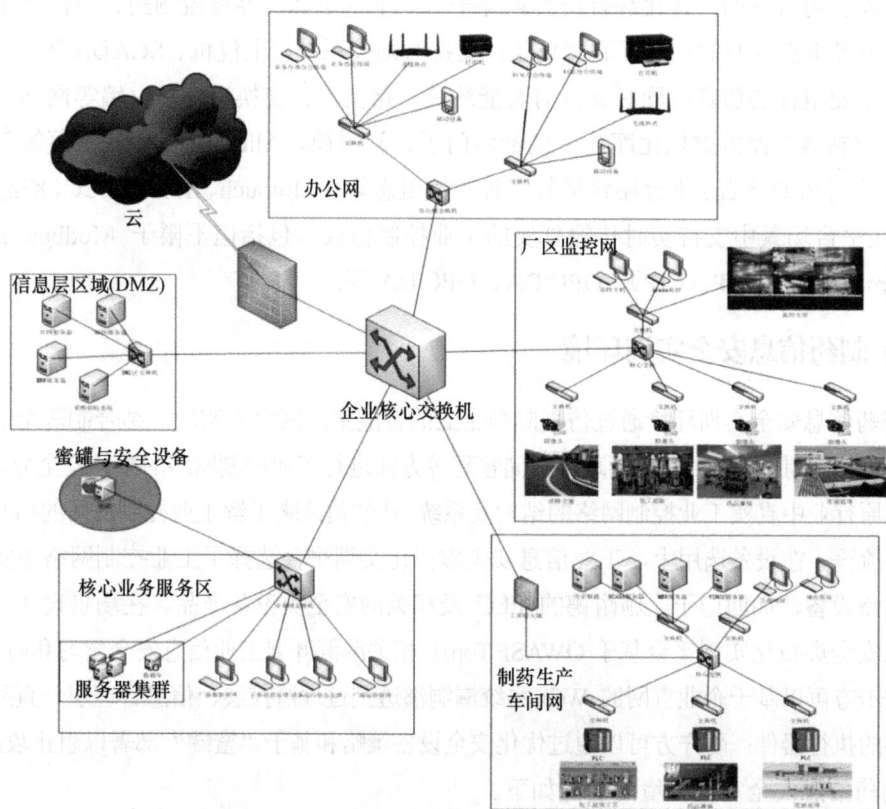

图 13-1　制药信息安全实训环境的网络拓扑结构

（三）石油化工信息安全实训环境

石油化工信息安全实训环境以某油气集输站为原型，采用由实际工业环境中用到的主流 PLC、HMI、工业交换机、上位机等组成的小型、典型工业控制系统，模拟某油气集输、厂区变电站、厂区废液处理的工艺和控制系统业务。

石油化工信息安全实训环境的功能如下。

① 实现输油首站工艺流程仿真。模拟油田来油经过阀组选择存至哪个储油罐，还可以选择将哪个油罐的油输送出去，由两个并联的给油泵将阀组选定的油罐的油抽出，经加热和计量后，再由两个串联的外输主泵将其输送到下一站的基础环境和场景中。

② 实现厂区变电站工艺流程仿真。通过对某电力监控系统进行模拟，上位机采用 PS 6900 电力监控系统后台软件，实现电力场景的组态，并与虚拟工业控制系统实现通信，模拟电力系统中的自动重合闸场景。

③ 实现厂区废液处理工艺流程仿真。模拟化学处理的废液处理过程，通过化学反应和传质作用来分离、去除废水中呈溶解、胶体状态的污染物或将其转化为无害物质的废水。

④ 针对场景办公区、生产管理区、厂区生产控制区设置不同的竞赛演练环节，通过不同的攻击手段来获取系统权限，发现标签，并将其提交至竞赛场景管理平台，获得相应的分值。

⑤ 实现对油气输送、厂区电力供应及石化废液处理培训课程体系的建设，包括理论培训、实操培训。高度还原相关控制系统的软、硬件资源，结合靶场配套课程的场景，在场景中配置目标主机、靶机目标和防护体系，由学员在虚拟化的环境中针对工控特定的课题内容完成试验操作，全面提升安全防护人员面临威胁时的实战实操应急能力。

石油化工信息安全实训环境的网络拓扑结构如图 13-2 所示。

（四）核电信息安全实训环境

核电信息安全实训环境由核电仿真控制网络环境进行实现，主要包含信息管理层、操作监控层、过程控制层。其中，信息管理层由核电管理系统组成，操作监控层由上位机组成，过程控制层由 ABB AC 700F 仿真器组成。

核电信息安全实训环境的功能如下。

① 实现对核电业务系统的模拟仿真。模拟按照配方进行核物料的投放等，为实施核电网络对抗训练提供基础模拟环境和场景。

② 实现对核电业务流程的模拟仿真。基于核电物理仿真平台，实现对核电的模拟，搭建一套核电系统，包括上位机和仿真 PLC，可实现物料阀门的开/关控制等。

③ 实现对核电信息安全培训课程体系的建设，包括理论培训、实操培训。近似模拟核电控制系统的软、硬件资源，在靶场配套课程的场景中配置目标主机、靶机目标和防护体系，由学员在虚拟环境中针对工控特定的课题内容完成试验操作，全面提升核电安全防护人员面临威胁时的实战实操应急能力。

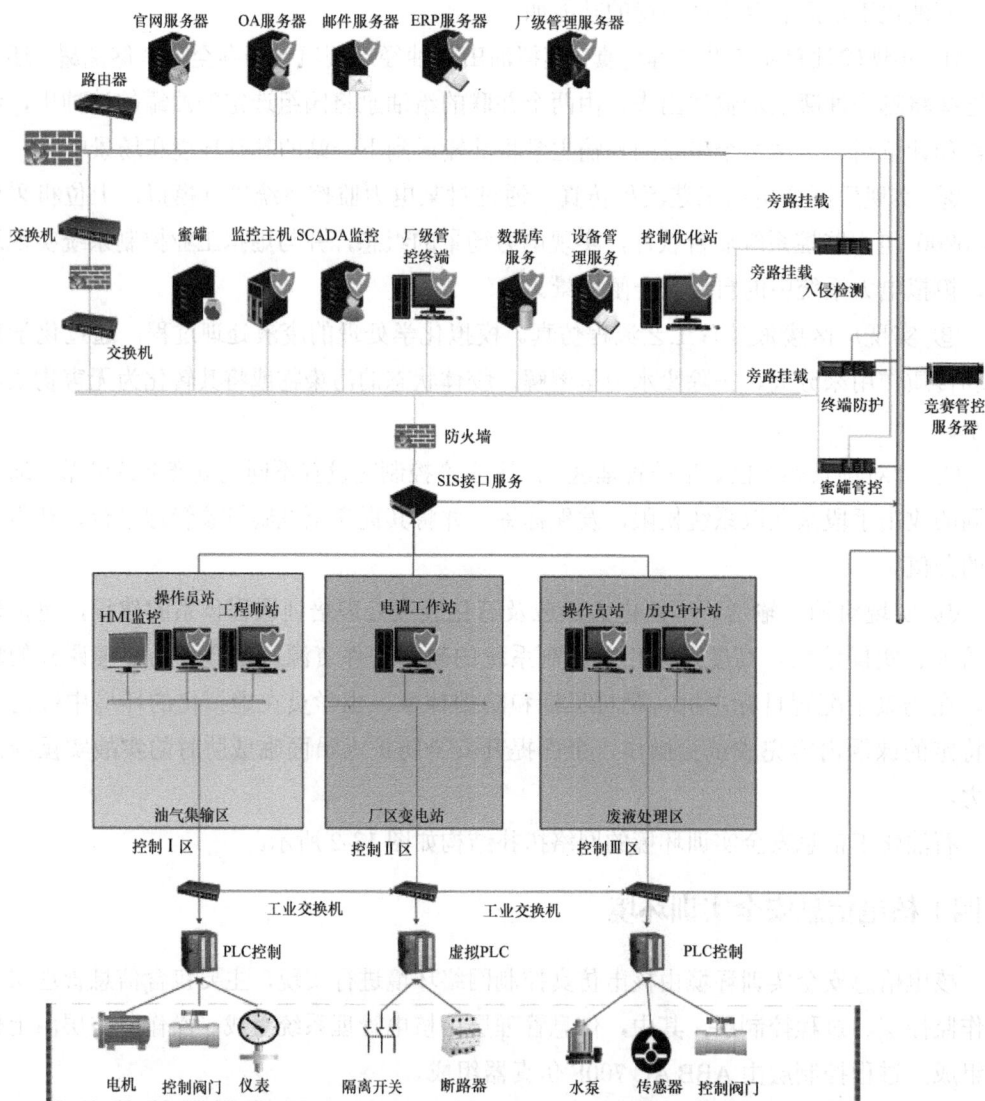

图 13-2　石油化工信息安全实训环境的网络拓扑结构

核电信息安全实训环境的网络拓扑结构如图 13-3 所示。

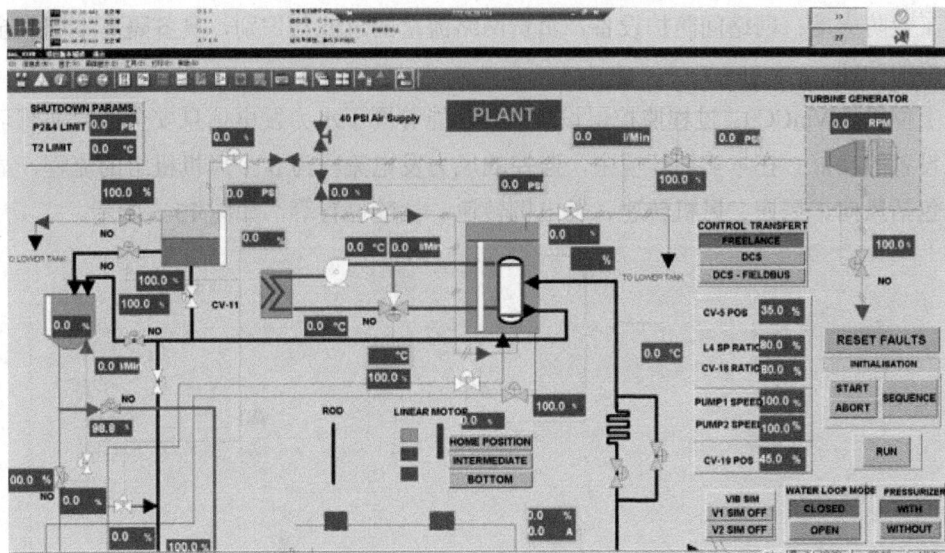

图 13-3　核电信息安全实训环境的网络拓扑结构

（五）风电信息安全实训环境

风电信息安全实训环境涵盖 PLC、防火墙、上位机、监控系统、管理系统等虚拟设备，其网络拓扑结构如图 13-4 所示。

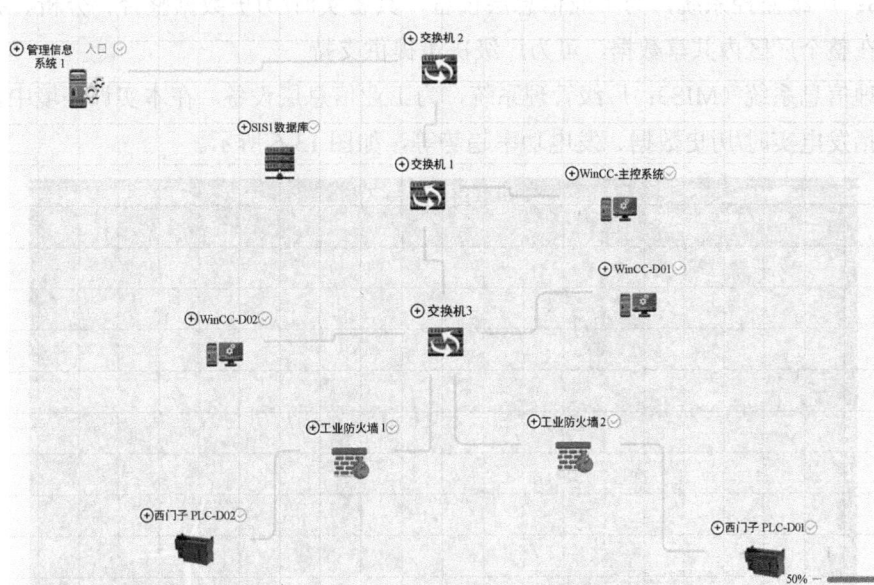

图 13-4　风电信息安全实训环境的网络拓扑结构

图 13-4 中涉及的虚拟设备及彼此连接情况如下。

西门子 PLC：可编程逻辑控制器，为工业控制层设备，具备与上位机数据通信、接收控制指令、向设备下发指令的功能。

工业防火墙：网络间防护设备，负责网络流量的过滤与识别，具备隔离不同安全需求网络的功能。

上位机（WinCC）：过程监控层设备，其功能等同于水力发电信息安全应急演练环境中该设备的功能。在本实训环境中，监控的风力发电流程为 3 个风机机组的流程，显示信息包括风向、风速、风机转速、发电机转速、机舱位置等，如图 13-5 所示。

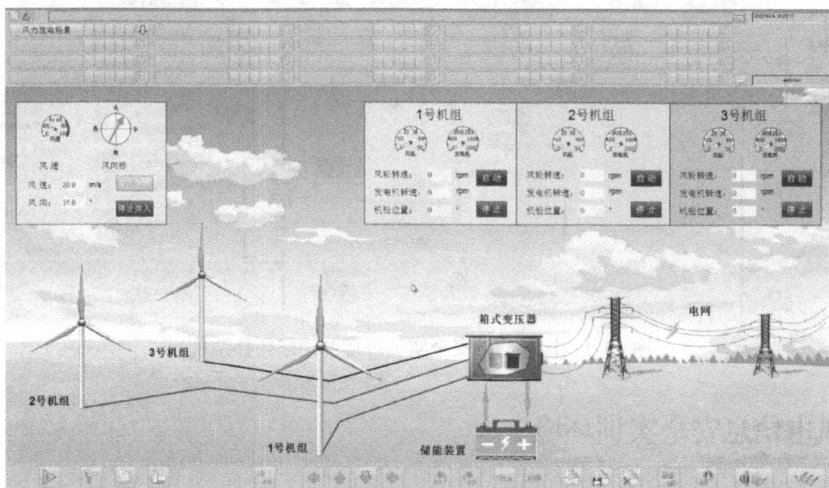

图 13-5　风力 WinCC 系统截图

SIS：厂级监控系统，为工业信息层设备，具备实时/历史数据整合、分析、共享的功能，在整个厂区内共享数据，可为厂级决策提供支持。

管理信息系统（MIS）：厂级管理系统，为工业信息层设备。在本实训环境中，显示信息包括发电实时/历史数据、发电功率趋势等，如图 13-6 所示。

图 13-6　风力 MIS 截图

第三节 工业信息安全综合实训

（一）工业场景架构学习

工业领域涉及的行业众多，不同的行业由于工业生产流程不同等，工业场景架构通常多样且复杂。了解、学习、定制不同的工业场景架构是熟悉工业领域各类特定场景的必要条件，也是针对不同场景开展工业信息安全应急管理的基础。基于工业信息安全虚拟化实训平台，学员可快速构建平台自定义的各种场景架构，构建内容包括不同场景下的核心层级、核心层级的核心节点设备、设备品牌型号、型号基本配置、多设备组网及多网络关联等。

例如，基于工业信息安全虚拟化实训平台可开展场景自定义及网络组建。学员可在该实训平台上动态创建工控节点虚拟机以满足当前实验所需要的节点数量，并通过对虚拟机的灵活部署和动态迁移，创建预想的网络拓扑结构，如图 13-7 所示。

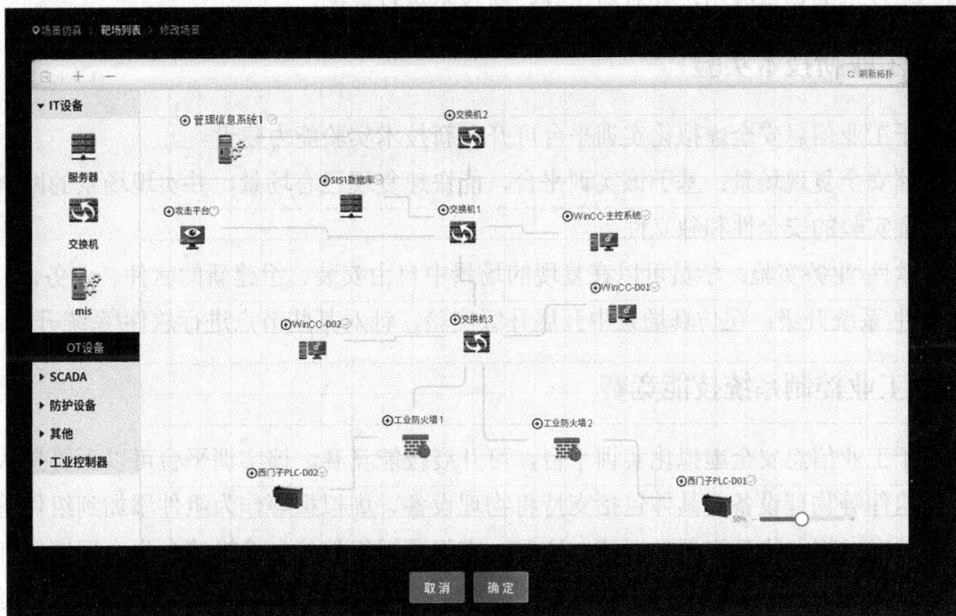

图 13-7 自定义场景示例

同时，该实训平台还支持场景模板及场景独立化。学员可以复制场景，并自定义分配给其他学员。多个学员能够同时拥有相互隔离的独立场景，可进行并行比赛或实验。

（二）工业设备评测

基于工业信息安全虚拟化实训平台可开展虚实结合设备评测，锻炼学员的测评能力。具体而言，该实训平台可实现对实体接入设备、应用/安全方案、新工具新技术等的安全能力评测。

实体接入设备评测：对于能与以太网连接的设备，该实训平台具备并联与串联接入能力。一方面，它可以接入工业控制设备进入场景，替换虚拟设备或新增节点。通过上下游设备的监控，评测新接入设备对场景的影响。另一方面，它还可以接入工控安全设备，通过串联或并联的方式，评测安全设备的性能与功能是否满足需求。

实体接入设备准入评测：通过准入评测能力，对接入的设备进行安全评估。

应用/安全方案评测：该实训平台具备对原有虚拟化场景的自定义修改功能。学员可以在计算机终端 Web 页面上对复制的经典场景或任何节点进行设备增删、系统操作、参数配置调试、网络修改等操作。学员能方便地对新应用/方案开展快速的安全评测。

新工具新技术评测：该实训平台可以随意复制已有场景，学员可以深入系统进行新工具、新技术的调试应用，并对新工具、新技术进行评测。

（三）工业新技术实验

基于工业信息安全虚拟化实训平台可开展新技术实验能力建设。

快速安全复现场景：基于该实训平台，能快速复现已有场景，并实现场景的网络隔离，保证实验的安全性和独立性。

新软件/业务实验：学员可以在复现的场景中自由安装、组建新的软件、业务。

软件/系统升级：在仿真场景中开展升级实验，针对某些节点进行软件/系统升级。

（四）工业控制系统技能竞赛

基于工业信息安全虚拟化实训平台，可开展技能竞赛。该实训平台可以无缝接入各类工控组件等物理设备，具体包括支持将物理设备、虚拟机等作为组件添加到组件管理中；支持对虚拟、物理资源进行统一注册，实现逻辑组件信息编辑等全生命周期管理。构建的虚拟工业网络环境中包含工业控制层、过程监控层、企业管理层等工业网络层级，能够为学员提供贴近真实工控生产环境的比赛环境，锻炼学员的工控安全运维能力、代码编写能力、安全工具使用能力、工控业务理解能力等。

学员可以利用各种渗透测试手段对未知信息化系统的网络和各个节点进行渗透，检测未知信息化系统内存在的安全漏洞及隐患。该实训平台可以对学员的攻击日志进行记录、分析与展示，并对攻击流量进行可视化展示，支持工控对抗比赛系统自动评分。比赛数据和比赛场景展示效果分别如图 13-8 和图 13-9 所示。

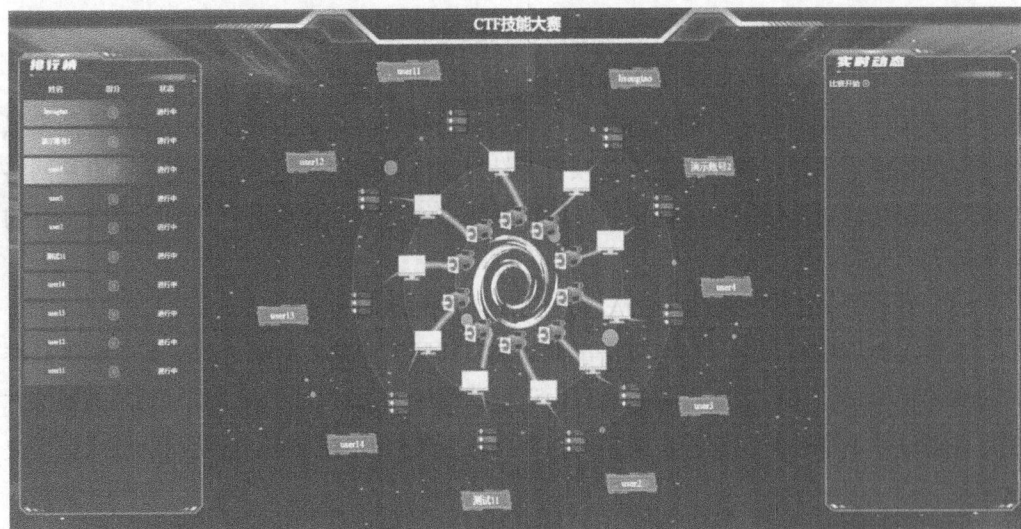

图 13-8　比赛数据展示效果

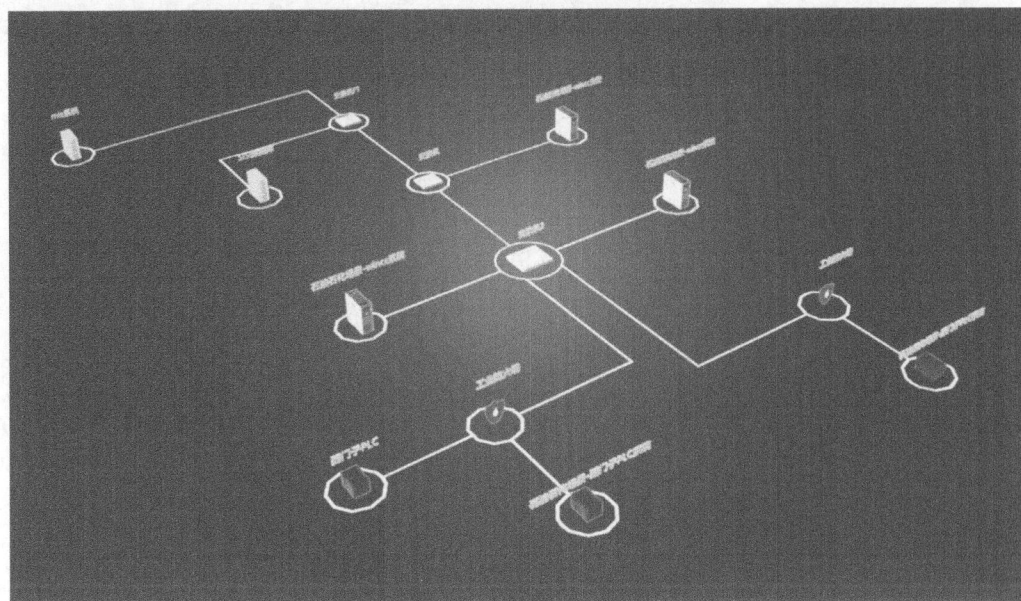

图 13-9　比赛场景展示效果

（五）工业信息安全事件复现分析

依托工业信息安全虚拟化实训平台，通过对全球典型工业信息安全事件进行分析复现，开展实践教学，提高学员的工业信息安全技术水平。

（1）针对工业控制供应链安全的分析验证

基于实训环境和 PLC 蠕虫事件复现，开展工业控制供应链安全分析验证课程教学。课程主要讲解 PLC 蠕虫如何感染智能制造网络供应链，并根据供应链的传播流程讲解如何对蠕虫病毒进行拦截，分析智能制造网络供应链的安全防护策略。

（2）针对工业控制安全设备的渗透与处置

基于实训环境和中东石油天然气工厂攻击事件复现，开展工业控制安全设备的模拟渗透与处置课程教学。课程主要讲解攻击者针对油气输送网络等关键信息基础设施网络的渗透思路和针对其控制设备的提权方法，并根据渗透流程重点讲解遭受恶意攻击后的防御流程和应急处置方法。

（3）针对工业控制网络 SCADA 系统的劫持与防御

基于实训环境和乌克兰电网攻击事件复现，开展工业控制网络 SCADA 系统的劫持与防御课程教学。课程主要讲解针对电力调度网络的恶意软件和 SCADA 系统的劫持方法，并通过攻击事件复现流程讲解如何拦截恶意邮件以及 SCADA 系统被劫持后如何快速恢复。

（4）针对工业关键信息基础设施的网络渗透与拦截

基于实训环境和"震网"病毒事件复现，开展工业领域关键基础信息设施的网络渗透与拦截课程教学。课程主要讲解针对核电控制网络的渗透、提权方法，并通过攻击事件复现流程讲解如何进行终端拦截防御以及事件发生后的应急处置方式。